Der große Atlas der WELTRELIGIONEN

Islam – Judentum – Buddhismus – Hinduismus – Christentum

PREMIO

Bildnachweis

Umschlagfotos: Corbis

Seite 7 (Art Archive/Alfredo Dagli Orti), 8 (Kazuyoschi Nomachi), 10 (Hanan Isachar) 13 (World Religions Photo Library),14 (Archivo Iconografico, S. A.) 16 (Kevin Fleming), 18 (Nik Wheeler), 21 (Kerim Okten/epa), 23 (Yann Arthus-Bertrand), 24 (Arthur Thévenart), 26 (David Ball), 28 (Daniel Lainé), 31 (Bettmann), 33 (Marc Garangar), 34 (Reuters), 37 (Baldev), 38–39 (Bettmann), 41 (Patrick Chauvel/Sygma), 42 (Ricki Rosen). 49 (Corbis), 51 (Alinari Archives), 52 (Gideon Mendel), 55 (Art Archive), 56 (Bettmann), 61 (Hulton-Deutsch Collection), 63 (Hulton-Deutsch Collection), 65 (Les Stone/Sygma), 66 (Robert Holmes), 68 (Ted Spiegel), 71 (Bettmann), 72 (Hulton-Deutsch Collection), 75 (Hulton-Deutsch Collection), 77 (H. Miller), 78 (Bettmann), 80 (David Rubinger), 82 (Ted Spiegel), 85 (Ted Spiegel). Art Archive: 99 (Musée Guimet Paris/Dagli Orti), 101; Corbis: 90 (Michael Freeman), 92 (Lindsay Hebberd), 94 (Blaine Harrington III), 96 (Lindsay Hebberd), 102 (Lindsay Hebberd), 105 (Christine Osborne), 106 (Wolfgang Kaehler), 108 (Kevin R Morris), 110 (Pierre Colombel), 113 (Chris Lisle), 114 (Jose Fuste Raga), 117 (Craig Lovell), 118 (Werner Forman), 120 (Galen Rowell), 122 (Chaiwat Subprasom/Reuters), 125 (Bettmann), 126 (Bojan Brecelj). Art Archive: 145 oben (Musée Guimet Paris/Dagli Orti); Bhaktivedanta Book Trust International: 133,134,154,166; Corbis: 137 (Diego Lezama Orezzoli), 143 (Jayanta Shaw/Reuters), 145 unten (David Cumming/ Eye Ubiquitous), 144 (Anders Ryman), 152 (Stapleton Collection), 156 (Bettmann), 159 (Bob Krist), 161 (Hulton-Deutsch Collection), 162 (David Cumming/Eye Ubiquitous), 165 (David Bebber/Reuters), 169 (Sherwin Castro/ Reuters); Goloka Books: 138; Radha Mohan: 141; Rasamandala Das: 148; Vishnumaya Devi Dasi: 151. Art Archive: 187 (Jan Vinchon Numismatist, Paris/Dagli Orti), 193 (Abbey of Monteoliveto Maggiore Siena/Dagli Orti), 195 (British Library), 203; Corbis: 175 (Gianni Dagl Orti), 176 (Brooklyn Museum), 179 (National Gallery, London), 180 (Archivo Iconográfico, S. A.), 182–183 (Eric und Davis Hosking), 185 (Archivo Iconográfico, S. A.), 188 (Archivo Iconográfico, S. A. 191 (David Samuel Robbins), 197 (Archivo Iconográfico, S. A.), 198 (James L. Amos), 210 (Eric Crichton), 205 (Bettmann), 206 (Underwood&Underwood), 209 (Bettmann), 210 (You Sung-Ho/Reuters).

PREMIO ist ein Imprint der Arcturus Publishing Limited, London,
und der Premio Verlag GmbH, Münster

26/27 Bickles Yard, 151–153 Bermondsey Street, London SE1 3HA

Aus dem Englischen von AMS / Frank M. von Berger und Dirk Oetzmann
Redaktion und Satz der deutschen Ausgabe: AMS Autoren- und Medienservice, Reute
Satz: Layoutsatz Kendlinger, Freiburg i. Br.

Printed in Malaysia 2007

ISBN 978-3-86706-044-8

www.premio-verlag.de

Inhalt

ISLAM

JUDENTUM

BUDDHISMUS

HINDUISMUS

CHRISTENTUM

ANHANG

KAPITEL 1:

DIE ANFÄNGE DES ISLAM

Der Islam entstand im 6. Jh. in der kargen Wüstenlandschaft Arabiens. Viele Einwohner der Arabischen Halbinsel, die Araber, lebten als Nomaden – sie zogen mit ihren Herden von Ort zu Ort. Andere bestellten ihr Land mit dem wenigen verfügbaren Wasser, und nur sehr wenige lebten in Städten. Alle suchten Schutz bei ihrem Clan oder Stamm.

Verschiedene religiöse Traditionen beeinflussten die Regionen. Byzanz war das wichtigste christliche Reich, und im südlichen Arabien dominierte das Christentum. Im Sassanidenreich wurde die aus Persien (Iran) stam-

Arabien und die herrschenden Reiche in der Region vor dem Aufkommen des Islam.

mende zoroastrische Religion gepflegt. Überall in den Regionen gab es kleine jüdische Gemeinden.

Die meisten Araber glaubten an einen Gott namens Allah. An andere niedrigere Götter wandte man sich in Notzeiten. Das Zentrum des religiösen Lebens war die Kaaba in Mekka. Die Kaaba war ein von einem Heiligtum umbauter Stein, von dem man sagte, Gott wohne in ihm. Von der gesamten Halbinsel kamen Pilger, um dort den Göttern zu huldigen. Im späten 6. Jh. waren die Quraisch der herrschende Stamm in Mekka. Sie kontrollierten die Kaaba und verdienten Geld an den Pilgern, die für die Gebete am heiligen Ort zahlten. Viele Leute nahmen den Quraisch ihren Reichtum übel.

Mohammed

Der um 570 geborene Mohammed gehörte zum Stamm der Quraisch. Nachdem er Waise geworden war, nahm ihn sein Großvater auf und später sein Onkel Abu Talib, ein reicher Kaufmann. Mohammed wurde zu einem treuen und hart arbeitenden Gehilfen Abu Talibs. Im Alter von 25 Jahren heiratete er eine reiche Witwe namens Chadidscha.

Als frommer Mann verbrachte Mohammed viel Zeit allein. Der Legende nach erwachte er im Alter von 40 Jahren eines Nachts, überwältigt von einer Macht, die seinen Körper ergriff. Er spürte, wie er die ersten Worte seiner neuen Religion sprach.

Mohammed erkannte, dass Allah ihn zu seinem Propheten oder Boten erwählt hatte. Zwei Jahre nach dem Empfang der Botschaften begann er zu predigen. Er gründete eine neue Religion, Islam genannt, was so viel wie „Unterwerfung“ oder „Gehorsam“ bedeutet – Unterwerfung unter Gottes Willen. Der Prophet gewann Anhänger, die später Muslime (Menschen, die dem Islam folgen) genannt wurden.

Mohammeds Botschaft bestand vor allem darin, dass es nur einen Gott gebe und dass nach dem Tod alle Menschen von Gott belohnt oder bestraft würden, je nachdem, wie gut sie im Leben waren. Seine Anhänger waren Gott mehr als ihren Familien oder ihrem Stamm verpflichtet. Der Prophet lehrte, dass man alle Menschen achten solle, auch Frauen und Sklaven (die man oft schlecht behandelte), und dass Reiche mit den Armen teilen sollten.

Die Hidschra

Die reichen Quraisch schätzten Mohammeds Botschaft nicht. Nach dem Tod Abu Talibs im Jahr 619 war Mohammed schutzlos, seine neue Gemeinde wurde in Mekka verfolgt. Er und seine Anhänger zogen daher im Jahr 622 nach Yathrib.

Der Koran und die Hadith

Mohammeds Anhänger lernten seine Offenbarungen auswendig. Nach seinem Tod schrieb man sie in einem Buch namens Koran nieder. Koran bedeutet „Rezitation“ (lautes Sprechen). Er enthält Glaubenssätze, Sittenlehren und rechtliche Erlasse, ebenso enthält er Gebete und Geschichten über die jüdischen und christlichen Propheten, die Mohammed vorangingen. Der Koran erklärt die religiösen Pflichten von Muslimen. Im 1. Jh. nach Mohammeds Tod wurden die Worte des Propheten und seine Taten in schönster arabischer Sprache in einer Schrift namens Hadith bzw. Sprüche gesammelt.

Dieser Rest einer Koran-Schriftrolle stammt aus dem 8. oder 9. Jh.

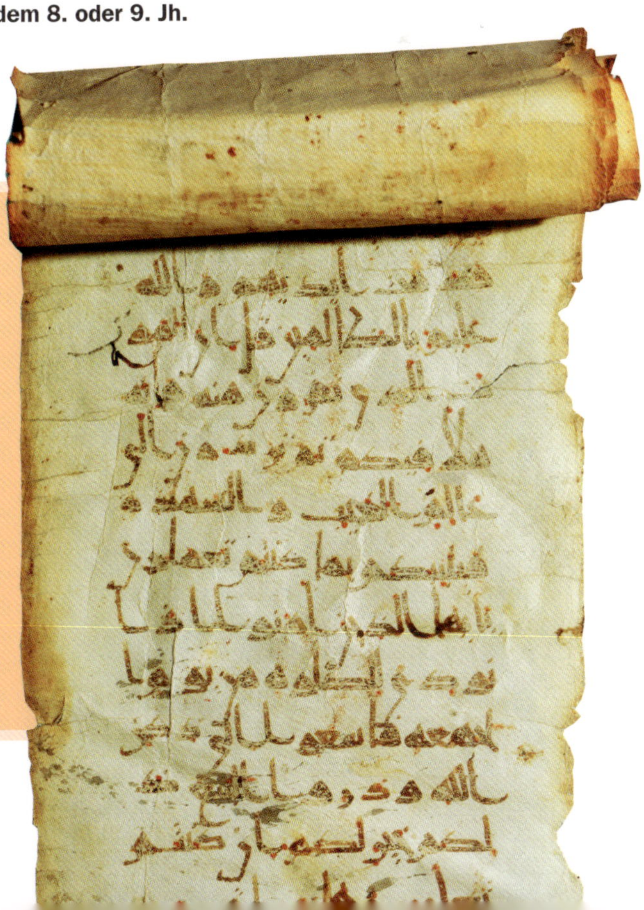

Der Umzug nach Yathrib wurde als Hidschra bekannt. Dieses Ereignis in der Geschichte des Islam war so bedeutend, dass das Jahr 622 zum ersten Jahr des islamischen Kalenders wurde. Man hieß Mohammed und seine Anhänger in Yathrib willkommen, das von da an Madinat-al-Nabi (Stadt des Propheten) oder einfach Medina hieß.

Radikale Reformen

In Medina konnte Mohammed viele Reformen umsetzen. Er gründete eine neue, alle Gläubigen umfassende Gemeinde, die Umma. Um Mitglied einer traditionellen Gemeinde, eines Stamms oder Clans zu sein, musste man hineingeboren werden. Der Umma dagegen konnte jeder beitreten, indem er das Schahada aufsagte (siehe Kasten).

Mohammed war der absolute Anführer der Umma. Er erklärte alle Menschen für ebenbürtig – es war gleich schlimm, einem Waisen ein Leid zu tun wie einem Reichen. Er verbot Zinsen (Vorteile aus Leihgeschäften), weil hohe Zinszahlungen die Armen am härtesten trafen. Jeder musste Geld für die Wohlfahrt geben. Dies nannte man Zakat (siehe Kasten). Die jeweils zu zahlende Summe hing davon ab, was man aufbringen konnte. Das Geld wurde unter den Bedürftigsten verteilt. Mohammed gab den Frauen Rechte; so erlaubte er ihnen etwa, Eigentum zu erben. Der Koran sagt, Männer sollten Acht auf

Die fünf Säulen des Islam

Seit den Anfängen des Islam befolgen Muslime diese Anweisungen:
Sie sprechen die Schahada, ihren Glauben an Gott.
Muslime beten fünfmal täglich. Freitags versammeln sie sich in der Moschee, dem Ort gemeinsamer Verehrung Gottes.
Während des muslimischen Monats Ramadan fasten sie tagsüber. Am Ende des Ramadans spenden alle Muslime den Zakat, ein Vierzigstel ihres Vermögens, an die Armen.
Alle Muslime brechen wenigstens einmal im Leben zur Pilgerreise (Hadsch) nach Mekka auf.

Dieses Foto zeigt Pilger beim Abendgebet in der Moschee des Propheten in Medina.

Frauen geben, betont aber die Gleichheit der Geschlechter in den Augen Allahs:

> Männer und Frauen,
> die gläubig, ergeben, wahrhaftig, geduldig,
> demütig sind,
> die Almosen geben, fasten, ihre Scham bewahren
> und Gottes viel gedenken –
> für sie hat Gott Vergebung
> und einen großartigen Lohn bereitet
>
> Koran Sure (Kapitel) 33, Vers 35

Die Quraisch fühlten ihre Autorität durch Mohammeds neue Gemeinde bedroht und beschlossen, sie zu bekämpfen. In den folgenden Jahren gab es zwischen den in Mekka lebenden Quraisch und den Muslimen in Medina Kämpfe. Im Jahr 630 eroberte der Prophet Mekka, und die Bewohner nahmen seinen Glauben an. Zwei Jahre später starb Mohammed. Die Umma wurde nun nacheinander von vier Kalifen (Nachfolgern) geleitet: Abu Bakr, Omar, Othman und Ali. Jeder von ihnen wurde von der Muslimgemeinde ernannt. Die Kalifen eroberten rasch weitere Gebiete, um ein islamisches Reich zu errichten. Um 644 beherrschten die Muslime Arabien, Syrien, Palästina, Ägypten und das frühere Persische Reich.

Die Ummayyaden

Dennoch gab es innerhalb der Umma Streit. Othman (er regierte 644-656) wurde kritisiert, weil er Angehörige seines Clans, genannt die Ummayyaden, an Schlüsselpositionen setzte. Er wurde von muslimischen Soldaten ermordet, die Ali, den Schwiegersohn Mohammeds, zum neuen Kalifen wollten. Aber nicht alle Muslime akzeptierten Alis Herrschaft. Der neue Anführer der Ummayyaden, Mu'awiya, widersetzte sich Ali, doch dieser wollte

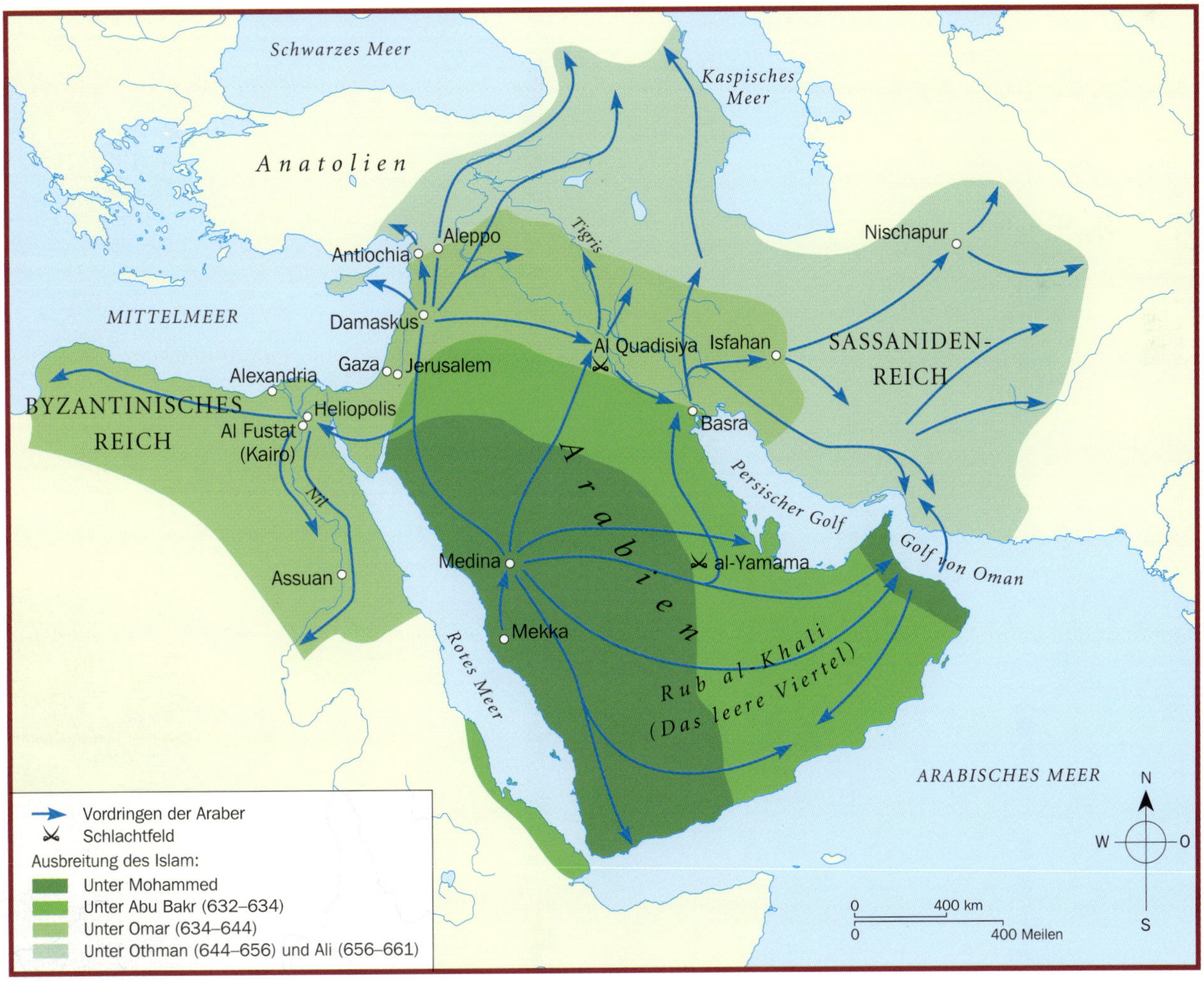

Die Ausbreitung des Islam unter Mohammed und den ersten vier Kalifen.

Die Sunni-Schia-Spaltung

Innerhalb des Islam bildeten sich zwei Richtungen. Manche Muslime glaubten, die Führung sollte in der Familie des Propheten bleiben und Ali der Nachfolger Mohammeds werden. Man bezeichnete sie als Schi'at- Ali – die Partei Alis. Zwei von Alis Enkeln überlebten das Massaker von Kerbela und wurden Imame, erbten also die religiöse Leitung der Schia. Heute glauben die meisten Schiiten, dass es zwölf Imame (Führer) gab und dass der Letzte von ihnen wiederkehren wird, um für Gerechtigkeit auf Erden zu sorgen.

Die Mehrheit der Muslime dachte jedoch, dass der am besten Geeignete Anführer werden sollte und dass Mohammed keine Familiendynastie gründen wollte. Man nannte sie Sunniten, weil sie sich als die wahren Nachfolger der Sunna, der Regeln des Propheten, sahen.

keinen Kampf. Eine Rebellengruppe, die Kharidschiten, waren erzürnt, dass Ali nicht kämpfen wollte, und ermordeten ihn 661. Mu'awiya ernannte sich daraufhin selbst zum Kalifen.

Mu'awiya gründete die Ummayyaden-Dynastie, die bis 750 herrschte. Von seiner neuen Hauptstadt Damaskus in Syrien regierte er die muslimischen Länder. Doch der Streit um die Kontrolle des islamischen Reiches endete nicht. Mu'awiya ernannte seinen Sohn Yazod zum Nachfolger, aber Muslime, die loyal zu Ali standen, woll-

Die Kuppel des Felsendoms in Jerusalem zieren Zitate aus dem Koran, die die Einzigartigkeit Gottes preisen. Das Bauwerk wurde als Schrein über einem Felsen errichtet, von dem Mohammed angeblich seine Himmelsreise antrat.

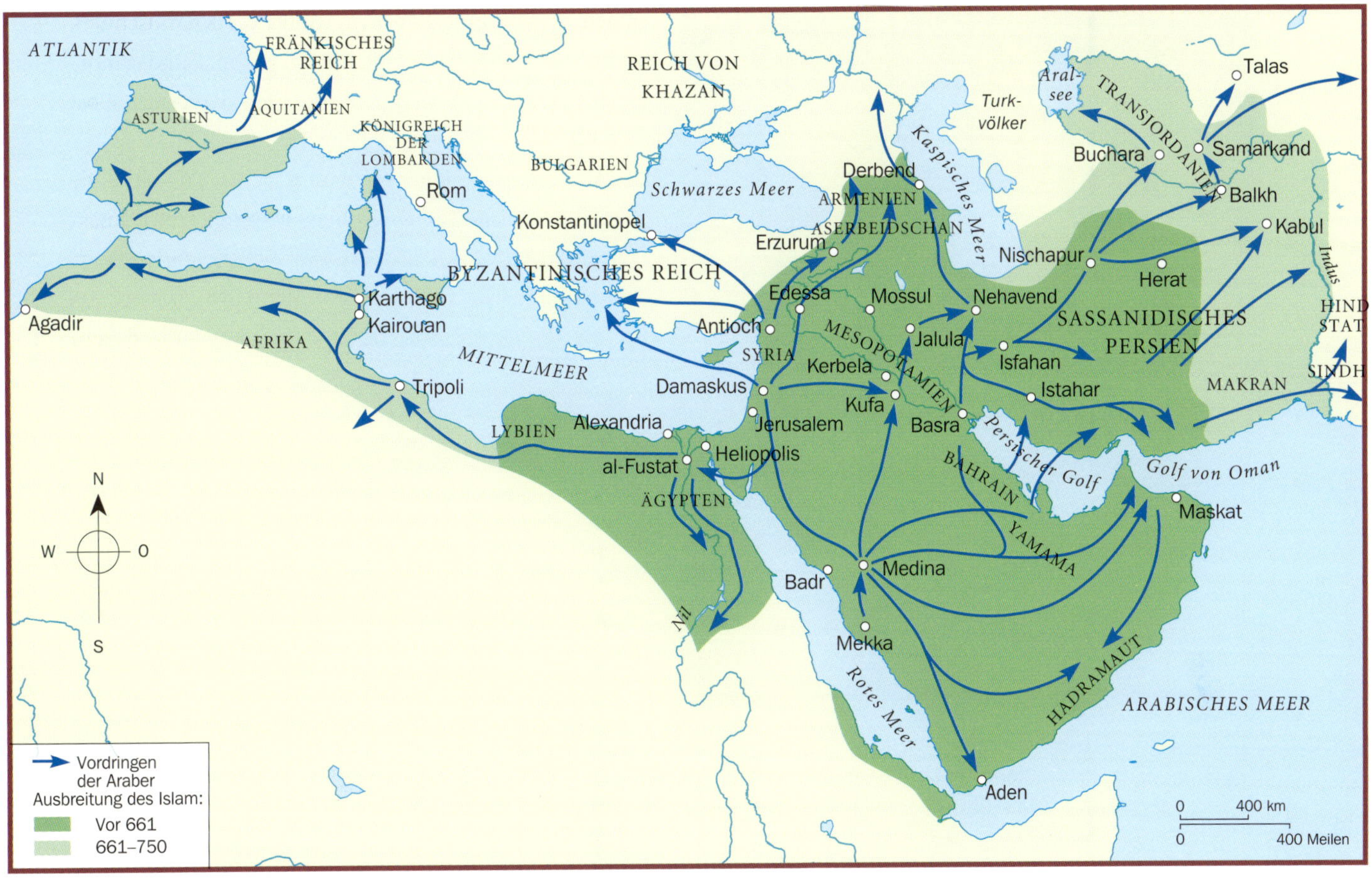

Das islamische Reich setzte seine rasche Ausbreitung unter den Ummayyaden fort.

ten Alis Sohn Husain als Kalif einsetzen. Husain führte einige wenige Getreue zum Kampf gegen Yazid. Die große Streitmacht der Ummayyaden umzingelte im Jahr 681 Husains Gruppe in Kerbela (heute Irak) und metzelten sie nieder.

Die Ummayyaden erlebten zwischen 683 und 685 weitere Aufstände, unter anderem durch die Anhänger Alis, die Schiiten, und die Kharidschiten. Aber Abd al-Malik (er regierte 685–705) stärkte die Ummayyaden. Er führte die arabische Sprache statt des Persischen als Staatssprache ein und außerdem eine islamische Währung. Unter seiner Herrschaft wurde der Felsendom in Jerusalem fertiggestellt. Das erste wichtige islamische Bauwerk war ein Symbol des Vertrauens in die neue Religion. Unter Abd al-Maliks Sohn, al-Walid I. (705–715) erreichte das Ummayyadenreich seine größte Ausdehnung. Muslimische Armeen eroberten Gebiete jenseits der Arabischen Halbinsel, darunter Iran, Nordafrika und einen Teil Spaniens.

Streitereien

Mit der Ausbreitung des islamischen Reichs stritt man über sein Wesen. Von Anfang an hatten die in militärisch gut geschützten Garnisonsstädten lebenden arabischen Eroberer sich von den unterworfenen Völkern fern gehalten. Zum Islam konvertierte Nicht-Araber galten als minderwertig. Manche Araber meinten, alle Muslime sollten gleich behandelt werden. Mit der Zeit, als die meisten eroberten Völker zum Islam übergetreten waren, begannen sich arabische und nicht-arabische Muslime zu vermischen.

Eine Bewegung zur Förderung islamischer Spiritualität entstand unter einem Prediger namens Hasan al-Basri (642–728).

Hasan al-Basri plädierte für ein einfaches Leben und lehrte seine Anhänger das Meditieren (stilles Nachdenken) über den tieferen Sinn des Korans. Dies war der Beginn des Sufismus, einer mystischen Strömung innerhalb des Islam (siehe Kasten S. 13).

KAPITEL 2:
DIE AUSBREITUNG DES ISLAM

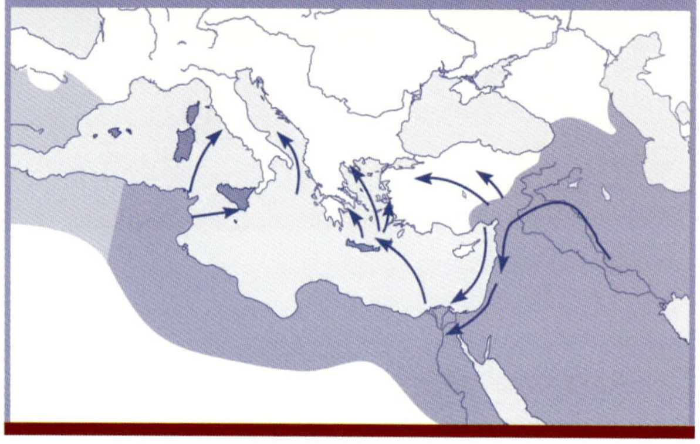

Als die Abbasiden im Jahr 750 an die Macht kamen, erstreckte sich das islamische Reich von Indien bis Spanien. Die Abbasiden beanspruchten, die rechtmäßigen Erben Mohammeds zu sein. Nachdem sie sich zunächst durchsetzen konnten, missachteten sie jedoch die muslimischen Regeln und führten ein luxuriöses Leben, während die meisten ihrer Untertanen arm blieben. Zur Zeit Harun ar-Raschids (er regierte 764–809) lebte der Herrscher isoliert von seinen Untertanen am königlichen Hof in Bagdad (im heutigen Irak). Die Schiiten und andere muslimische Gruppen, die zum schlichten Leben wie zur Zeit des Propheten zurückkehren wollten, waren über diese Entwicklung unglücklich.

Abbasidische Errungenschaften

Unter den Abbasiden wurde das islamische Reich zur bedeutenden Handelsmacht. Sie förderten Handwerk und Handel, und die Technik machte Fortschritte; so etwa die Papierherstellung und Systeme zur Feldbewässerung. Harun ar-Raschids Herrschaft gilt auch als das Goldene Zeitalter der Kultur: Die Künste, arabische Grammatik, Literatur und Musik blühten auf. Überall in der muslimischen Welt, in Ägypten, Marokko, Spanien, Iran und Mesopotamien (dem heutigen Irak) gründete man Lehranstalten. Die Werke der antiken griechischen Philosophen

Diese Karte zeigt das Abbasidische Reich um 850. Zu dieser Zeit gab es verschiedene islamische Dynastien.

wurden aus dem Griechischen und Syrischen ist Arabische übersetzt. Dadurch konnten die muslimischen Gelehrten aus der Vergangenheit lernen. Sie brachten vor allem die Wissenschaften Mathematik, Astronomie und Medizin voran. So führte etwa Al-Khwarizmi (um 780–850) die arabischen Ziffern und das Konzept der Algebra in die europäische Mathematik ein. Der iranische Gelehrte Ibn Sina (980–1037) verfasste den *Canon medicinae*, eine Enzyklopädie des medizinischen Wissens.

Sufismus

Der im 8. Jh. entstehende Sufismus ist eine mystische Sicht des Islam. Sufis meiden weltlichen Reichtum und suchen ein inneres, geistiges Leben. Sie verbringen ihre Zeit mit Beten und Kontemplation, um Gott näher zu kommen. Ab dem 12. Jh. entstand die Sufi-Bewegung durch die Gründung von Sufi-Orden, die von Sufi-Pirs, oder Sufi-Anführern, geleitet wurden.

Scharia

Ab dem 8. Jh. wurde ein verbindliches islamisches Gesetz namens Scharia (der rechte Weg) entwickelt. Das Scharia-Recht beruht auf dem Koran und der Sunna. Während des 9. und 10. Jhs. baten muslimische Herrscher die geistlichen Lehrer, das Gesetz niederzuschreiben.

Fünf Rechtsschulen wurden nach den Gelehrten benannt, die sie gründeten – vier Sunniten und ein Schiit. Die Scharia enthält sowohl Gesetze für eine Gesellschaftsordnung als auch solche, die das Verhalten der Menschen untereinander und ihre Beziehung zu Gott regeln. Viele Herrscher muslimischer Gebiete entwickelten ein zusätzliches Rechtssystem, das ihnen bei alltäglichen Regierungsaufgaben half, etwa wie man mit Verbrechen, Besitzstreitigkeiten und dem Handel umgeht.

Eine Illustration von Sufi-Mystik aus Pakistan. Die Sufis halfen bei der weltweiten Verbreitung des Islam. Sie spielten eine wichtige Rolle bei der Ausbildung der Menschen und stärkten den geistigen Aspekt der Religion.

Ein geteiltes Reich

Obwohl die Abbasiden-Dynastie bis 1258 bestand, waren die abbasidischen Herrscher im 10. Jh. unfähig, alle muslimischen Länder zu regieren. Die Buyiden aus dem Iran übernahmen 945 die Kontrolle über Bagdad, die Hauptstadt des Reiches, und regierten den westlichen Iran und Mesopotamien bis 1055. Der abbasidische Kalif blieb das symbolische Oberhaupt dieser Dynastie, aber seine Gebiete wurden von unabhängigen Regierungen geleitet, darunter das Kalifat von Córdoba in Spanien und das Reich der Fatimiden in Ägypten.

Ein Porträt Ibn Ruschds. Im christlichen Abendland wurde er unter dem Namen Averroes berühmt wegen seiner Kommentare zu den Schriften des Aristoteles. Sie erschlossen dem christlichen Westen die antike Philosophie.

Ibn Ruschd (1126–1198)

Die Schriften der spanischen muslimischen Gelehrten hatten in Europa großen Einfluss. Zu den wichtigsten gehörte Ibn Ruschd, der in islamischem Recht, Medizin und Philosophie bewandert war. Er wurde oberster Kadi (Richter) von Córdoba. Um 1150 oder 1160 bat der Almohaden-Kalif Abu Yaqub Yusuf ihn um eine richtige Auslegung des griechischen Philosophen Aristoteles. Er erklärte die Auffassung von Aristoteles, sodass die Leser sie verstanden. Das Werk Ibn Ruschds hatte noch Jahrhunderte nach seinem Tod großen Einfluss in Europa und der islamischen Welt.

Das Kalifat von Córdoba

Die erste muslimische Armee überfiel Spanien 711 von Nordafrika her und errichtete auf der südlichen und mittleren Iberischen Halbinsel ein islamisches Königreich, das man Al-Andalus nannte. Nach dem Untergang der Ummayyaden veränderte sich die muslimische Herrschaft in Spanien. Als die Abbasiden 750 in Bagdad die Macht übernahmen, ermordeten sie alle Clanmitglieder der Ummayyaden, um die eigene Macht abzusichern. Ein Ummayyaden-Prinz, Abd ar-Rahman, entkam und floh nach Spanien. Er gründete dort 756 eine neue Ummayyaden-Dynastie, das Kalifat von Córdoba.

Im 10. Jh. war Córdoba, die Hauptstadt von Al-Andalus, eine der fortschrittlichsten Städte der Welt. Es gab saubere, gepflasterte Straßen, fließendes Wasser und 70 Bibliotheken. Die Große Moschee Córdobas war ein beeindruckendes Bauwerk. Die muslimischen Herrscher erlaubten der jüdischen und christlichen Bevölkerung, ihre Religion auszuüben sowie frei zu arbeiten und zu studieren, was zu einem Austausch von Ideen und Wissen zwischen muslimischen, jüdischen und christlichen Gelehrten führte.

Zwischen dem 11. und 13. Jh. wurde Al-Andalus nacheinander von zwei muslimischen Dynastien aus Nordafrika regiert: den Almoraviden (1056–1147) und den Almohaden (1130–1269).

Die Fatimiden

Das schiitische Kalifat der Fatimiden wurde im nordafrikanischen Tunesien begründet, als Abdallah al-Mahdi an die Macht kam. Er behauptete, ein Nachkomme von Ali und seiner Frau Fatima zu sein, einer Tochter Mohammeds. Die Fatimiden verlegten ihre Hauptstadt 972 ins ägyptische Kairo. Das Fatimidenreich umfasste auf seinem Höhepunkt Mitte des 11. Jhs. Nordafrika, Ägypten, Syrien, Palästina und große Teile von Arabien. Kurz darauf verfiel es durch die wachsende Macht der seldschukischen Türken.

Diese Karte zeigt die verschiedenen islamischen Reiche von 800 bis 1200 sowie die weitere Verbreitung des Islam.

Die Ruinen von Qalat al-Gundi, einer von Saladin in der ägyptischen Wüste Sinai als Schutz gegen die Kreuzritter gebauten Festung, die den Pilgerpfad nach Mekka schützen sollte.

Dschihad

Das Wort Dschihad ist arabisch und bedeutet „anstrengen“ oder „kämpfen“. Dies bezieht sich auf alle Arten von Gottesdienst. Dschihad ist das Bemühen der Menschen, ihr Leben nach Gottes Willen zu führen. Es kann aber auch das Streben nach der Verbreitung des Islam und die Verteidigung von Muslimen gegen Angreifer bedeuten, was auch Krieg einschließt.

Der Prophet wurde zu Menschen gefragt, die wegen einer gerechten Sache kämpfen oder weil sie mutig sind oder prahlen wollen: Wer von ihnen kämpft für die Sache Allahs? Er antwortete: „Der Mensch, der dafür kämpft, dass Allahs Wort als Höchstes gilt, der dient Allahs Sache.“

Hadith

Die Seldschuken

In Bagdad übernahmen 1055 die seldschukischen Türken (eine um 990 zum Islam übergetretene Dynastie) die Macht von den Buyiden. Der abbasidische Kalif ernannte ihren Anführer zum Sultan (der neue Titel muslimischer Herrscher). Die Seldschuken schworen, das islamische Recht zu wahren und den Glauben gegen Feinde zu verteidigen. Unter den Seldschuken regierten Militärgouverneure gemeinsam mit der muslimischen, durch den Koran legitimierten Geistlichkeit, der Ulema, jeden Teil des Reichs (wozu ein großer Teil Zentralasiens, Iran, Mesopotamien, Syrien und Palästina gehörten). Im ganzen Reich wurden religiöse Schulen, so genannte Medresen, zur Ausbildung der Ulema eingerichtet. Die Ulema kümmerte sich um das Recht an den Scharia-Gerichten und verliehen diesen in ihren Regionen viel Macht.

Die Kreuzritter

Das Versprechen der Seldschuken, den Islam zu verteidigen, wurde bald auf die Probe gestellt. Sie wurden 1071 bei Mantzikert (in der heutigen Türkei) von der Armee des Byzantinischen Reichs angegriffen. Obwohl sie diese Schlacht gewannen, war das Reich der Seldschuken am Ende dieses Jahrhunderts zersplittert und schwach. In dieser Zeit der muslimischen Uneinigkeit rief Papst Urban II. zum ersten Kreuzzug auf (dem noch eine Reihe weiterer solcher militärischer Aktionen folgen sollte), um die Ausbreitung des Islam aufzuhalten und das Heilige Land (Palästina) zurückzuerobern. Christliche Kreuzritter aus Westeuropa belagerten 1099 Jerusalem. Die den Christen, Juden und Muslimen heilige Stadt Jerusalem war nach Mekka und Medina die drittheiligste Stadt der islamischen Welt. Sie war die Stadt des Felsendoms, der über einem den Juden und Muslimen heiligen

Schrein steht. Die Kreuzritter eroberten Jerusalem, wobei sie viele Bewohner töteten, und errichteten Festungen in Palästina, Anatolien (einem Teil der heutigen Türkei) und im Libanon.

Ein kurdischer General namens Saladin stürzte 1171 die Fatimiden-Dynastie in Ägypten. Zwischen 1174 und 1186 vereinte er die Gebiete von Syrien, dem nördlichen Mesopotamien und Palästina unter seiner Führung. Er

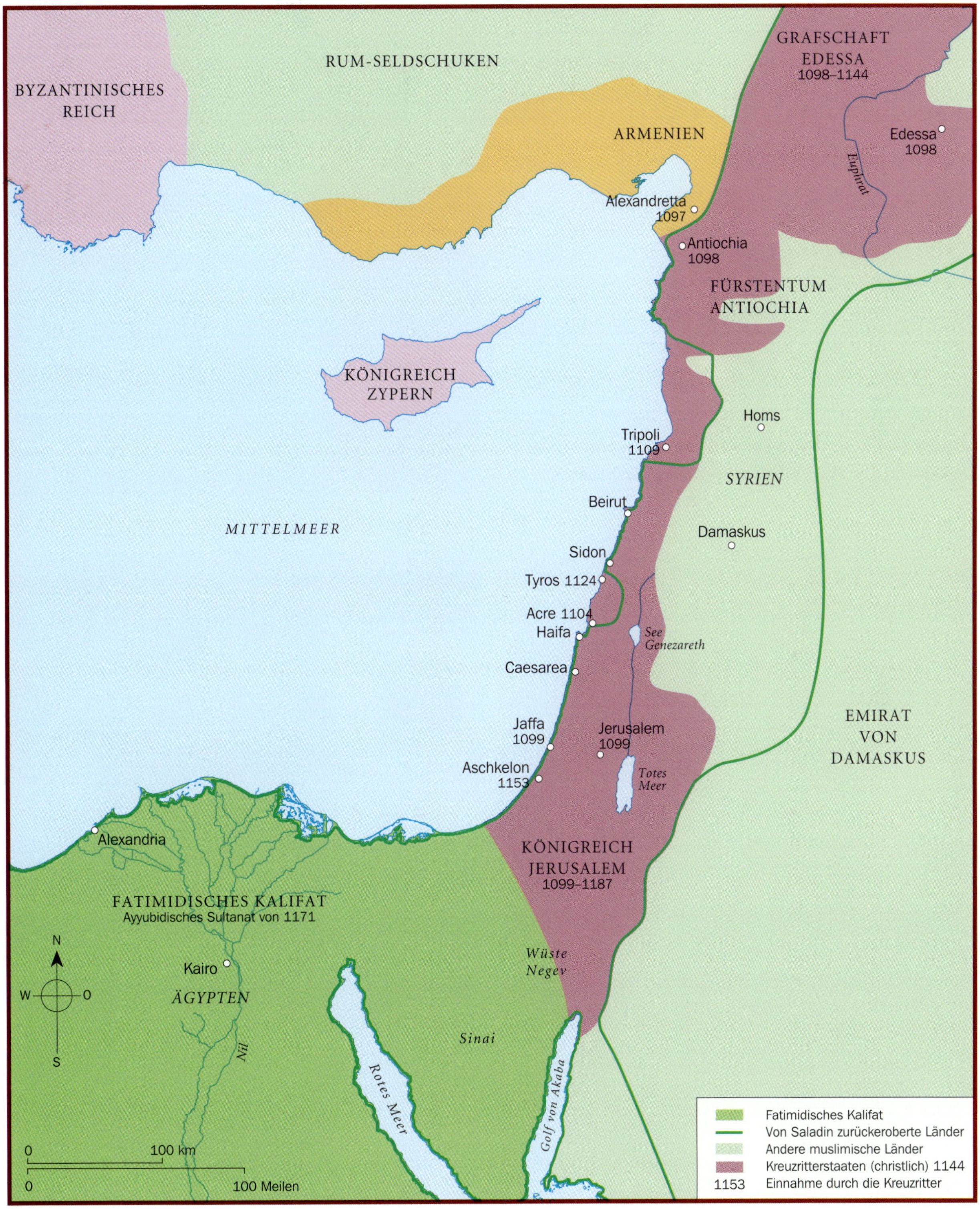

Die Kreuzfahrerstaaten im Jahr 1144. Die christliche Herrschaft in der Region erwies sich als kurzlebig.

setzte seinen Dschihad oder Kampf gegen die Kreuzritter fort. Saladin eroberte Jerusalem 1187 zurück und begründete die Dynastie der Ayyubiden.

Weitere Ausbreitung

Der Islam verbreitete sich nicht nur durch Krieg und Eroberung. Muslimische Händler brachten den Islam in abgelegene, weit vom islamischen Kernland entfernte Gebiete, darunter Ost- und Westafrika, Indien und viele am Indischen Ozean gelegene Länder.

Afrika

Ab dem 7. Jh. erreichten arabische Eroberer das ägyptische Assuan und zogen von dort weiter südwärts nach Ostafrika. Die Fundsch-Dynastie im heutigen Sudan trat im 16. Jh. zum Islam über. Die Gegend lag nahe bei Arabien, deshalb war der arabische Einfluss stark. Arabische und iranische Händler und Siedler vermischten sich mit der ansässigen Bevölkerung. Aus diesen Kontakten entwickelte sich eine neue, als Swahili bezeichnete Kultur.

In Westafrika breitete sich der Islam meistens friedlich aus. Islamische Bräuche mischten sich mit denen der Einheimischen. Zwischen dem Maghreb (dem heutigen

Mansa Musa (1307–1332)

Der bekannteste westafrikanische Herrscher des Mittelalters war der König von Mali, Mansa Musa. Nach seiner Pilgerreise nach Mekka 1324–1325 baute er im ganzen Reich von Mali herrliche Moscheen, Bibliotheken und Medresen, um die Islamstudien zu fördern. Der arabische Reisende Ibn Battuta bewunderte die Menschen in Mali für ihr Koranstudium und bemerkte, wie „sie ihre Kinder in Ketten legen, wenn sie nachlässig lernen, und sie werden nicht eher entlassen, bis sie den Koran auswendig können“.

Eine Moschee in Djenné, Mali. Im Reich Mali war Djenné eine blühende Stadt. Einige Beispiele der islamischen Architektur dieser Zeit blieben bis heute erhalten.

Marokko) und dem Sahel (dem Gebiet zwischen der Sahara und den tropischen Regenwäldern Guineas) bestanden schon vor dem Jahr 600 n. Chr. Handelsbeziehungen. Ab Mitte des 7. Jhs., als Nordafrika Teil des islamischen Reichs wurde, trugen Händler die Gedanken des Islam nach Süden. Viele westafrikanische Königsfamilien traten freiwillig zur neuen Religion über und gründeten religiöse Schulen, weil sie glaubten, dies werde ihnen Ansehen verleihen. Timbuktu am Niger wurde zum beeindruckendsten Zentrum islamischer Kultur Afrikas.

Indischer Ozean

Das islamische Reich übernahm auch die Kontrolle über die Handelswege zum Indischen Ozean. Um 1500 betrieben muslimische Händler ihre Geschäfte in Indien, China, den Inseln von Malakka und jenseits davon. Es gab zwischen 1000 und 1150 muslimische Siedlungen auf den Inseln Pemba, Sansibar, Mafia und Kilwa. Der arabische Reisende Ibn Battuta (um 1304–1377) begegnete entlang der Südküste Chinas muslimischen Gemeinden.

Indien

In Indien trat der Islam zuerst 711 auf, als die Araber nach Sindh (dem heutigen südöstlichen Pakistan) vordrangen. Die Eroberung des indischen Subkontinents begann mit den Guriden, die Nordindien im späten 12. Jh. besetzten. In Delhi wurde ein unabhängiges, von 1206 bis 1526 bestehendes Sultanat errichtet. Manche der frühen muslimischen Herrscher zerstörten Hindutempel und ersetzten sie durch große Moscheen, um ihre Vorherrschaft zu zeigen. Unter der Tughluqiden-Dynastie (1320–1413) setzte sich eine tolerante religiöse Politik durch. Etwa 20 bis 25 Prozent der Bevölkerung des Sultanats von Delhi traten zum Islam über, während der Rest hinduistisch blieb.

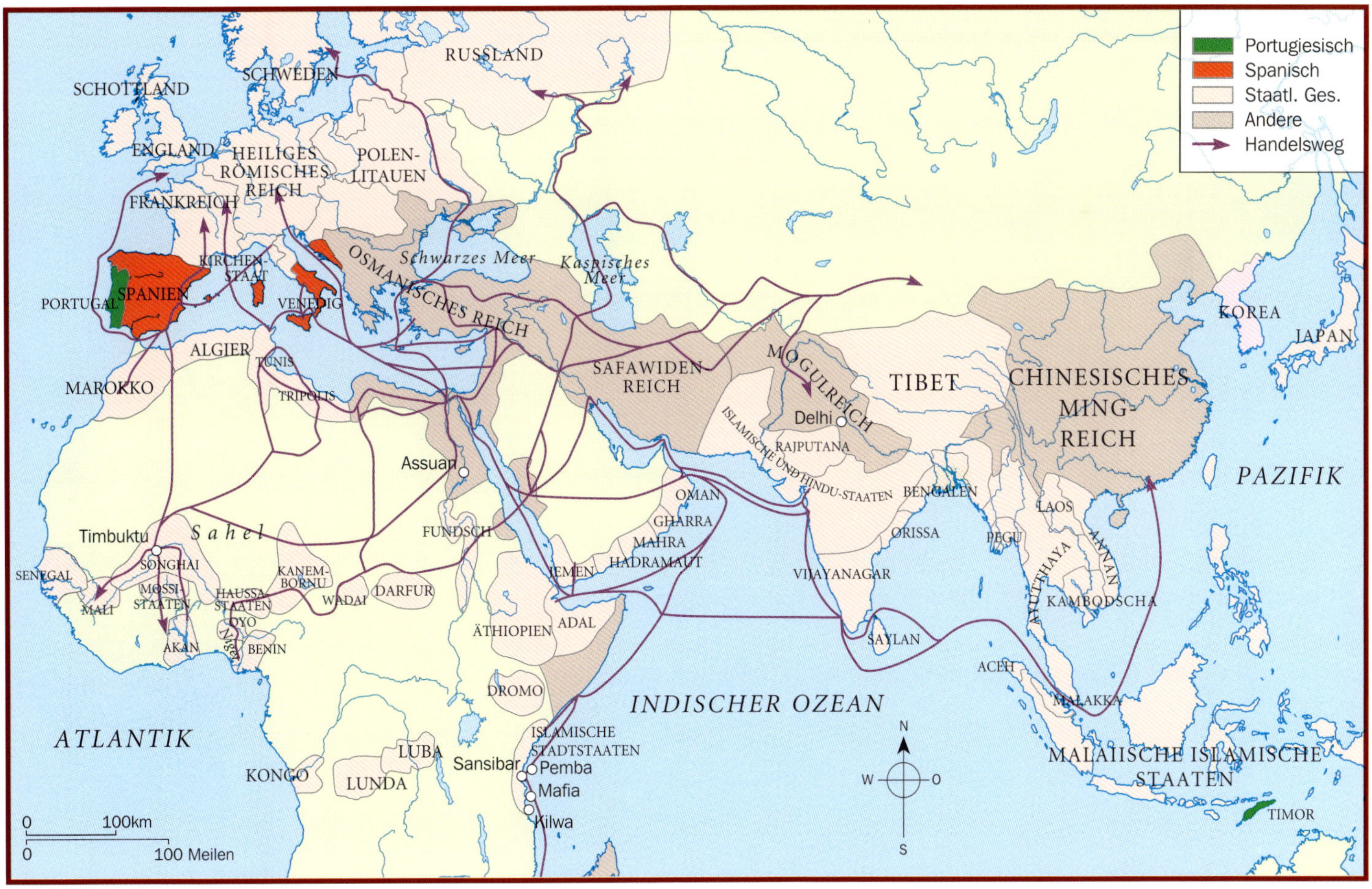

Diese Karte zeigt die Welthandelswege und Reiche um 1500. Gegen Ende des 15. Jhs. hatte der Islam Osteuropa, die Ebenen Zentralasiens und weite Teile Afrikas erreicht. Er hatte sich nach Nordindien, China und die malaiischen Staaten ausgebreitet.

KAPITEL 3: MAMELUCKEN, MONGOLEN UND OSMANEN

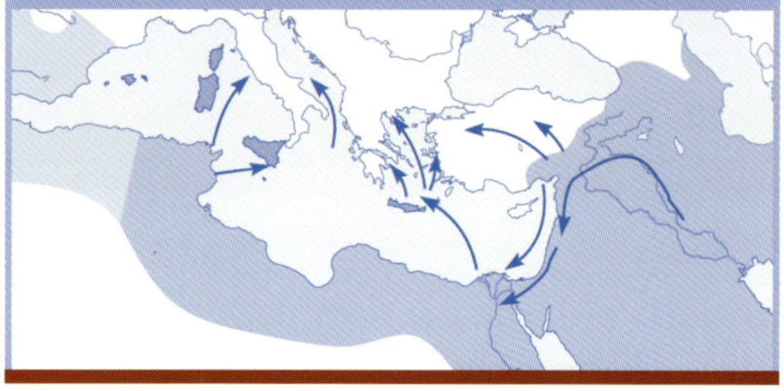

Zwischen dem 13. und 15. Jh. erblühten die islamischen Reiche der Mamelucken und Mongolen und zerfielen wieder. Gegen Ende dieser Zeit erhob sich das Osmanische Reich, das 500 Jahre überdauern sollte.

Mamelucken

Um das Jahr 900 war es für muslimische Herrscher üblich, Sklaven als Krieger für ihre Armeen zu kaufen. Diese Kriegssklaven nannte man Mamelucken. Manche freigelassenen Sklaven stiegen in der Gesellschaft auf, und einige wurden sogar zu Herrschern. Die Ayyubiden-Dynastie Saladins wurde 1250 von Mamelucken gestürzt. Sie riefen ihr eigenes Sultanat aus und regierten bis etwa 1500. In Kairo ansässig, zeigten die Mamelucken ihre Hingabe an den Islam durch Gründung von Sufi-Orden, islamischen Schulen und den Bau kunstvoller Moscheen. Die Mamelucken wurden 1517 von den Osmanen besiegt.

Mongolen

Gleichzeitig entwickelte sich in der Mongolei ein neues Reich. Das vom rücksichtslosen Anführer Dschingis Khan (um 1162–1227) begründete riesige mongolische Reich erstreckte sich bis 1259 vom nördlichen China im Osten bis ins heutige Deutschland im Westen. Nach Dschingis Khans Tod schufen seine Nachkommen meh-

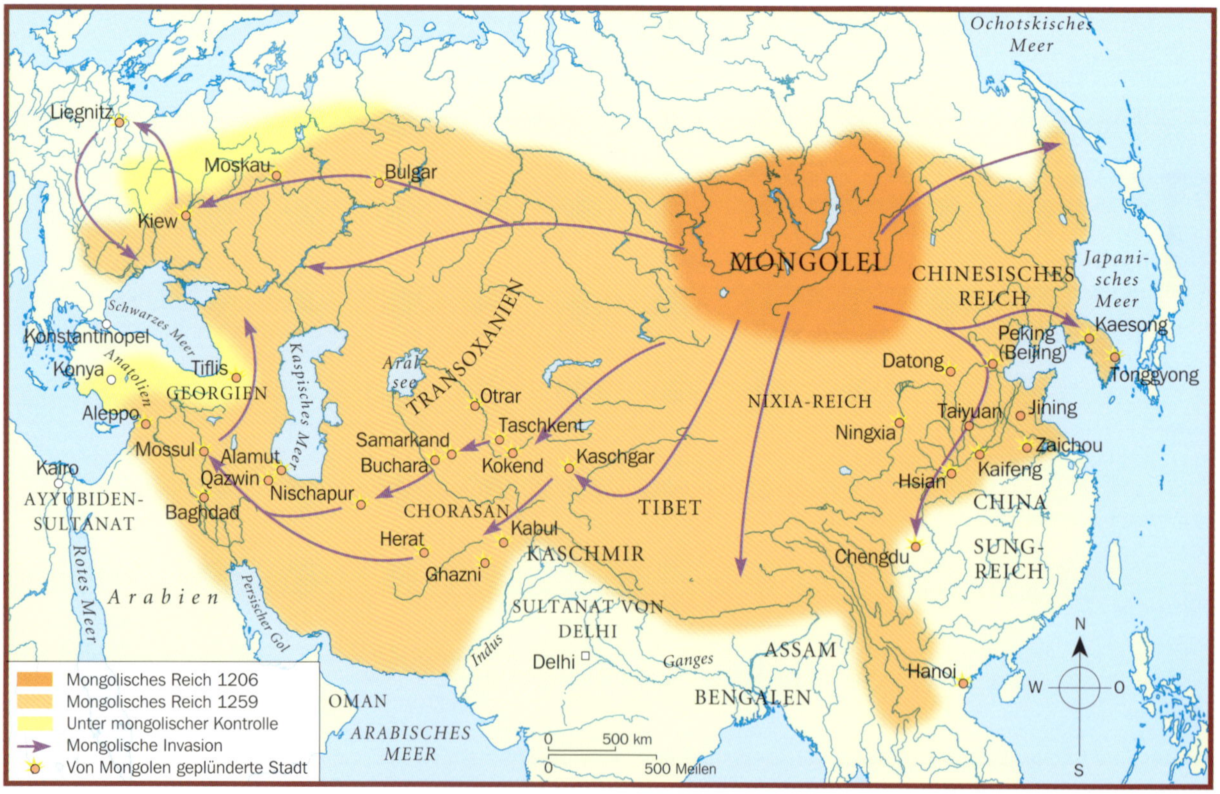

Die mongolischen Invasionen des 13. Jhs. Ihre Kenntnisse der neuesten Kriegstechniken ermöglichten es den Mongolen, Zerstörungen im großen Maßstab anzurichten.

Wirbelnde Derwische im Tanzsaal in Rumis türkischer Wahlheimat Konya, wo er starb. Moschee, Tanzsaal und die Gräber der Anführer des Sufi-Ordens ziehen noch heute Pilger an.

rere mongolische Staaten, die sowohl gegeneinander als auch gegen andere Völker kämpften. Auf ihren ersten Eroberungszügen richteten die Mongolen bei ihren Feinden große Zerstörungen an. Sie löschten die Bevölkerung ganzer Städte aus und zerstörten alle Gebäude. Im Jahr 1258 besiegten sie das abbasidische Kalifat und plünderten Bagdad.

In den folgenden Jahren jedoch trat ein Anführer eines Mongolenstaates, ein Mann namens Hülegül, zum Islam über. Zu Beginn des 14. Jhs. folgten alle westlichen mongolischen Staaten seinem Beispiel.

Rumi (1207–1273)

Der Sufi-Mystiker Jalal ad-Din ar-Rumi erlebte die Zerstörungen des Mongolensturms. Als 1218 die Mongolen einfielen, entkamen Rumi und seine Familie aus ihrer Heimatstadt Chorasan im östlichen Iran und zogen nach Konya in Anatolien. Rumis Erfahrungen ließen ihn eine mystische Bewegung gründen, die den Menschen bei der Bewältigung der Katastrophe half. Nach seinem Tod gründeten seine Anhänger einen Sufi-Orden, den man oft auch wirbelnde Derwische nannte. Sie führten einen Drehtanz auf, um in Trance eins mit Gott zu werden. Rumi schrieb etwa 30 000 Verse und viele Rubaiats (der Rubai ist eine iranische Gedichtform), wie im Folgenden:

Wie ein Salzkorn, gelöst im Ozean,
so wurde ich von Gottes Meer geschluckt,
vorbei Schicksal, vorbei Unglaube,
vorbei Zweifel, vorbei Gewissheit.

Plötzlich in meiner Brust
Schien ein Stern hell und klar.
Alle Sonnen des Himmels
Verschwanden im Licht dieses Sterns.

Der Aufstieg des Osmanischen Reichs (1328–1672). Es war das größte islamische Reich.

Mitte des 14. Jhs. begann der Niedergang der Mongolenstaaten. Der mongolische General Timur-Leng (um 1336–1405) versuchte, dieses Schicksal zu wenden. Er eroberte große Teile Zentralasiens, Mesopotamien und den Iran sowie die Städte Delhi in Indien und Ankara in der heutigen Türkei. Unter Timur und seinen Nachfolgern wurden Herat, Samarkand und Buchara (alle in Zentralasien) zu strahlenden Städten. Timur machte Samarkand zu seiner Hauptstadt und zu einem Zentrum islamischer Kultur. Obwohl er Sunnit war, schützte er die Schiiten in seinem Reich.

Die Osmanen

Als die Mongolenstaaten untergingen, errichteten die Osmanen, ein türkischer Stamm, in Anatolien ein Reich. Um 1400 hatten die Osmanen Serbien, Bulgarien und den größten Teil des Byzantinischen Reichs erobert.

Der osmanische Herrscher Sultan Mehmet II. nahm 1453 die Hauptstadt Konstantinopel ein und nannte sie Istanbul. Das Reich dehnte sich weiter aus. Mitte des 16. Jhs. hatten die Osmanen fast ganz Ungarn eingenommen und beherrschten weite Teile Europas von der Krim bis ins südliche Griechenland. Während des 16. Jhs. eroberten sie auch viele islamische Länder, darunter Ostanatolien, das nördliche Mesopotamien, Syrien, Jemen und Nordafrika von Ägypten bis Algerien.

Das Osmanische Reich konnte sich dank seiner starken Armee so weit ausdehnen. Wie andere muslimische Herrscher benutzten auch die Osmanen Soldatensklaven. Ihre Elitetruppe waren die Janitscharen. Knaben aus christlichen Familien mussten zum Islam übertreten und wurden zu Soldaten ausgebildet. Als Außenseiter waren sie auf den Sultan angewiesen und ihm treu ergeben.

Die Osmanen hielten ihr Reich in festen Händen. Es wurde in Provinzen unterteilt, die jeweils von einem Pascha (General) regiert wurden, der direkt dem Sultan verantwortlich war. Dieser setzte Kadis ein, um Recht auf der Grundlage der Scharia zu sprechen, das zum offiziellen Gesetz aller Muslime wurde. Die Osmanen brachten die Ulema unter ihre Kontrolle. Die Ulema sorgte für eine

Die Süleymaniyye-Moschee in Istanbul war die größte jemals im Osmanischen Reich gebaute. Sinan übernahm den Plan der Hagia-Sophia-Kirche und bezog große offene Plätze ein, auf denen Muslime zusammen beten konnten.

geistliche Führung und dafür, dass die Bevölkerung die osmanische Herrschaft akzeptierte.

Innerhalb des Reichs gab es viele verschiedene Religionen und Volksgruppen, darunter Christen, Araber, Juden, Berber (Ureinwohner Nordafrikas) und Türken. Obwohl der Sultan mithilfe der Scharia streng über die Muslime wachte, erlaubte er anderen Gemeinden, ihren Bräuchen zu folgen. Nicht-Muslime konnten hohe Positionen im Reich erlangen. Gegenüber den Völkern außerhalb ihres Reichs hatten die Osmanen jedoch eine andere Einstellung. Sie sahen sich selbst als die Verteidiger des Islam gegen seine Feinde. Als sunnitische Muslime kämpften sie nicht nur gegen die Christen im Westen, sondern auch gegen die schiitischen Safawiden im Osten (siehe die Seiten 24–25).

Die Süleymaniyye-Moschee

Unter Sultan Süleyman erreichte die osmanische Kultur ihren Höhepunkt. Eines seiner größten Werke war die Süleymaniyye-Moschee in Istanbul, gebaut in Konkurrenz zur 1000 Jahre alten Hagia Sophia. Bei der Planung der Moschee orientierte sich der Architekt Sinan an der Hagia Sophia. Die um 1550 erbaute Moschee hat vier Minarett-Türme. Innerhalb des Komplexes gab es eine Medrese, ein Krankenhaus, einen Speisesaal, eine Karawanserei, Bäder, Hospize und Geschäfte.

KAPITEL 4:
DER ISLAM VOR DER EROBERUNG DES WESTENS

Im 16. und 17. Jh. beherrschten islamische Reiche weite Teile Osteuropas, Westasiens und Indiens wie auch den Nahen Osten und Nordafrika. Diese Reiche, bekannt als die der Safawiden, Moguln und Osmanen, wurde irgendwann schwächer, aber der Islam dehnte sich weiter über die Grenzen des muslimischen Kerngebiets aus.

Die Safawiden

Der Gründer des Safawiden-Reichs, Schah Ismail, eroberte 1501 Täbris und in den folgenden Jahren den Rest der iranischen und irakischen Provinzen von Bagdad und Mossul. Er erklärte den Schiismus zur Staatsreligion, obwohl die meisten Bewohner Sunniten waren. Die schiitische Ausrichtung des Reiches führte zum Konflikt mit den sunnitischen Osmanen. Der osmanische Herrscher Selim I. (1467–1520) besiegte die Safawiden in der Schlacht von Chaldiran und gewann weitere Kontrolle über Ostanatolien.

Später in diesem Jahrhundert errang jedoch der safawidische Herrscher Schah Abbas I. (1571–1629) deutliche Siege gegen die Osmanen. Er stärkte den schiitischen Islam in seinem Reich, indem er schiitische Gelehrte aus anderen Ländern holte und schiitische Medresen baute. Er führte jährliche Rituale zur Trauer um den ermordeten Enkel des Propheten, Husain, in Kerbela ein (siehe Seite 11). Eine Prozession geriet zu einem Ausbruch von Trauer, als sei Husain erst kürzlich ermordet worden. Die Trauer um Husain wurde zum Mittelpunkt des religiösen Lebens und der Schiismus eine wichtige Sache für die iranische Identität.

Unter der Herrschaft von Schah Abbas wurde die Hauptstadt Isfahan zu einem kulturellen Zentrum. Die iranische Miniaturmalerei blühte, und die Stadt füllte sich mit kunstvollen Palästen und Parks, großartigen Moscheen und Medresen. Doch Ende des 17. Jhs. begann der Verfall des Reichs. Nach 1748, als Schah Nadir Khan ermordet wurde, brach die zentrale Regierung Irans zusammen. In einer Zeit der Anarchie (einem gesetzlosen Zustand) kontrollierten die Osmanen und Russen den Norden, und verschiedene Stammesführer stritten im Süden um die Macht. Die Ulema vertraute jedoch auf die Treue

Innenhof und Wasserbecken der Imam-Moschee in Isfahan, Iran.

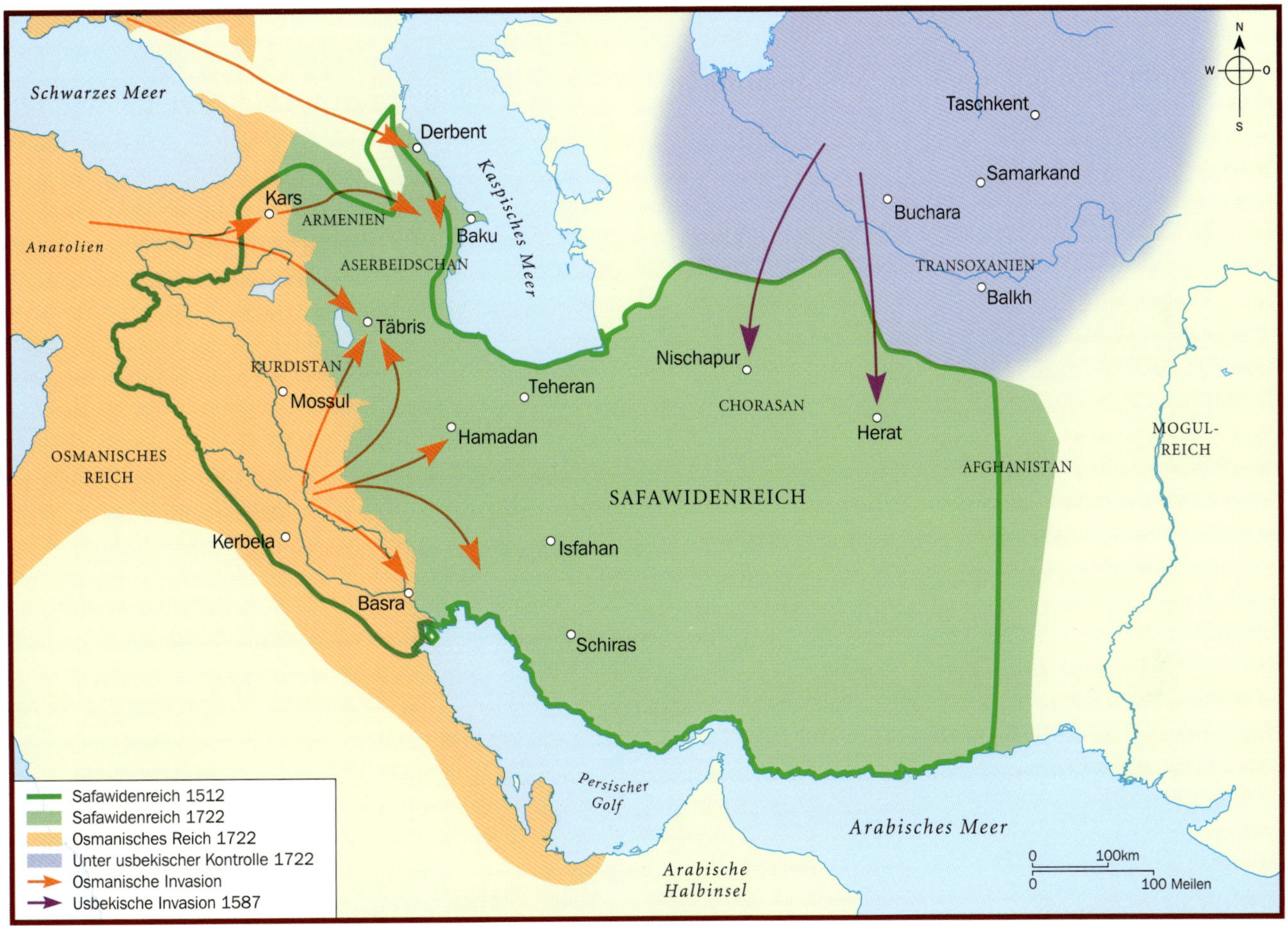

Diese Karte des Safawidenreichs zeigt die Invasionen, die es schwächten.

und religiöse Ergebenheit des iranischen Volkes. Als 1779 eine neue Dynastie, die Qajaren, die Herrschaft über den Iran übernahmen, behielt die Ulema ihren hohen Rang.

Die Moguln

Die indischen Mogulherrscher waren sunnitische Muslime. Der erste Mogulherrscher Babur (1483–1530) eroberte 1526 Delhi und ebnete den Weg für die Eroberung Nordindiens. Sein Enkel Akbar (1556–1605) dehnte die Macht der Moguln fast auf das ganze Land aus. Er erwies sich als toleranter Herrscher gegenüber anderen Religionen. Akbar schaffte die von allen Nicht-Muslimen zu zahlende Steuer ab, die seit dem 7. Jh. alle muslimischen Herrscher in den eroberten Gebieten erhoben hatten. Er wurde Vegetarier und gab die Jagd auf, um die Hindus, die keine Tiere töteten, nicht zu verärgern. Akbar baute Hindu-Tempel und gründete ein Bethaus, in dem Gelehrte aller Religionen sich treffen konnten.

Muslimische Schreine

Anders als in den übrigen muslimischen Gebieten, wo Abbilder beim Gottesdienst unüblich sind, spielten Schreine mit Heiligenbildern im indischen Islam immer eine große Rolle. In den Gräbern großer Sufi-Heiliger wurden Schreine zu ihrem Gedenken errichtet. Ihre Anhänger sehen sie als Pforten zum Himmel, führen tägliche Rituale am Schrein aus und waschen oder schmücken ihn. Ein Beispiel ist der Schrein in Ajmer, dem Grab des muslimischen Heiligen Khajwa Moinudin Chisti, zu dem eine herrliche, vom Mogulkaiser Schah Dschahan (er herrschte 1628–58) erbaute Moschee gehört. Für die indischen Muslime steht sie als heilige Stätte an dritter Stelle nach Mekka und Medina.

Die Sufi-Orden halfen bei der Verbreitung des Islam in Indien. Die Sufi-Pirs (als Heilige verehrte geistige Führer) gewannen Angehörige von Stämmen und niederen Hindukasten für ihren Glauben. Die Pirs lehrten die Botschaft des Islam in den Sprachen der dort lebenden Menschen.

Akbars Enkel, Schah Dschahan, dehnte die Macht der Moguln weiter aus. Der für die Pracht seines Hofs und seine Leidenschaft für Architektur bekannte Schah Dschahan ließ das Tadsch Mahal bauen, ein Mausoleum für seine Frau Mumtaz Mahal. Er baute auch einen großen Palast in Delhi, genannt das Rote Fort, und eine der spektakulärsten Moscheen Indiens, die Jami' Masjid in Agra.

Schah Dschahan war relativ tolerant gegenüber seinen hinduistischen Untertanen, aber sein Sohn, Schah Aurangzeb (er herrschte 1658–1707) befahl die Zerstörung vieler Hindutempel, führte die Steuer für Nicht-Muslime wieder ein und verbot den schiitischen Muslimen die Gedenkfeiern für Husain.

Die religiöse Politik Aurangzebs rief große Aufstände gegen die Regierung hervor, und das Mogulreich begann zu wanken. Anführer von Hindus und Sikhs eroberten Teile Nordindiens. Der iranische Herrscher Nadir Schah fiel 1739 in Nordindien ein und plünderte Delhi. Die als Händler nach Indien gekommenen Briten zogen ihren Vorteil aus dem Niedergang der Moguln und übernahmen nach und nach die Herrschaft über die indischen Staaten. Die indischen Muslime sahen ihre Macht schwinden.

Wali Allah und die Reformbewegung

Wali Allah (1702/3–1762) wuchs in der Zeit auf, als das Mogulreich zerbrach. Er wurde zum Anführer einer islamischen Reformbewegung. Wadi Allah glaubte, zur Erneuerung islamischer Kräfte sollten indische Muslime sich vereinen und die Verbindung zur übrigen islamischen Welt stärken. Sie sollten ihre Bräuche nicht mit anderen indischen Traditionen vermischen. Muslime sollten zu traditionellen Bräuchen zurückkehren, frei von indischen Einflüssen wie etwa der Heiligenverehrung. Die Reformbotschaft zog gebildete Muslime an, beeindruckte aber die viel zahlreicheren armen Muslime nicht, die weiter an den Schreinen beteten und sich an lebhaften Volksfesten erfreuten.

Osmanische Schwäche

Auch das Osmanische Reich begann im späten 17. Jh. zu schwächeln, als europäische Länder auf seine Kosten mächtiger wurden. Wie bei anderen islamischen Ländern beruhte die Wirtschaft des Osmanischen Reichs vor allem auf der Landwirtschaft und gut eingeführten Handelsbeziehungen.

Das bekannteste Denkmal Indiens, das Tadsch Mahal.

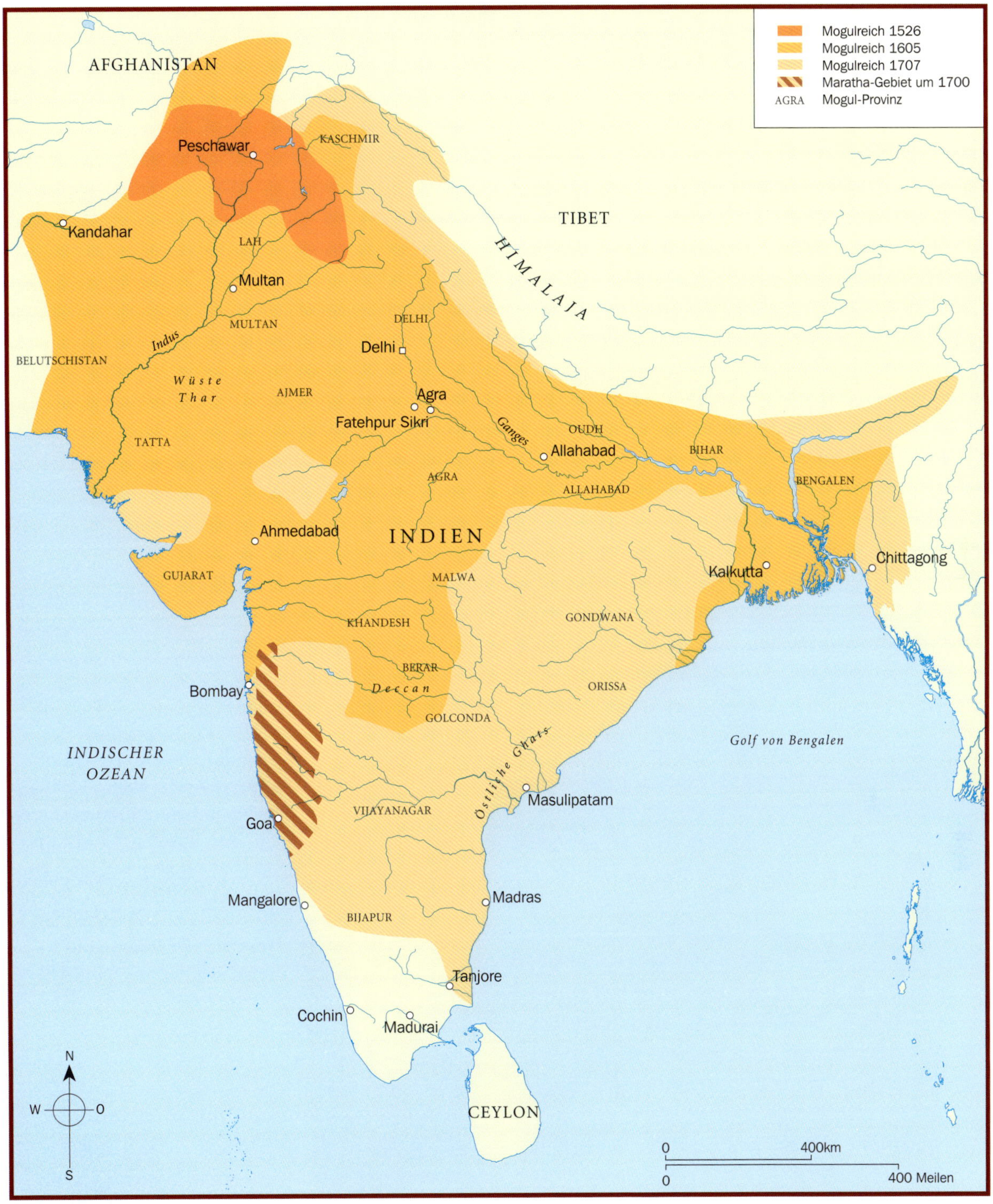

Diese Karte zeigt die Ausdehnung des Mogulreichs über weite Teile Indiens zwischen 1526 und 1707.

Das erschwerte ein weiteres Wachstum. Die Wirtschaft der führenden europäischen Staaten wuchs dagegen zwischen dem 17. und 19. Jh. rasch, weil sich neue Handelswege nach Amerika und Ostasien erschlossen und technische Fortschritte zur Industrialisierung im großen Stil führten. Die Osmanen verloren im späten 17. und im 18. Jh. Gebiete an europäische Mächte, darunter an die Habsburger, Venezianer, Polen und Russen. Das Reich zerfiel nach und nach und zerbrach Anfang der 1920er Jahre endgültig.

Der Islam weltweit

Während die Reiche der Safawiden, Moguln und Osmanen verschwanden, erblühte der Islam in anderen Teilen der Welt. Um 1500 kam der Islam nach Südostasien und verbreitete sich mehr durch friedlichen Handel als durch Eroberungen. Der erste muslimische Staat in dieser Gegend entstand 1524 in Aceh im Norden Sumatras. Im frühen 17. Jh. wurden Makasar und Mataram muslimische Staaten. Wie in Indien boten Sufi-Lehrer, manche von ihnen selbst Kaufleute, die islamischen Lehren so an, dass Hindus sie verstehen konnten. Islamische Bräuche vermischten sich oft mit örtlichen hinduistischen und animistischen Vorstellungen (dem Glauben, dass Naturgeister und verstorbene Vorfahren die Zukunft beeinflussen können). Die Ausbreitung des Islam setzte sich in diesen Gebieten trotz der Eroberungen durch Portugal und die Niederlande fort.

Westafrika

Im 18. und 19. Jh. führte eine Reihe von Dschihad-Bewegungen in Westafrika zur Entstehung einiger islamischer Staaten. Die Anführer dieser Bewegungen waren meist Ulemas, die bei Sufi-Meistern studiert hatten und eine reformierte Version des Islam predigten. Der berühmteste Dschihad-Führer war Othman Dan Fodio, der im frühen 19. Jh. das Sultanat von Sokoto errichtete (siehe S. 29).

Die Bewegungen wurden von Menschen am Rand der Gesellschaft unterstützt, etwa entlaufenen Sklaven. Auch der Stamm der Fulani, im heutigen Nigeria und anderen westafrikanischen Staaten lebende Hirten, unterstützte sie, weil sie unglücklich über die von den jeweiligen Königen erhobenen Steuern waren. Ein Gelehrter der Fulani, Ibrahim Musa, kämpfte gegen örtliche Herrscher und gründete 1725 einen islamischen Staat namens Futa Dschalon (das heutige Guinea).

Abubakar Sidiq, ein früherer Sultan von Sokoto, der das Sokoto-Kalifat von 1838 bis 1888 regierte. Nachdem die Briten Sokoto 1903 unter ihre Herrschaft gebracht hatten, bekam das Amt eher zeremoniellen Charkter, obwohl der Sultan immer noch Einfluss auf die Fulani- und Haussavölker des nördlichen Nigeria hat.

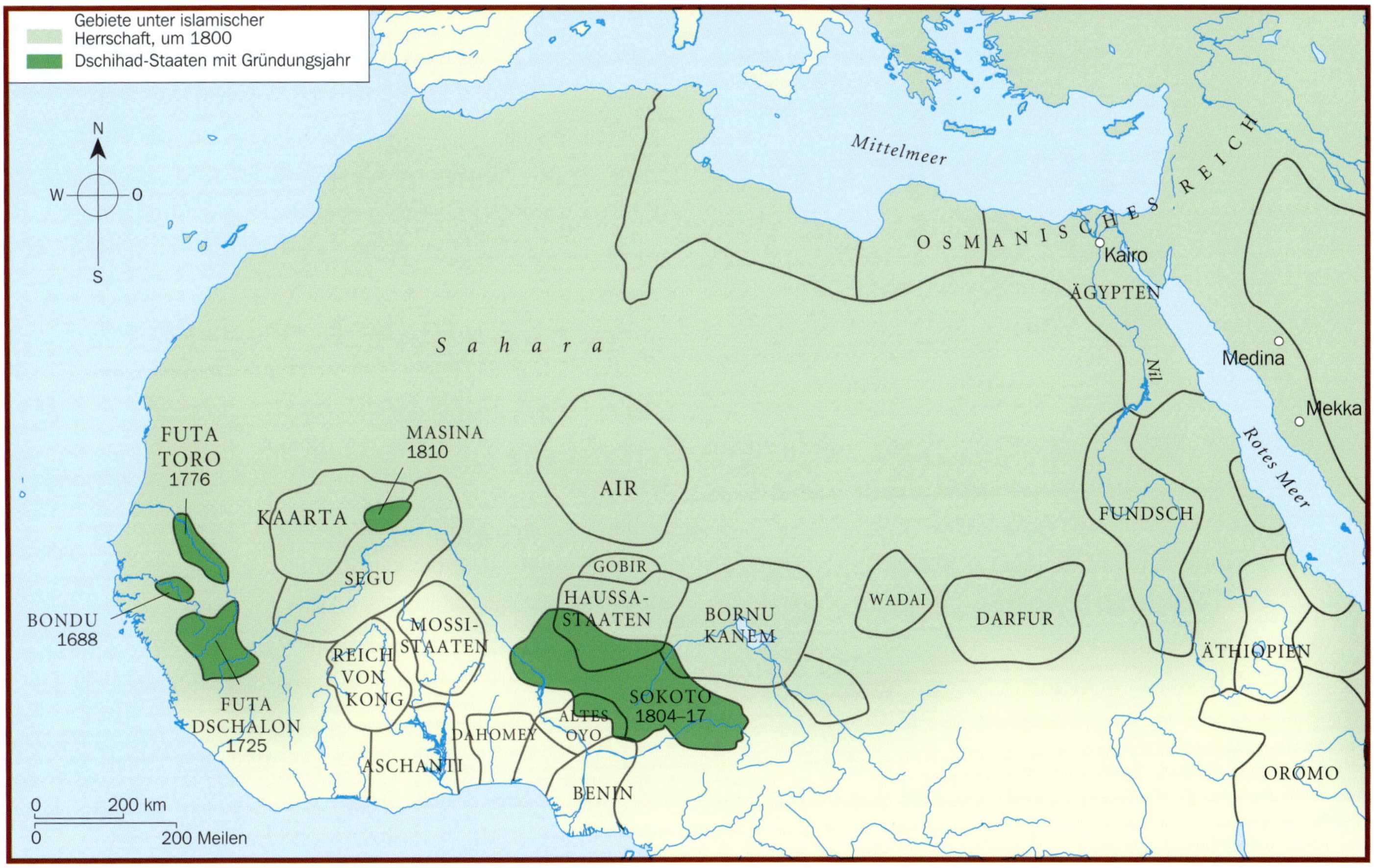

Diese Karte zeigt die Dschihad-Staaten um 1800 und die Ausbreitung des Islam in Westafrika zu dieser Zeit.

Russland

Ab dem 15. Jh. begann das christliche Königreich Russland mit der Eroberung von Ländern in Zentralasien, in denen zahlreiche Muslime lebten. Ungeachtet der neuen christlichen Regierung nahm die Beliebtheit des Islam in diesen Gebieten nicht ab.

Othman Dan Fodio (1754–1817)

Der muslimische Gelehrte und Lehrer Othman Dan Fodio stammte aus dem Haussa-Königreich Gobir (nordwestliches Nigeria). Er gewann in den 1780er und 1790er Jahren an religiösem und politischem Ansehen. Unterstützt wurde er von Haussa-Bauern, die glaubten, er sei der neue Mahdi. Nach der schiitischen Überlieferung ist dieser der 12. Imam, der zurück auf die Erde kommt, um für Gerechtigkeit zu sorgen. Zwischen Dan Fodios Gemeinde und den Herrschern von Gobir kam es 1802 zum Streit. Dan Fodio unternahm eine Hidschra (Auswanderung) ins 80 km nördlich gelegene Gudu und wurde dort der Imam (Anführer der Muslim-Gemeinde). Er gründete ein Kalifat nach dem schlichten Vorbild der Gemeinschaft des Propheten in Medina. Bald darauf gründete er eine Armee und rief zum Dschihad gegen die Haussa-Herrscher auf. Bis 1808 hatte er die meisten der Haussa-Königreiche unterworfen und schuf das Sultanat von Sokoto. In den beiden folgenden Jahrzehnten dehnte es sich auf weite Teile des heutigen Nigeria und nördlichen Kamerun aus. Nach dem Erfolg des Dschihads zog Dan Fodio sich aus dem öffentlichen Leben zurück, enttäuscht darüber, dass die von ihm eingesetzten Herrscher ebenso ungerecht wie die alten waren und seine Reformgedanken schon bald vergaßen.

KAPITEL 5: ISLAM UNTER KOLONIALER HERRSCHAFT

Der rasche Aufschwung der europäischen Wirtschaft seit dem 18. Jh. wirkte auf die islamische Welt verheerend. Europäsche Länder brauchten neue Märkte, deshalb eroberten sie weite Teile der muslimischen Welt in Nordafrika, dem Nahen Osten und Asien. Sie gründeten dort Kolonien, um sie für ihre Handelsinteressen zu nutzen. Die meisten europäischen Herrscher führten die Kolonien im eigenen Interesse. Sie kauften dort riesige Mengen Nahrungsmittel und Rohwaren wie Zucker, Tee, Baumwolle und Wolle und verkauften billige Industriewaren an die Kolonien, was der dortigen Industrie schadete. So zerstörten etwa die britischen Exporte von Baumwollprodukten nach Indien die dortige Baumwollindustrie. Islamische Länder wurden wirtschaftlich vom Westen abhängig.

Nach dem Untergang des Osmanischen Reichs im Jahr 1922 war die Mehrzahl der muslimischen Gesellschaften unter kolonialer Herrschaft. Die Briten herrschten über Ägypten, Palästina, Indien, Sudan, Aden, Oman, Kuwait, Katar, Tanganjika und die malaiischen Staaten. Frankreich war Kolonialmacht in Nordwest-Afrika, im Libanon und in Syrien.

Indien

Die Kolonialherrschaft wurde häufig angegriffen. Der Aufstand gegen die Briten von 1857 ist der bekannteste in Indien. Bengalische Muslim-Soldaten der britischen Armee erhoben sich, als sie entdeckten, dass die Armee Gewehrpatronen mit Rinder- und Schweinefett schmierte. (Das kränkte Hindus, denen Kühe heilig sind, wie auch Muslime, für die Schweine unrein sind.) Muslime drückten ihre Wut über eine Kolonialpolitik aus, die ihr Land seiner natürlichen Ressourcen beraubte, und sie fürchteten Angriffe auf ihren Glauben und ihre Kultur.

Um die Gegner ihres Regimes zu spalten und die eigene Position abzusichern, schürten die Briten den Streit

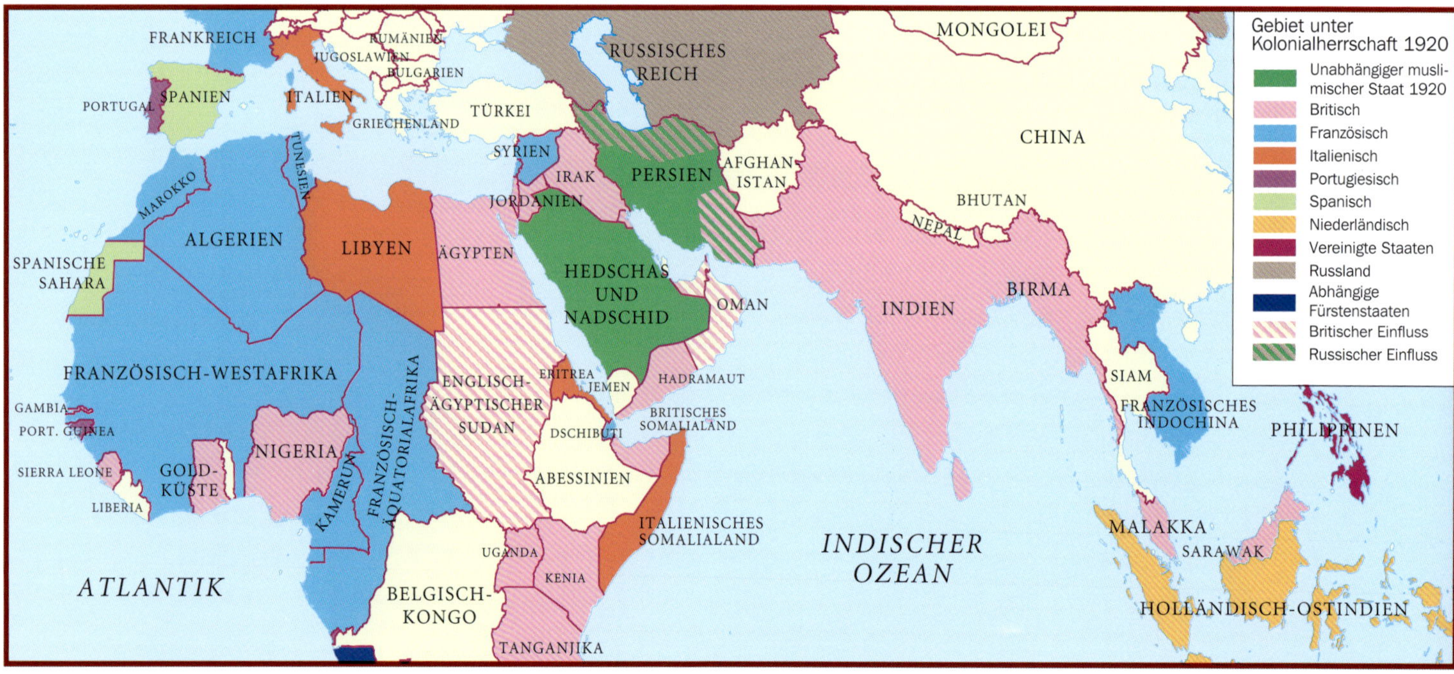

Die Ausdehnung der europäischen Kontrolle über muslimische Länder im Jahr 1920.

Eine zeitgenössische europäische Illustration zeigt Inder, die britische Soldaten während des Aufstands im Juli 1857 im nordindischen Lucknow angreifen.

zwischen Hindus und Muslimen. So führte etwa 1909 der indische Verwaltungsrat ein nach Religionen getrenntes Wahlrecht für Hindus und Muslime in den Ortschaften ein und gab so den beiden religiösen Gruppen eine eigene rechtliche und politische Identität.

Solche und ähnliche Aktionen führten dazu, dass Hindus und Muslime zwei verschiedene Völker in Indien bildeten.

Ägypten

Die Briten beherrschten Ägypten seit 1882. Sie übernahmen die ägyptische Baumwollproduktion, nutzten Häfen, Eisenbahnen und den Suezkanal zum Warentransport und um die Wirtschaft zu regeln. Für die ansässige Bevölkerung wurden die Steuern stark erhöht, um diese Projekte zu finanzieren (in Ägypten lebende Europäer zahlten kaum Steuern). Es gab breiten Widerstand gegen diese Politik und andere Aspekte der Kolonialherrschaft. Islamische Reformbewegungen beteiligten sich daran. Die beiden einflussreichen Reformer Mohammed Abdu

Die Salafiya-Bewegung

Um die Muslime zu einen und den Geist des Islam zu erneuern, predigte Mohammed Abdu, dass Muslime zu den Grundsätzen der sozialen Gerechtigkeit der frühen Muslimgemeinschaft zurückkehren sollten. Er meinte aber, man müsse diese Grundsätze an moderne demokratische Werte anpassen. Alle Quellen muslimischen Rechts, einschließlich des Korans und der Sunna, sollten von allen Muslimen diskutiert werden. Es sollte möglich sein, ein islamisches Gesetz modernen Bedürfnissen anzupassen. Mohammed Abdu verkündete: „Wenn eine Verordnung Leid verursacht, was vorher nicht der Fall war, dann müssen wir sie den aktuellen Gegebenheiten anpassen.“

(1849–1905) und Jamal ad-Din al-Afghani (1838–1897) gründeten die Salafiya-Bewegung (siehe S. 31). Sie propagierten einen Pan-Islamismus als Antwort auf die europäische Dominanz.

Im frühen 20.Jh. trat eine neue Generation muslimischer Reformer auf, angeführt vom Ägypter Hasan al-Banna (1906–1949). Al-Banna gründete 1928 die Muslimbruderschaft, eine islamische Bewegung für soziale Gerechtigkeit. Al-Banna hatte gesehen, wie britische Kolonialherren im Luxus schwelgten, während ägyptische Arbeiter in Armut lebten. Er sah die Lösung in einer islamischen Regierung, die das religiöse, wirtschaftliche, soziale und kulturelle Leben des Landes kontrollierte. Al-Banna glaubte, Muslime müssten einen Dschihad führen, um die Gesellschaft zu erneuern. Eine Neuauslegung des Korans sollte den Anforderungen der modernen Gesellschaft gerecht werden, wozu auch der Kampf um soziale Gerechtigkeit gehörte.

Nordwestafrika im Jahr 1914. Die Franzosen beherrschten das Gebiet. Nur zwei Länder waren nicht unter kolonialer Herrschaft.

Algerische Jungen putzen im Jahr 1960 die Schuhe französischer Soldaten. Frankreich hatte Marokko und Tunesien 1956 in die Unabhängigkeit entlassen, aber die Algerier kämpften noch immer um die Befreiung von der Kolonialherrschaft.

Die Bruderschaft unterrichtete ihre Anhänger nicht nur im muslimischen Glauben, sondern baute auch Krankenhäuser und gründete Fabriken, wo Arbeiter fair entlohnt wurden.

Die Mehrzahl der Mitglieder glaubte, dass die Wohlfahrt einen wesentlichen Teil zur Verbreitung des islamischen Lebensstils beitrug.

Eine Minderheit versuchte, ihre Ziele durch Terrorismus zu erreichen. Die Gedanken der Muslimbruderschaft verbreiteten sich im gesamten Nahen Osten.

Muslime unter französischer Herrschaft

Der französische Kolonialismus unterschied sich vom britischen, weil man Franzosen dazu aufforderte, sich in den eigenen Kolonien anzusiedeln. Nachdem die Franzosen im 19. Jh. Algerien, Marokko und Tunesien erobert hatten, vergaben sie Land an französische und andere europäische Siedler. Diese besetzten 1940 etwa 35–40 Prozent des algerischen Agrarlands. Die Franzosen verfolgten auch eine Politik der Assimilation – ihre Untertanen soll-

Hasan al-Banna erläuterte die Botschaft der Muslimbruderschaft in einem Dokument mit dem Titel „Zwischen Gestern und Heute“:

Diesen beiden Zielen folgend [Ägypten von fremden Einflüssen zu befreien und einen freien islamischen Staat zu schaffen] haben wir bestimmte Ziele, ohne deren Verwirklichung unsere Gesellschaft nicht völlig islamisch werden kann. Brüder, denkt daran, dass über 60 Prozent der Ägypter menschenunwürdig leben, dass sie nur durch härteste Arbeit genug zu essen haben und Ägypten von mörderischen Hungersnöten und vielen wirtschaftlichen Problemen heimgesucht wird, aus denen uns nur Allah erlösen kann. Denkt auch daran, dass es mehr als 320 ausländische Gesellschaften in Ägypten gibt, die durch ihr Monopol alle öffentlichen Einrichtungen im Land kontrollieren … Eure Ziele sollten sein: Arbeit für eine Bildungsreform; Krieg gegen Armut, Unwissenheit, Krankheit und Verbrechen; die Schaffung einer vorbildlichen Gesellschaft, die es verdient, mit dem heiligen islamischen Recht gleichgesetzt zu werden.

Fast eine Million Pilger blicken während des Abendgebets in der Großen Moschee von Mekka auf die Kaaba.

ten ihre Kultur annehmen. Unter französischer Herrschaft wurde die muslimische Kultur unterdrückt, traditionelle islamische Schulen geschlossen oder Gelder gestrichen. In den 1920er und 1930er Jahren vereinten sich islamische Reformer in Algerien mit Nationalisten.

Das Königreich Saudi-Arabien

Anders als viele andere muslimische Länder war Saudi-Arabien nie kolonisiert. Mitte des 18. Jhs. ging ein arabischer Fürst namens Mohammed Ibn Saud eine Allianz mit dem radikalen muslimischen Reformer Mohammed

Der Hadsch

Der Hadsch oder die Pilgerreise nach Mekka wurde in Arabien seit Urzeiten gepflegt (siehe S. 8). Seit der Zeit Mohammeds verband man die Rituale der Pilgerreise mit Ereignissen aus seinem Leben wie auch mit älteren, biblischen Ereignissen. Sinn des Hadsch ist das Beenden aller weltlichen Aktivitäten für kurze Zeit und die alleinige Konzentration auf Gott. Die Pilger umrunden die Kaaba siebenmal und küssen den schwarzen Stein in deren Wand. Dann laufen sie siebenmal zwischen den Hügeln von Safa und Marwah hin und her, um an die Wassersuche Hagars für ihr Kind Ismael zu erinnern, den Stammvater der Araber. Sie besuchen die Ebene von Arafat, wo Mohammed seine erste Predigt hielt. In Mina werfen sie Steine auf drei Säulen, die den Teufel darstellen. Am letzten Tag feiern sie ein Fest, um an den Propheten Abraham zu erinnern.

al-Wahhab ein. Nach der Eroberung von Mekka und Medina verbrannten sie alle Bücher außer dem Koran. Sie verbannten Musik und Blumen aus den heiligen Stätten sowie den Gebrauch von Tabak und Kaffee. Männer mussten sich Bärte wachsen lassen und Frauen sich verschleiern und von Männern getrennt aufhalten. Al-Wahhabs religiöse Vorstellungen wurden im Westen später als Wahhabismus und als islamischer Fundamentalismus bekannt.

Anfang des 20. Jhs. eroberte ein Herrscher aus der Dynastie Ibn Saud das gesamte arabische Gebiet. Er rief sich 1927 zum König Abd al-Aziz Ibn Saud aus. 1932 vereinigte er die von ihm beherrschten Länder zu Saudi-Arabien und rief es zum Königreich aus.

Die Saudis erhoben den Anspruch auf das Erbe des reinen Islam. Sie erklärten, sie wollten wie die Muslime im 7. Jh. regieren und dem Koran folgen.

Mittelalterliche Strafen wie das Abhacken der Hand eines Diebes wurden saudisches Gesetz. Einige Gesetze wie das Verbot von Alkohol und Glücksspiel gab es jedoch zu Zeiten des Propheten nicht.

Die meisten muslimischen Verbände stimmten dieser Auslegung des Islam nicht zu. So kritisierte die Muslimbruderschaft etwa die Bestrafung nach islamischem Recht. Sie meinte auch, es sei gegen die Werte des Korans, wenn die Herrscher Saudi-Arabiens in Luxus schwelgten, während die Bevölkerung meist in Armut lebte.

Trotzdem behielt Saudi-Arabien für Muslime auf der ganzen Welt seine Stellung als Geburtsort des Islam und als seine geistige Heimat. Zahlreiche Pilger kommen, um die heiligen Stätten zu besuchen und den Hadsch, die fünfte Säule des Islam, zu erfüllen (siehe auch Kasten S. 8).

Arabien um 1920. Im frühen 20. Jh. eroberte ein Nachkomme Ibn Sauds namens Abdul Aziz das arabische Gebiet und bildete den Nationalstaat Saudi-Arabien.

KAPITEL 6: UNABHÄNGIGKEIT – ISLAM

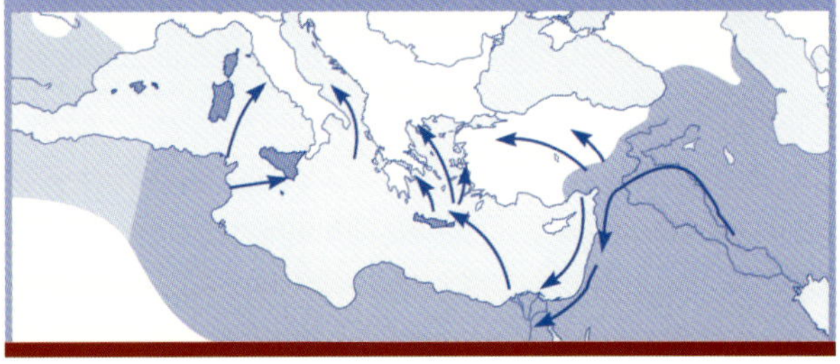

Die meisten Kolonien mit großer muslimischer Bevölkerung wurden nach dem Zweiten Weltkrieg (1939–1945) in die Unabhängigkeit entlassen. In manchen Fällen, etwa bei Indien und Palästina, verschärfte die Entkolonialisierung (der Prozess der Unabhängigkeit) die Konflikte zwischen religiösen Gruppen und führte zu Blutvergießen. Manche muslimischen Länder, etwa Ägypten, versuchten, Religion und Regierung zu trennen, um Staaten nach westlichem Vorbild zu bilden. Weil aber diese Regierungen den Lebensstandard ihrer Bevölkerung kaum steigern konnten, wandte sich diese gegen ihre Herrscher. Manche wandten sich dem Kommunismus zu (einem System, in dem der Staat alle Fabriken und die

Diese Karte zeigt die Teilung Indiens im Jahr 1947 und die darauf folgenden Flüchtlingsströme; Pakistan selbst wurde geteilt, und Ostpakistan wurde 1971 als Bangladesch ein unabhängiger Staat.

Extremismus in Indien

Radikale Hinduverbände wie die Bharatiya Janata Partei (BJP) wollen die säkulare (nicht-religiöse) Regierung in Indien beenden und den Hinduismus als Staatsreligion einführen. Militante Hindus stürmten 1992 die Moschee im nordindischen Ayodhya und riefen: „Hindustan [der indische Subkontinent] den Hindus" und „Tod den Muslimen". Auf die Zerstörung folgte der schlimmste Ausbruch an Gewalt zwischen Hindus und Muslimen seit der Teilung. Bei mehreren Racheakten griffen Muslime Tempel an, und Hindus plünderten Moscheen. In den Unruhen verloren etwa 2000 Menschen ihr Leben.
Verschiedene islamische Gruppen führten seit dem Jahr 2000 Anschläge auf Hindus durch. So griff etwa im Jahr 2002 eine Gruppe von Muslimen einen Zug mit hinduistischen Pilgern an.

Landwirtschaft kontrolliert), wie in der Sowjetunion (das frühere Russische Reich), wo sich ein rückständiges Land zu einem modernen Industriestaat wandelte. Andere suchten eine Lösung in ihrem Glauben, und eine kleine Minderheit trat radikalen islamischen Bewegungen bei.

Indien

Indien wurde 1947 von den Briten in die Unabhängigkeit entlassen. Das Land wurde zweigeteilt. Indien wurde vorwiegend hinduistisch, während der neue Staat Pakistan (in Ost- und Westpakistan aufgeteilt) vorwiegend muslimisch war. Sobald die neuen Grenzen bekannt wurden, flohen etwa zehn Millionen Menschen aus ihrer Heimat in das Land, in dem sie hofften, sicher zu sein. Muslime in Indien eilten nach Pakistan, während Hindus und Sikhs in die andere Richtung flohen. Während des Auszugs kamen eine Million Menschen bei schrecklichen Massakern um. Die Teilung in Hindus und Muslime war nicht nur religiös. Sie wurzelte auch darin, dass die britischen Herrscher beide Gruppen im Kolonialismus unterschiedlich behandelt hatten (siehe S. 30).

Die Spannungen zwischen Indien und Pakistan halten bis heute an. Die zwei Länder streiten um das bei der Trennung geteilte Gebiet Kaschmir. Indien und Pakistan führten zwei Kriege um Kaschmir, 1947–1948 und 1965. Ein weiterer Krieg im Jahr 1971 führte dazu, dass Ostpakistan ein eigener Staat wurde, Bangladesch. Einige Pro-Pakistan-Bewegungen versuchten, Kaschmir Pakistan anzugliedern, während nationalistische Verbände in Kaschmir für eine Unabhängigkeit sowohl von Indien als auch von Kaschmir kämpften. All diesen Bewegungen trat die indische Armee entgegen.

1992: Einwohner von Ayodhya durchsuchen die Trümmer ihrer von radikalen Hindus zerstörten Moschee.

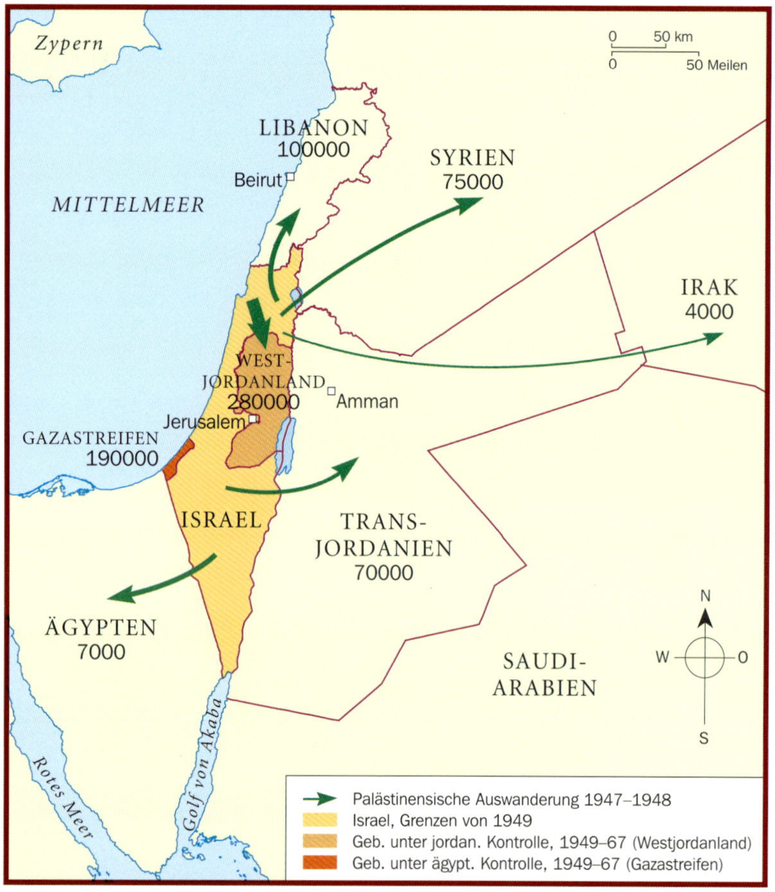

Die Zerstreuung der Palästinenser in die Nachbarländer während des Konflikts von 1947–1948. Die meisten sind bis heute Flüchtlinge.

Heilige Stätten in Jerusalem

Die Stadt Jerusalem, die seit dem arabisch-israelischen Krieg von 1967 ganz unter israelischer Kontrolle steht, umfasst heilige Stätten des Judentums, des Islam und des Christentums. Der wichtigste Ort für die Juden ist die Klagemauer, die Westwand des Tempelbergs, der einzig erhaltene Teil des zweiten jüdischen Tempels, der 70 n. Chr. zerstört wurde. Der Tempelberg, im Arabischen als Haram al-Sharif bekannt, trägt zwei muslimische Schreine – den Felsendom und die Al-Aksa-Moschee. Für die Christen markiert die Grabeskirche den Ort, an dem Jesus starb. Sie wurde seit dem 4. Jh. ein wichtiges Ziel der Pilger.

Der arabisch-israelische Konflikt

Wie in Indien wurzelt der Konflikt zwischen den meist muslimischen Arabern und den jüdischen Israelis in der Kolonialzeit. Im späten 19. Jh. wurden die Juden Osteuropas Ziel von Verfolgungen, weil man sie für gesellschaftliche Probleme verantwortlich machte.

Eine Minderheit der Juden glaubte, sie seien nur in einem eigenen Staat sicher. Die als Zionisten bezeichneten Aktivisten wollten Palästina, die alte Heimat der Juden, zu einem jüdischen Staat machen. Juden begannen, nach Palästina auszuwandern, das bis 1918, als die Briten die Kontrolle übernahmen, unter osmanischer Herrschaft stand. Als in den 1920er und 1930er Jahren der Antisemitismus in Europa wuchs und 1933 in

Juni 1948: Diese Palästinenser haben ihr Dorf nahe Haifa verlassen, einem Teil des neuen Staates Israel, und ziehen Richtung Westjordanland. Die Palästinenser hofften, sie könnten eines Tages in ihre Heimat zurückkehren.

Deutschland in der Machtergreifung der antisemitischen Nationalsozialistischen Partei gipfelte, stieg die jüdische Auswanderung nach Palästina an. Die Mehrzahl der Bewohner Palästinas waren Araber, die den jüdischen Zustrom ablehnten. Es kam zum Konflikt, und die Briten konnten 1947 diesen Konflikt in Palästina nicht beenden. Sie baten die Vereinten Nationen (UN) um Hilfe. Die UN schlug die Teilung Palästinas in zwei Länder vor: eines für die Juden und eines für die Palästinenser. Die Palästinenser wiesen den Vorschlag zurück. Zwischen Juden und Palästinensern brach ein Krieg aus. Die jüdischen Streitkräfte siegten und besetzten ein noch größeres Stück Land als das, was ihnen die UN angeboten hatten. Das britische Mandat endete, und im Mai 1948 wurde der Staat Israel ausgerufen. Der neue Staat sah sich sofort mit einem schlecht koordinierten Angriff benachbarter muslimischer Staaten konfrontiert – Ägypten, Libanon, Syrien und Transjordanien (das heutige Jordanien) sowie Irak –, aber Israel überlebte. Während des Konflikts wurden etwa 726 000 Palästinenser gezwungen, ihre Heimat zu verlassen oder aus dem neuen Staat zu fliehen.

Seit seiner Gründung befand sich Israel mehrmals im Krieg mit seinen arabischen Nachbarn. Die palästinensischen Flüchtlinge haben ihren politischen Kampf um die Rückgabe ihrer Heimat nie aufgegeben. Eine Minderheit wandte grausame Gewalt an. In den 1980er Jahren entwickelten sich islamische Widerstandsbewegungen im Westjordanland und im Gazastreifen. Die größte Organisation, die Hamas, verbindet Wohlfahrt mit politischem und militärischem Kampf.

Es gab verschiedene Ansätze, um Frieden zu erreichen. Im Jahr 1994 wurde eine Palästinensische Autonomiebehörde (PA) zur beschränkten Selbstverwaltung des Westjordanlandes und des Gazastreifens geschaffen. Israel zog 2005 seine Truppen und alle jüdischen Siedler aus dem Gazastreifen zurück, und die PA übernahm das Gebiet. Die Palästinenser erleben jedoch, dass das Gebiet nach wie vor militärisch von Israel besetzt wird, wie auch das Westjordanland. Die Hamas gewann 2006 die palästinensischen Parlamentswahlen. Die Regierungen von Europa, den USA und Israel sahen darin einen Rückschritt, weil die Hamas das Existenzrecht Israels nicht anerkennt und den bewaffneten Kampf nicht aufgibt. Sie entzogen der PA die wirtschaftliche Unterstützung. Nach wie vor wartet die Welt vergeblich auf einen Fortschritt der Friedensverhandlungen zwischen Israel und der PA.

Islamische Radikale

Seit dem Zweiten Weltkrieg gab es in muslimischen Ländern zahlreiche islamische Bewegungen, die auf eine auf der Scharia aufbauende Regierung und die Rückbesinnung auf das drängten, was sie als grundlegende islamische Prinzipien ansehen. Die meisten sind bereit, unter bestehenden Regierungen zu arbeiten und Moscheen und Wohlfahrtseinrichtungen zu gründen, um zu zeigen, dass der Islam für die Menschen da ist. Eine Minderheit islamischer Bewegungen, etwa in Ägypten und Algerien, behauptet jedoch, ihre Länder seien nicht wirklich islamisch, und setzen Gewalt ein, um die Macht zu ergreifen.

Diese radikalen oder fundamentalistischen islamischen Widerstandsbewegungen wurden von dem Ägypter Sayyid Qutb (1906–1966) maßgeblich beeinflusst. Im Jahr 1952 kam Gamal Abd el-Nasser in Ägypten an die Macht und bildete eine säkulare (nicht-religiöse) Regierung. Er verfolgte die Muslimbruderschaft, und 1956 wurde Qutb wegen Mitgliedschaft in dieser Organisation eingesperrt. Qutb kritisierte, dass der angeblich gläubige Muslim Nasser das Land nicht nach islamischen Grundsätzen regiere. Tatsächlich, so sagte er, sei das Land in einem Zustand der „Barbarei“. Muslime seien deshalb dazu verpflichtet, die Regierung zu stürzen.

Qutb rief die Muslime dazu auf, sich an Mohammed zu orientieren. Sie sollten sich von der allgemeinen Gesellschaft lossagen und dem gewalttätigen Dschihad widmen. (Mohammeds Botschaft galt jedoch dem Eifer im Glauben. Er wandte sich gegen den Einsatz von Gewalt in

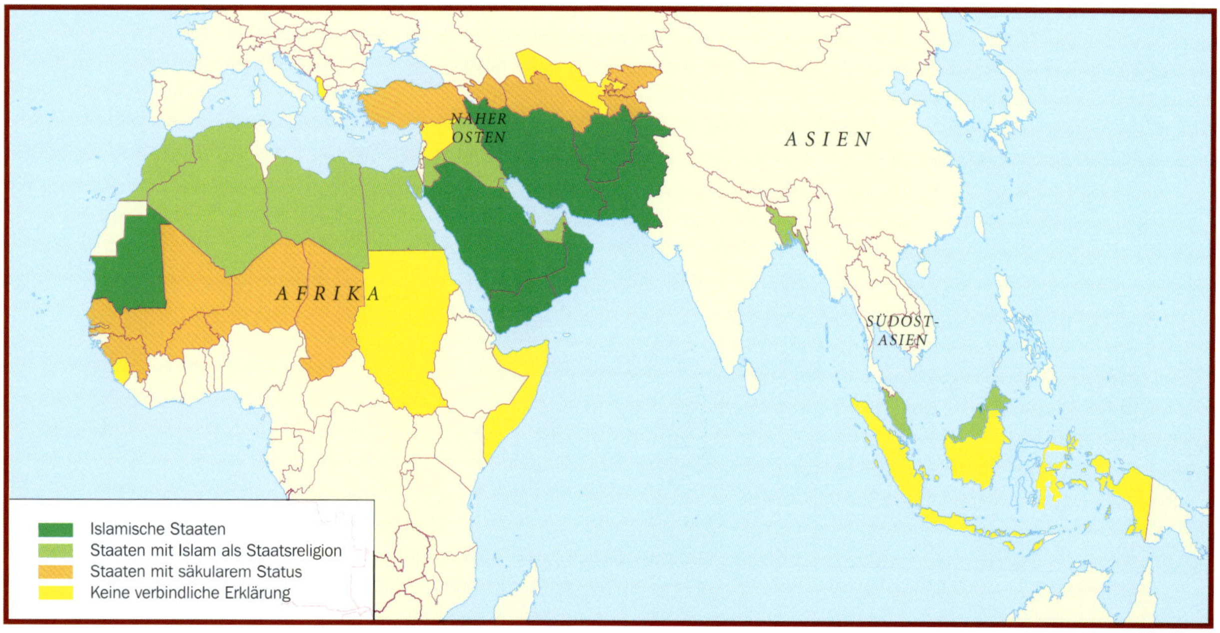

Diese Karte zeigt die traditionell muslimischen Länder der Welt und verweist auf ihr Verhältnis zum Islam.

Afghanistan

Die Sowjetunion fiel 1979 in das muslimische Land Afghanistan ein, um eine unbeliebte kommunistische Regierung zu stützen, die dort an der Macht war. Muslimische Kämpfer, als Mudjahedin bezeichnet, riefen zum Dschihad gegen die Regierung und die sowjetischen Truppen auf. Sie vertrieben die sowjetischen Soldaten 1989 aus Afghanistan. Nach einigen Jahren Bürgerkrieg übernahm 1996 die radikale islamische Gruppe der Taliban das Land. Unter den Taliban durften Mädchen nicht in die Schule und Frauen nicht außerhalb des Hauses arbeiten. Gegen Verbrechen gab es harte Strafen. Alle Arten von Musik und Sport wurden verboten, ebenso das Fernsehen.

Fragen der Religion.) Qutbs Vorstellungen beeinflussten alle sunnitisch-fundamentalistischen Bewegungen.

Iran

In manchen Ländern schafften es radikale islamische Bewegungen, an die Macht zu kommen. Im Iran konnte Schah Reza Pahlevi (er regierte von 1949 bis 1979) das Land wirtschaftlich modernisieren, aber politische Parteien waren verboten, und seine Geheimpolizei zerschlug jede Opposition. Eine Revolution gegen den Schah bezog 1978–1979 alle Teile der Gesellschaft mit ein. Später übernahm ein religiöser Anführer, Ayatollah Ruholla Khomeini, die Macht im Iran. Er führte das auf den schiitischen Traditionen des Landes beruhende islamische Recht ein, das streng unter dem Einfluss der Ulema stand. Abweichend von der traditionellen schiitischen Lehre erklärte Khomeini jedoch, er allein habe absolute politische und religiöse Befehlsgewalt im Iran.

Unter Khomeini wurden Vorschriften zu Kleidung und Verhalten

Ayatollah Khomeini grüßt im Dezember 1979 die Menge in Qom, Iran. In jenem Monat stimmte das Land dafür, eine Islamische Republik zu schaffen.

Diese Frauen genießen die Ramadan-Feiern in einem Park in New York, USA. Die meisten Muslime in nicht-muslimischen Ländern wollen gute Bürger ihres Landes sein, ohne ihre Traditionen aufzugeben.

verschärft: Frauen mussten sich verschleiern, Alkohol und westliche Musik wurden verboten. Auch islamische Strafen wurden eingeführt. Khomeini ließ alle Widersacher einkerkern oder töten.

Weltweite Probleme

Muslime sind auch von Konflikten in nicht-muslimischen Ländern betroffen. Seit den 1990er Jahren sorgen sich viele Muslime weltweit, dass Menschen ihres Glaubens leiden, etwa 1992–1995 im Massaker an Muslimen während des Bosnienkriegs (besonders in Srebrenica); im Kampf um Unabhängigkeit von Russland im überwiegend muslimischen Tschetschenien und im vergeblichen Bemühen der Palästinenser um einen unabhängigen Staat. Der 2003 von den USA gegen den Irak geführte Krieg und die nachfolgende Besetzung des Landes stachelten die Gefühle der Muslime zusätzlich auf.

Viele Menschen versuchten ihren muslimischen Gefährten zu helfen, indem sie etwa auf die Themen aufmerksam machten und islamische Wohltätigkeitseinrichtungen in Kriegsgebieten unterstützten. Eine Minderheit griff zu radikalen Mitteln. Eine radikalislamische Bewegung namens Al-Qaida bildete sich in den 1990er Jahren als Antwort auf den von den USA 1991 gegen den Irak geführten Golfkrieg. Der geistige Anführer: Osama bin Laden, in den 1980er Jahren einer der führenden Köpfe der Mudjahedin in Afghanistan. Anhänger von Al-Qaida lehnten westliche Einmischung in muslimischen Ländern

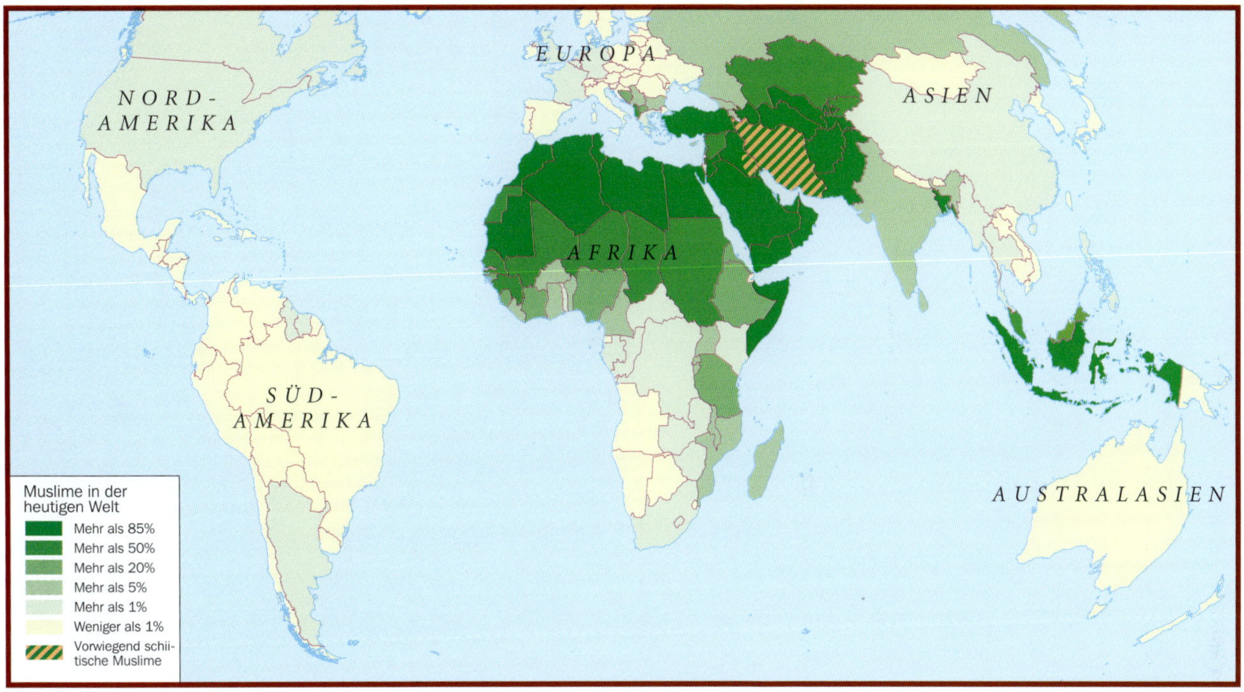

Diese Karte zeigt die Verbreitung von Muslimen in der heutigen Welt.

ab und bereiteten sich darauf vor, westliche Interessen mit Terrorakten zu bekämpfen. Die schrecklichsten Terrorattacken waren die Angriffe von New York und Washington am 11. September 2001, bei denen etwa 3000 Menschen getötet wurden. Es gab noch weitere Grausamkeiten, darunter die Ermordung von 202 Menschen auf der indonesischen Insel Bali und im Jahr 2002 Bombenattentate in Saudi-Arabien, Marokko, der Türkei, Ägypten, Spanien und Großbritannien.

Islam heute

Wegen einer muslimischen Minderheit, die Terrorakte begeht, wächst in vielen westlichen Ländern ein generelles Misstrauen gegenüber Muslimen. Nicht-Muslimen erscheint der islamische Glaube intolerant und gewalttätig. Die Mehrzahl der Muslime verurteilt jedoch Terrorismus und sucht bei Streit nach friedlichen Lösungen.

Der Islam beeinflusste in den letzten 1400 Jahren die Geschichte nachhaltig und wird als Religion mit 1,3 Milliarden Anhängern im 21. Jh. sicher weltweit eine wichtige Rolle spielen.

Yusuf Abdallah al-Qaradawi (geboren 1926)

Al-Qaradawi, ein in Katar lebender berühmter muslimischer Gelehrter und Autor, wird weltweit als Anführer eines gemäßigten Islam geachtet. Konservative Muslime halten ihn in Glaubensfragen für lasch, während viele westliche Kritiker ihn als gefährlichen Radikalen sehen, der die gewaltsame Ausbreitung des Islam unterstützt. So hält er etwa palästinensische Selbstmordattentate auf israelische Zivilisten für eine annehmbare Art des Widerstands gegen Israel. Al-Qaradawi plädiert jedoch für die Demokratie in muslimischen Staaten und Toleranz unter Muslimen. Im Jahr 2004 verkündete er die Bildung des Internationalen Verbands muslimischer Gelehrter (IAMS) „mit dem Ziel, die islamische Vielfalt zu erhalten, religiöses Bewusstsein zu fördern, ‚destruktiven [radikalen] Bewegungen' entgegenzutreten und Anführer muslimischer Länder zu beraten". Al-Qaradawi sagt: „IAMS wird sich gegenüber anderen Religionen und Kulturen öffnen, weil man fest daran glaubt, dass der Dialog mit dem anderen gefördert werden muss."

GROSSE PERSÖNLICHKEITEN

Mohammed (570–632)

Der Prophet Mohammed wurde in der Stadt Mekka geboren. Nachdem er zwei Jahre lang Offenbarungen hatte, predigte er eine Botschaft sozialer Gerechtigkeit und der Verehrung des einen wahren Gottes. Die neue Religion wurde als Islam bekannt. Mohammed und seine Anhänger zogen 622 in die Stadt Medina um, wo sie eine Gemeinde gründeten. Als der Prophet starb, war Medina zum Mittelpunkt einer wachsenden islamischen Gemeinde geworden.

Ali Ibn Abu Talib (um 600–661)

Ali kam als Kind in Mohammeds Obhut. Als einer der Ersten trat er zum Islam über und war ein treuer Anhänger des Propheten. Ali heiratete Mohammeds Tochter Fatima, mit der er zwei Söhne hatte, Hasan und Husain. Er wurde im Jahr 656 Nachfolger des ermordeten Kalifen Othman. Seine Herrschaft wurde jedoch durch Muawiya bedroht, der 660 in Ägypten und den westarabischen Hedschas die Kontrolle übernahm. Ali wurde 661 von einem Kharidschiten ermordet. Die Schiiten betrachten ihn als den wahren Nachfolger Mohammeds.

Hasan al-Basri (642–728)

Hasan al-Basri wuchs in Medina auf und zog 658 nach Basra (im heutigen Irak), wo er ein bekannter Prediger wurde. Mit ihm begann eine religiöse Reformbewegung, die ihre Anhänger dazu ermunterte, über den Koran zu meditieren und sich Gottes Willen hinzugeben, um wirklich glücklich zu werden. Er lebte bescheiden und kritisierte den Luxus am Hof der Ummayyaden, obschon er sich der Herrscherdynastie nicht widersetzte. Später erinnerten sich Muslime an seine streng praktizierten religiösen Werte und seine Selbstdisziplin. Für die Sufis ist er ihr erster geistiger Anführer.

Mohammed ibn Abd al-Wahhab (1703–1792)

Der in einer gläubigen Familie geborene al-Wahhab studierte mit den Anhängern von Schah Wali Allah in Medina. Dann lebte er in Basra und später im Iran. Er begann im Jahr 1736 gegen Sufi und Schiiten zu predigen und stritt für die Rückkehr der Gemeinde zur Reinheit des Islam aus dem 7. Jh. Im Jahr 1744 kehrte er nach Arabien zurück, wo er einen Bund mit Mohammed Ibn Saud, dem Herrscher von Najd (im heutigen Saudi-Arabien) schloss. Zusammen begannen sie einen Feldzug zur Eroberung Arabiens, um die Reinheit des Islam wiederherzustellen. Um 1800 dominierten al-Wahhabs religiöse Vorstellungen auf der Arabischen Halbinsel.

Mohammed Abdu (1849–1905)

Als junger Mann besuchte Mohammed Abdu die al-Azhar Universität im ägyptischen Kairo. Im Jahr 1872 kam er unter den Einfluss von Jamal ad-Din al-Afghani. Er nahm 1882 am Aufstand gegen die britische Herrschaft in Ägypten teil und wurde daraufhin verbannt. Nach seiner Rückkehr 1888 wurde er Richter und 1899 ein Mufti (islamischer Rechtsgelehrter). Abdu führte mehrere Rechtsreformen durch, die auf Fairness, Wohlfahrt und gesunden Menschenverstand abzielten, auch wenn dies manchmal hieß, den Koran zu missachten. Nach seinem Tod wurde er als Vater der islamischen Reformbewegung gerühmt.

Hasan al-Banna (1906–1949)

Der in Ägypten geborene al-Banna ging 1923 zum Studium nach Kairo. Im Jahr 1927 wurde er Lehrer in Ismailia nahe dem Suezkanal. Im folgenden Jahr gründete er die Muslimbruderschaft. In den 1930er Jahren zog al-Banna für einen Lehrerposten nach Kairo. Die Muslimbruderschaft wuchs rasch und gewann an politischem Einfluss. Sie strebte einen Wechsel durch religiöse Wiederbelebung und Wohltätigkeit an. Viele Mitglieder kamen zu dem Schluss, dass die ägyptische Regierung nicht im Interesse des Volkes handele. Nach dem Zweiten Weltkrieg konnte al-Banna die Bewegung der Muslimbruderschaft und ihre Ideale nicht mehr entscheidend prägen; manche Mitglieder wandten sich gewalttätigen Methoden zu und beteiligten sich an der Ermordung von Politikern. Al-Banna selbst wurde 1949 wohl auf Befehl der Regierung ermordet.

Sayyid Qutb (1906–1966)

In jungen Jahren bewunderte Qutb die westliche Kultur und säkulare Politik. Nachdem er von 1948 bis 1950 in den USA gelebt hatte, empfand er Abscheu vor der Freiheit der Frauen und dem dort erfahrenen Rassismus. Nach Ägypten zurückgekehrt, trat er der Muslimbruderschaft bei, die 1952 half, Nasser an die Macht zu bringen. Die Muslimbruderschaft hoffte, Nasser werde nach islamischen Traditionen regieren. Qutb glaubte immer noch, westliche Demokratie sei vereinbar mit dem Islam, aber die Muslimbruderschaft stieß sich zunehmend an Nassers weltlicher Regierung. Nach einem Anschlag auf Nassers Leben im Jahr 1954 wurde die Muslimbruderschaft verboten. Qutb kam 1956 ins Gefängnis und wurde 1966 wegen angeblicher Pläne zum Sturz Nassers hingerichtet. Qutb schrieb mehrere Bücher, darunter „Meilensteine“ (veröffentlicht 1964), worin er für eine Revolution plädierte, um einen wahrhaft islamischen, von Gott und der Scharia regierten Staat zu schaffen. Sein Gedankengut beeinflusste stark spätere sunnitische islamistische Bewegungen.

Ayatollah Ruholla Khomeini (1900/02–1989)

Der junge Khomeini, Sohn eines schiitischen religiösen Führers im Iran, wurde in verschiedenen religiösen Schulen erzogen. Als schiitischer Lehrer und Gelehrter wurde er ein mächtiger Gegner des iranischen Herrschers Schah Mohammed Reza Pahlewi. In den 1950er Jahren wurde Khomeini zum Ayatollah ernannt, einem wichtigen religiösen Führer, und in den 1960er Jahren ernannte man ihn zum Großayatollah, einem der höchsten religiösen Führer. Wegen seines regierungsfeindlichen Handelns wurde er 1964 ins Exil geschickt, bis er im Februar 1979, nach der Abreise des Schahs, im Triumph nach Teheran zurückkehrte. Im Dezember 1979, als Iran zur Islamischen Republik erklärt wurde, ernannte sich Khomeini zum politischen und religiösen Führer auf Lebenszeit.

DER ISLAM IM ÜBERBLICK

Die muslimische Bevölkerung der Welt (Mitte 2005)

Afrika	357 846 000
Asien	910 375 000
Europa	33 303 000
Südamerika	1 745 000
Nordamerika	5 259 000
Ozeanien	412 000
Weltweit	1 308 941 000
Muslime prozentual zu den Mitgliedern aller Religionen weltweit	20,3
Anzahl der Länder, in denen Muslime leben	206

Liste der heiligen Stätten

Ajmer, Rajasthan, Indien (siehe Seite 25)
Al-Aqsa-Moschee, Jerusalem, Israel (siehe Seite 38)
Ayodhya-Moschee (zerstört), Nordindien (siehe Seite 37)
Felsendom, Jerusalem, Israel (siehe Seite 37)
Haram al-Sharif, Jerusalem, Israel (siehe Seite 38)
Jami'Masjid, Delhi, Indien (siehe Seite 26)
Medina, Arabien (siehe Seite 8)
Mekka, Arabien (siehe Seite 7)
Kerbela, Irak (siehe Seite 10)
Süleymaniyye-Moschee, Istanbul, Türkei (siehe Seite 23)

Kalender der Feste und Feiertage

Der muslimische Mond-Kalender hat 12 Monate: Muharem, Safar, Rabi al-Awwal, Rabi al-Thani, Jumada sl-Awwal, Jumada al-Thani, Rajab, Shaban, Ramadan, Shawwal, Dhu al-Qidah und Dhu al-Hidscha. Jeder neue Monat beginnt mit dem Neumond. Ein Mondjahr ist etwa elf Tage kürzer als das normale 365-Tage-Jahr. Das bedeutet, dass die Feste des islamischen Kalenders jedes Jahr etwas früher im normalen Jahr stattfinden.

Monat und Tag	Ereignis	Bedeutung
Muharem 1	Hidschra, das islamische Neujahr	Feier der Hidschra (Auszug) nach Medina.
Muharem 1–10	Aschura	Muslime, besonders die Schiiten, gedenken des Todes von Husain.
Rabi al-Awwal 12–17	Milad an-Nabi (Geburt des Propheten)	Das Leben des Propheten wird gefeiert und die Sira, seine Lebensgeschichte, gelesen.
Jumada al-Thani 20	Yawm al-Zahrah (Geburt von Fatima Zahrah, der Tochter des Propheten)	Schiitische Muslime erzählen Geschichten aus Fatimas Leben. Im Iran ist das der Tag der Frauen.
Rajab 27	Lailat ul-Miraj	Feier von Mohammeds Aufstieg in den Himmel, als Gott ihm sagte, dass Muslime fünfmal täglich beten sollen.
Shaban 14–15	Lailat ul-Barat	Die Nacht der Vergebung, in der den Menschen ihre Sünden vergeben werden.
Ramadan	Fastenmonat	Muslime fasten jeden Tag von Sonnenaufgang bis Sonnenuntergang.
Ramadan 27	Lailat ul-Qadr	Die Menschen gedenken der Nacht, in der Mohammed der erste Teil des Korans offenbart wurde.
Shawwal 1	Id ul-Fitr	Fest als Abschluss des Ramadans. Muslime geben Zakat.
Dhu al Hidscha 8–10	Der Hadsch	Mindestens einmal im Leben unternehmen Muslime die Pilgerreise an die heiligen Stätten in Arabien.
Dhu al-Hidscha 10–12	Id ul-Adha	Ein Fest wird gefeiert, um daran zu erinnern, wie Gott Ibrahims Glauben prüfte, indem er ihn aufforderte, seinen Sohn Ismael zu opfern.

ZEITTAFEL

610 Dem Propheten Mohammed wird in Mekka der Koran offenbart.

622 Der Prophet und seine Anhänger unternehmen die Hidschra nach Yathrib (Medina).

630 Mohammed nimmt Mekka ein.

632 Tod des Propheten.

632–661 Herrschaft der vier ersten Kalifen: Abu Bakr, Omar ibn al-Khattab, Othman ibn Affan und Ali ibn Abi Talib.

661–750 Herrschaft der Ummayyaden-Dynastie.

711 Der Islam taucht zum ersten Mal in Indien auf.

750–1258 Herrschaft der Abbasiden-Dynastie; von 940 an haben die abbasidischen Kalifen nur noch symbolische Macht.

756 Abd ar-Rahman errichtet das Kalifat von Córdoba in Spanien.

909–1171 Die schiitischen Fatimiden herrschen in Nordafrika.

990–1118 Herrschaft des Seldschukenreiches, das sich zur Zeit seiner größten Ausdehnung von Rum (heutige Türkei) im Westen bis nach Transoxanien (heute Usbekistan und Teile von Turkmenistan und Kasachstan) im Osten erstreckte.

1099 Die Kreuzritter erobern Jerusalem und gründen vier Kreuzritterstaaten in Palästina, Anatolien und Syrien.

1187 Saladin erobert Jerusalem zurück und gründet die über Ägypten, einen Teil des heutigen Iraks, fast ganz Syrien und den Jemen herrschende Ayyubiden-Dynastie.

1250 Die Mamelucken-Dynastie besiegt die Ayyubiden und herrscht bis 1517 über Ägypten und Syrien.

1256–1335 Die Mongolen herrschen über Iran und den heutigen Irak.

1258 Die Mongolen besiegen die Abbasiden und plündern Bagdad.

1369–1405 Timur-Leng hält den Niedergang des Mongolenreiches auf, aber nach seinem Tod zerfällt es.

1453 Der osmanische Sultan Mehmet II. erobert Konstantinopel und damit den Rest des Byzantinischen Reichs.

1502 Schah Ismail gründet die Safawiden-Dynastie, die bis 1736 besteht.

1524 Der erste vorwiegend muslimische Staat in Südostasien wird in Aceh gegründet.

1526 Babur, der erste Mogulkaiser, erobert Delhi.

1556–1605 Akbar dehnt die Macht der Moguln fast über den ganzen indischen Subkontinent aus.

1739 Nadir Schah fällt in Nordindien ein und plündert Delhi.

1779 Die Kadscharen-Dynastie ergreift im Iran die Macht.

1808 Im heutigen Norden Nigerias wird das Sultanat Sokoto gegründet.

1857 Aufstand der Inder gegen die Briten.

1882 Die Briten übernehmen die Kontrolle über Ägypten.

1928 Hasan al-Banna gründet in Ägypten die Muslimbruderschaft.

1932 Das Königreich Saudi-Arabien wird gegründet.

1947 Indien wird unabhängig, das Land wird in das überwiegend hinduistische Indien und das überwiegend muslimische Pakistan geteilt.

1948 Der Staat Israel wird gegründet, etwa drei Viertel von einer Million meist muslimischer Palästinenser fliehen.

1952 Gamal Abd el-Nasser kommt in Ägypten an die Macht.

1967 Die gesamte Stadt Jerusalem kommt unter israelische Oberhoheit.

1979 Eine Revolution im Iran führt zur islamischen Herrschaft unter Ayatollah Khomeini.

1979 Die Sowjetunion besetzt Afghanistan; muslimische Mudjahedin rufen zum Dschihad gegen die Sowjetmacht auf.

1989 Die Mudjahedin vertreiben die sowjetische Armee aus Afghanistan.

1990 Der Irak besetzt Kuwait.

1991 Die USA führen den Golfkrieg gegen den Irak.

2001 Terrorangriffe auf die USA. Die USA und ihre Verbündeten stürzen das Regime der Taliban (seit 1996 in Afghanistan an der Macht) durch eine Militärintervention.

2003 Die USA führen Krieg gegen den Irak und besetzen das Land.

KAPITEL 7:
DAS FRÜHE JUDENTUM

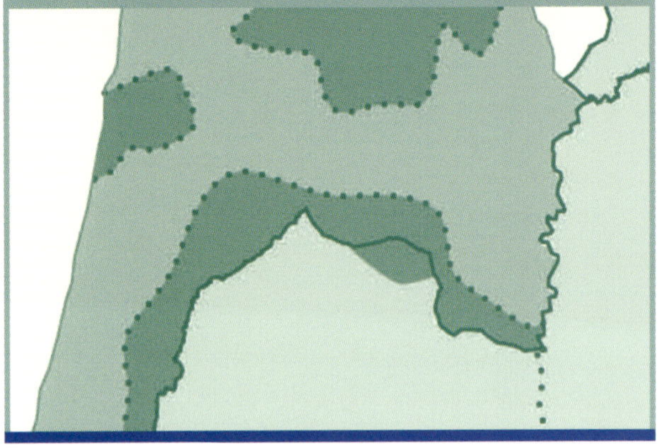

Das Judentum ist nicht nur eine Religion. Juden sind auch eine ethnische Gruppe – ein Volk mit gemeinsamem kulturellem Hintergrund. Jeder, der eine jüdische Mutter hat, gilt als Jude. Daher ist die Geschichte der jüdischen Religion auch die Geschichte des jüdischen Volks. Juden glauben, dass sie von einem Volk abstammen, das in dem alten Land Kanaan lebte, was den größten Teil des heutigen Israel, Palästina, Jordanien und Syrien umfasste.

Genesis und Exodus

Die Geschichte des Ursprungs der Juden findet sich in der Thora, einer heiligen Schrift, die die ersten fünf Bücher der Bibel enthält. Nach dem ersten Buch, Genesis, war der Stammvater der Juden Abraham. Um 1800 v. Chr. verließen Abraham und sein Stamm Ur in Mesopotamien

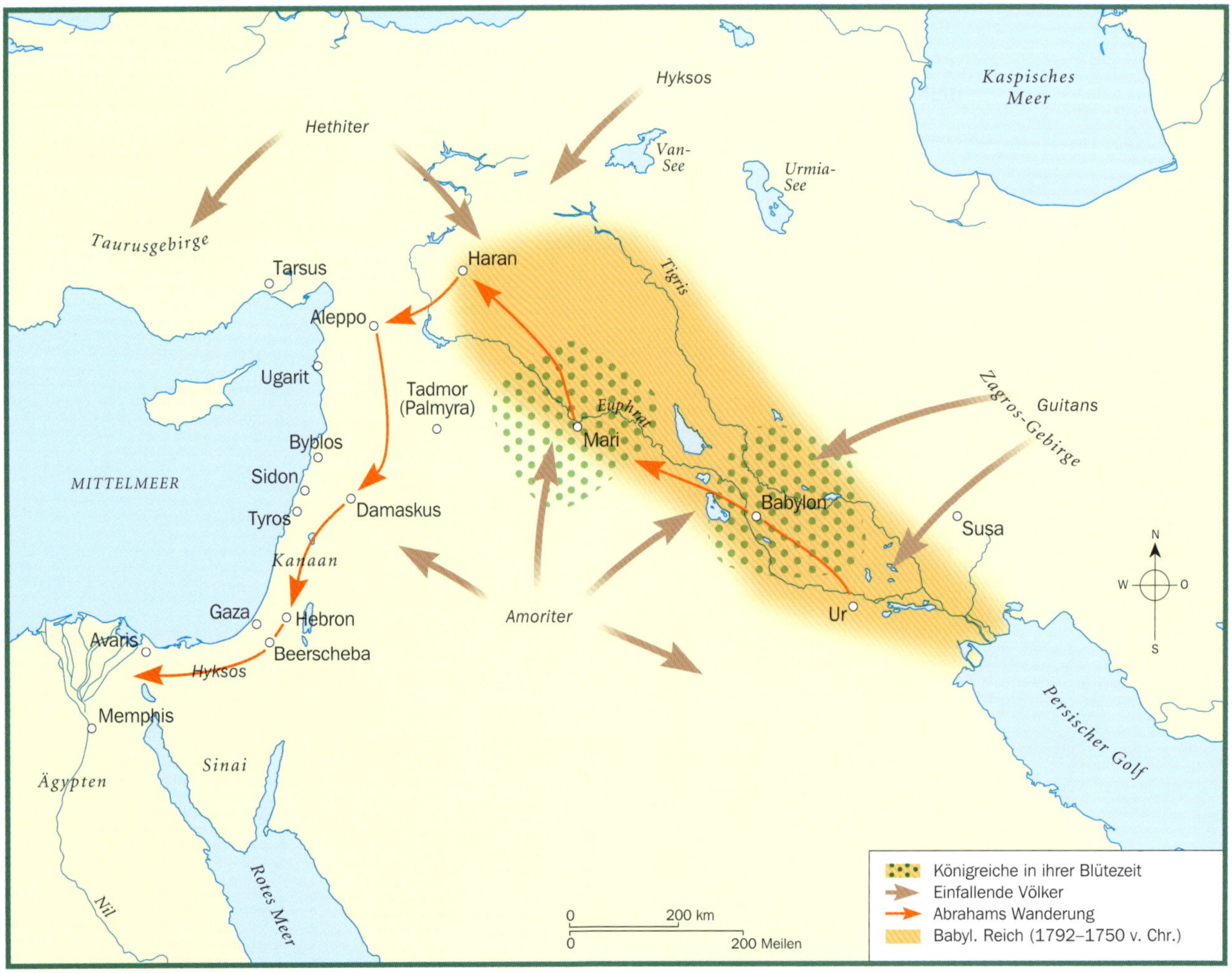

Diese Karte zeigt das Auftauchen des jüdischen Volks zwischen 2000 und 1000 v. Chr. Der Bibel zufolge lebten Abraham, Isaak und Jakob in der Stadt Beerscheba im Süden des heutigen Israel.

Nach dem Bericht des Buchs Genesis teilte Moses die Fluten des Meeres, damit die Israeliten aus Ägypten fliehen konnten.

(dem heutigen Irak) und zogen nach Kanaan. Abraham hatte einen Sohn, Isaak, der Vater von Jakob wurde. Jakobs zwölf Söhne gründeten die zwölf Stämme Israels. Während einer großen Hungersnot in Kanaan ließen sich einige dieser Stämme in Ägypten nieder, wo sie versklavt wurden. Nach dem Buch Exodus führte einige Generationen später ein großer Anführer namens Moses die Israeliten aus der Sklaverei und in die Freiheit nach Kanaan.

Es gibt einige archäologische Beweise für den biblischen Bericht von Abrahams Wanderung. Zwischen 2000 und 1500 v. Chr. fiel ein Nomadenstamm, die Amoriten, in Mesopotamien ein, was zum Niedergang von Ur führte. Dies könnte Abraham zum Verlassen des Gebiets veranlasst haben. Die Gelehrten sind sich jedoch nicht einig über die Flucht aus Ägypten nach Kanaan. Manche Fachleute glauben, die Israeliten hätten Ägypten in einem Exodus (Massenauszug) verlassen, wie es in der Bibel steht, andere halten es für wahrscheinlicher, dass sie sich über einen langen Zeitraum angesiedelt haben.

Hebron, Heilige Stadt

Der Genesis zufolge starb Abrahams Frau Sarah in Hebron. Abraham kaufte eine Grabhöhle und das umliegende Feld als Grabplatz. Man glaubt, dass auch Abraham, Isaak, Jakob und ihre Frauen – außer Rachel – dort begraben liegen. Der Ort nahe der modernen Stadt Hebron im Westjordanland ist den Juden, Christen und Muslimen heilig, die alle Abraham als ihren Stammvater betrachten.

So wurde Ephrons Acker in Machpela östlich von Mamre Abraham zum Eigentum bestätigt, mit der Höhle darin und mit allen Bäumen auf dem Acker umher, vor den Augen der Hethiter und aller, die beim Tor seiner Stadt versammelt waren. Danach begrub Abraham Sarah, seine Frau, in der Höhle des Ackers in Machpela östlich von Mamre, das ist Hebron, im Lande Kanaan.

Genesis 23, 17–19

Die Mizwot und die Halacha

Die Israeliten bildeten mit der Zeit ein Volk mit strengen religiösen Gesetzen. Sie eint der Glaube an einen allmächtigen Gott, der das Universum erschuf. Sie glauben, Moses habe die Thora direkt von Gott erhalten und die Israeliten hätten einen Bund oder eine besondere Vereinbarung mit Gott. Sie glauben, dass Gott sie beschützt, wenn sie die in der Thora enthaltenen Mizwot (Gebote) befolgen. Die Mizwot legen die Verhaltensregeln für alle Bereiche des religiösen und alltäglichen Lebens der Juden fest. So müssen Juden zum Beispiel koscheres oder entsprechend behandeltes Essen zu sich nehmen, damit es dem jüdischen Gesetz entspricht. Juden müssen auch den Sabbat oder Schabbat halten, einen Tag des Gebets und des Ausruhens. Gott gab Moses auch die Halacha, die mündliche Thora, in der erklärt wird, wie die Gebote einzuhalten sind. Die Halacha wurde von Generation zu Generation mündlich weitergegeben.

Die Thora beschreibt, wie die zwölf israelitischen Stämme in Kanaan in Friedenszeiten von einem Ältestenrat regiert wurden. Im Krieg wurde jeder Stamm von einem Richter angeführt, der Stammesoberhaupt war.

Es gab viele Kriege. Die mächtigsten Feinde der Israeliten waren die Philister, die sich gegen Ende des 11. Jhs. in den südlichen Küstenebenen Kanaans niedergelassen hatten. Sie griffen die israelitischen Stämme immer wieder an. Als einzelne Stämme waren die Israeliten zu schwach, um der Bedrohung der Philister zu trotzen. Schließlich vereinigten sie sich zum Königreich Israel.

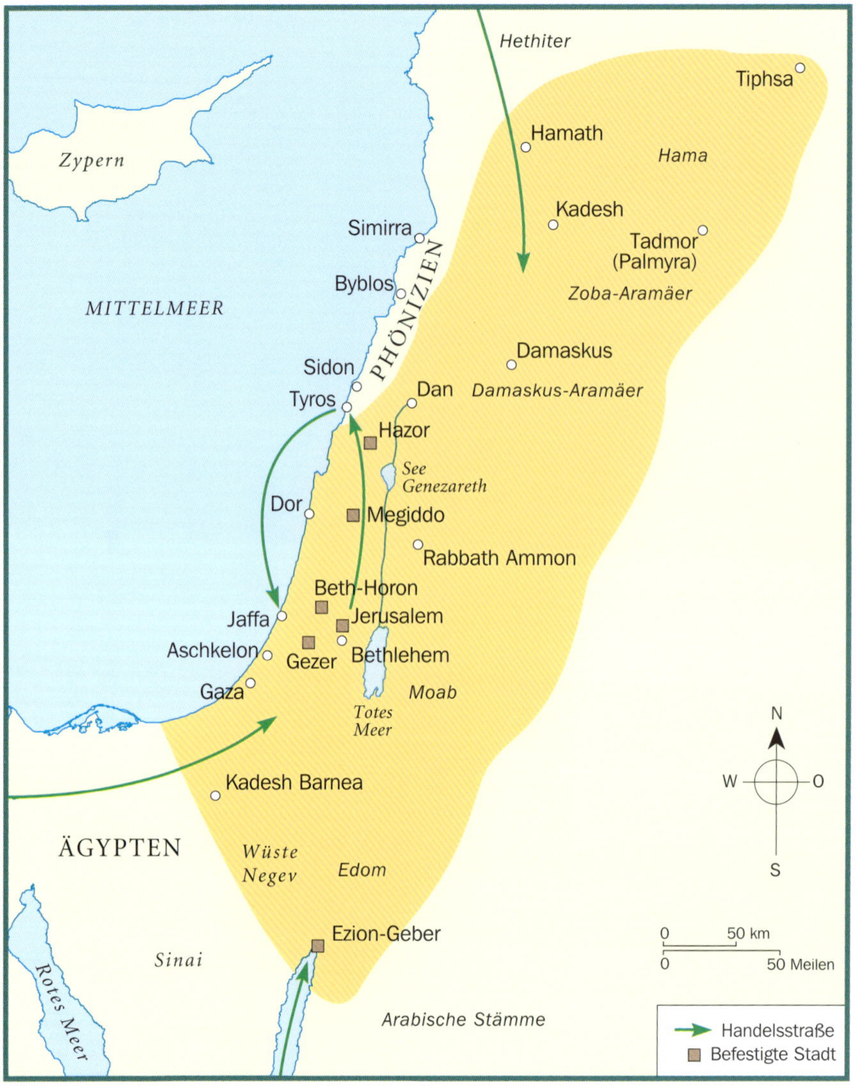

Das schattierte Gebiet auf dieser Karte zeigt die Gebiete des Königreichs Israel unter König Salomo um 970–928 v. Chr. König Salomo errichtete die befestigten Städte Megiddo, Hazor, Gezer und Beth-Horon, um Belagerungen zu trotzen und sein Königreich zu schützen.

Die Israeliten unter den Königen

Das Königreich bestand von etwa 1000 bis 586 v. Chr. Der erste König war Saul, der viele Feinde besiegte und den Vormarsch der Philister aufhielt. Auf Saul folgte David, der die Philister schlug und die Stadt Jerusalem eroberte, die er zu seiner Hauptstadt machte.

Jerusalem wurde der geistige Mittelpunkt der jüdischen Religion. Der Nachfolger Davids, Salomo, schuf ein mächtiges Königreich und brachte Frieden und Wohlstand. Er baute befestigte Städte und einen herrlichen Tempel in Jerusalem.

Obwohl Salomo als weise galt, säte er dennoch die Saat der Teilung des Königreichs. Nach seinem Tod im Jahr 928 v. Chr. erhoben sich die nördlichen Stämme und gründeten ihr eigenes Königreich namens Israel, während die südlichen Stämme treu zu Salomos Sohn hielten und das Königreich Juda gründeten.

Zerstörung des Königreichs

Die Assyrer (ein Volk aus Mesopotamien) eroberten 722 Samaria, die Hauptstadt Israels. Israel wurde Teil des Assyrischen Reiches, und seine Elite wurde nach Mesopotamien verschleppt. Diese Völker nennt man die verschollenen zehn Stämme Israels. Im folgenden Jahrhundert begann der Niedergang des Assyrischen Reiches. Babylon (eine Stadt in Mesopotamien) erstarkte.

Die Babylonier eroberten im Jahr 586 v. Chr. Jerusalem, zerstörten den herrlichen Tempel Salomos und machten dem Königreich Juda ein Ende.

Die Israeliten wurden gefangen genommen oder nach Babylon geschickt.

Die Beschreibung von Salomos Königreich zu seiner Blütezeit stammt aus der Bibel: *Juda aber und Israel waren zahlreich wie der Sand am Meer, und sie aßen und tranken und waren fröhlich. So war Salomo Herr über alle Königreiche, vom Euphratstrom bis zum Philisterland und bis an die Grenze Ägyptens; die brachten ihm Geschenke und dienten ihm sein Leben lang ... Denn er herrschte im ganzen Land diesseits des Flusses ... und hatte Frieden mit allen seinen Nachbarn ringsum ... und die Weisheit Salomos war größer als die Weisheit von allen, die im Osten wohnen, und als die Weisheit aller Ägypter ... und er war berühmt unter allen Völkern ringsum.*

1. Könige 4, 20; 5, 1–11

Dieser Ausschnitt aus einem Fresko von Michelangelo in der Sixtinischen Kapelle in Rom zeigt den Propheten Ezechiel. Ezechiel war einer der nach Babylon verbannten Israeliten, nachdem die Babylonier Jerusalem im Jahr 586 erobert hatten. Er prophezeite, dass die Israeliten in ihre Heimat zurückkehren würden.

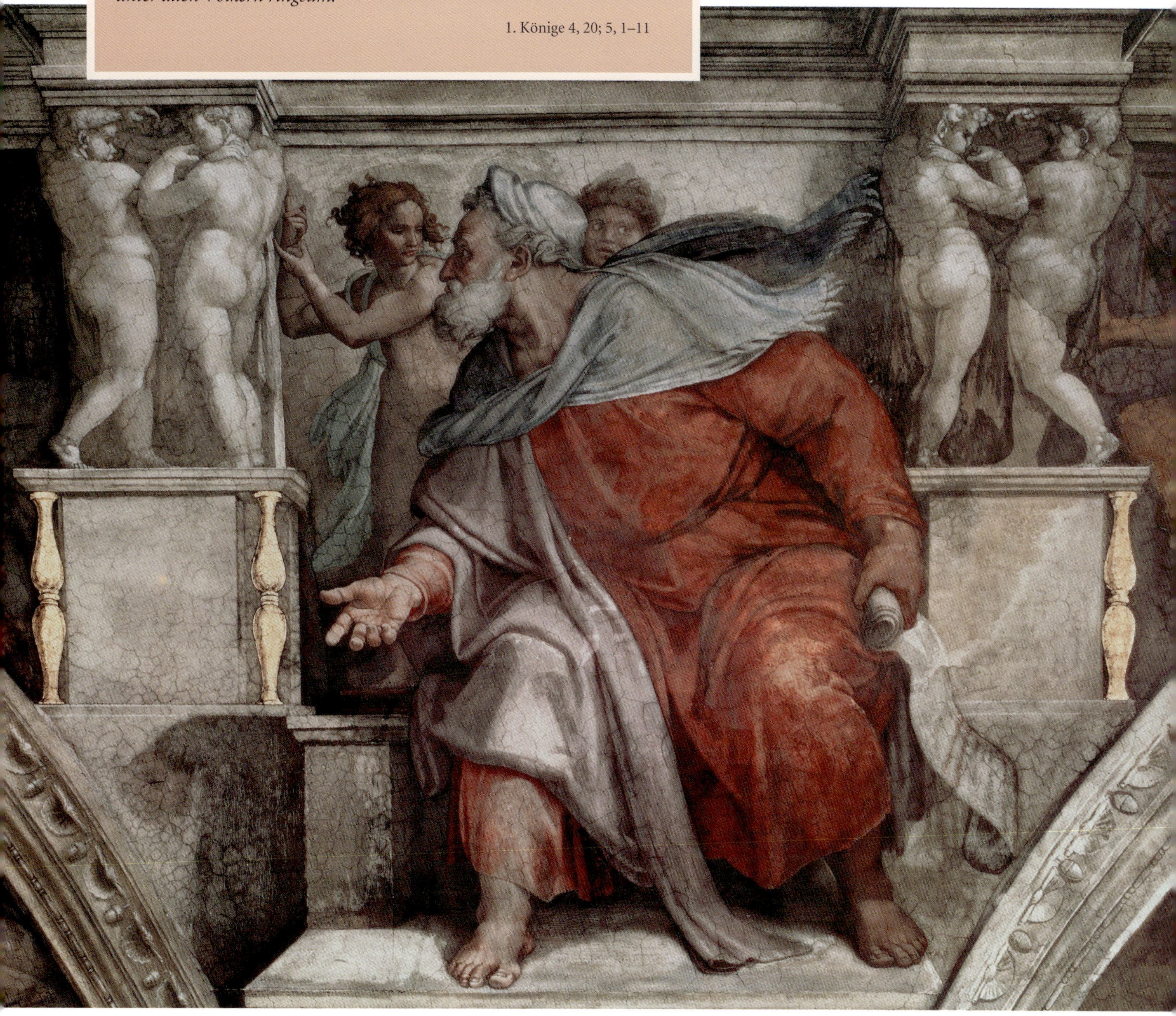

Unter persischer Herrschaft

König Kyros der Große von Persien eroberte im Jahr 538 Babylonien. Er erlaubte allen von den Babyloniern verschleppten Völkern, darunter den Juden, in ihre Heimat zurückzukehren. Die meisten Juden wollten in Babylon bleiben, wo sie wahrscheinlich im Wohlstand lebten. Etwa 50 000 Menschen kehrten in mehreren Schüben nach Jerusalem zurück. Sie bauten die Stadt wieder auf und begannen im Jahr 516 den Tempel zu erneuern.

Zwischen den heimgekehrten Israeliten und denen, die nicht ins Exil gegangen waren, gab es Spannungen. Die heimkehrenden Israeliten stellten fest, dass die in Jerusalem gebliebenen nachlässig geworden waren – sie folgten nicht mehr den Geboten der Thora. Um das 5. Jh. v. Chr. machten die religiösen Führer Esra und Nehemia das jüdische Gesetz in Juda wieder zur Lebensgrundlage. Die Juden erneuerten ihren Bund mit Gott, schworen, am Sabbat nicht zu arbeiten, eine Tempelsteuer zu entrichten und keine Nicht-Juden zu heiraten.

Der nächste Aufruhr unter den Israeliten folgte, als Alexander der Große die Perser im Jahr 333 schlug und im folgenden Jahr Juda eroberte. Alexander der Große kam aus Mazedonien im nördlichen Griechenland und mit ihm der Hellenismus. Viele Juden wurden vom Hellenismus – der griechischen Kultur – angezogen. Sie begannen, Griechisch zu sprechen, und vernachlässigten ihre Bräuche. Zwischen den Hellenisten und den traditionellen Juden kam es zur Feindschaft.

Eine Chanukkia an der westlichen Tempelmauer in Jerusalem, entzündet für das Chanukka-Fest, das die Wiedererrichtung des jüdischen Tempels im Jahr 164 v. Chr. feiert.

Jerusalem

Jerusalem ist den Juden, Christen und Muslimen heilig. Es war seit alters her die geistige Heimat des jüdischen Volks. Laut der Bibel wurde Jerusalem unter König David die Hauptstadt Israels und erneut unter der Hasmonäer-Dynastie der Makkabäer von 164 v. Chr. bis zum ersten Jh. n. Chr. Beim jüdischen Aufstand gegen die römische Herrschaft 66 bis 70 n. Chr. wurde Jerusalem zerstört. Die Stadt stand vom 4. bis zum 7. Jh. unter christlicher Herrschaft. Anschließend herrschten vom 7. bis zum 20. Jh. die meiste Zeit die Muslime. Dennoch behielten Juden aus aller Welt ihre geistige und emotionale Verbundenheit zur heiligen Stadt. Der neu gegründete Staat Israel erklärte Jerusalem 1949 zu seiner Hauptstadt.

Die Makkabäer

Die Spannungen zwischen griechischen und jüdischen Traditionen führten im 2. Jh. v. Chr. zu einem Aufstand. Zu dieser Zeit herrschten über Juda die Seleukidenkönige (abstammend von Seleukos, einem General Alexanders dem Großen). Sie versuchten, Jerusalem zu hellenisieren. Zwischen 175 und 165 v. Chr. plünderte König Antiochos IV. den Tempel, verbot die jüdische Sitte der Beschneidung, die Einhaltung des Sabbats und das Lesen der Thora. Antiochos kündigte an, den Tempel dem Gott Zeus zu weihen und dort Tiere zu opfern – darunter Schweine, die für Juden unrein sind. Unter dem Herrscher Judas Makkabi erhoben sich die Juden. Im Jahr 164 eroberten sie Jerusalem zurück und erneuerten den Tempel, ein Ereignis, das beim Chanukka-Fest gefeiert wird. Die Familie Judas', die Hasmonäer, gründeten eine Dynastie, die das folgende Jahrhundert herrschte.

Das Königreich Juda um 350 v. Chr. Unter der persischen Herrschaft vom 6. bis zum 4. Jh. v. Chr. konzentrierte sich die jüdische Bevölkerung um Jerusalem.

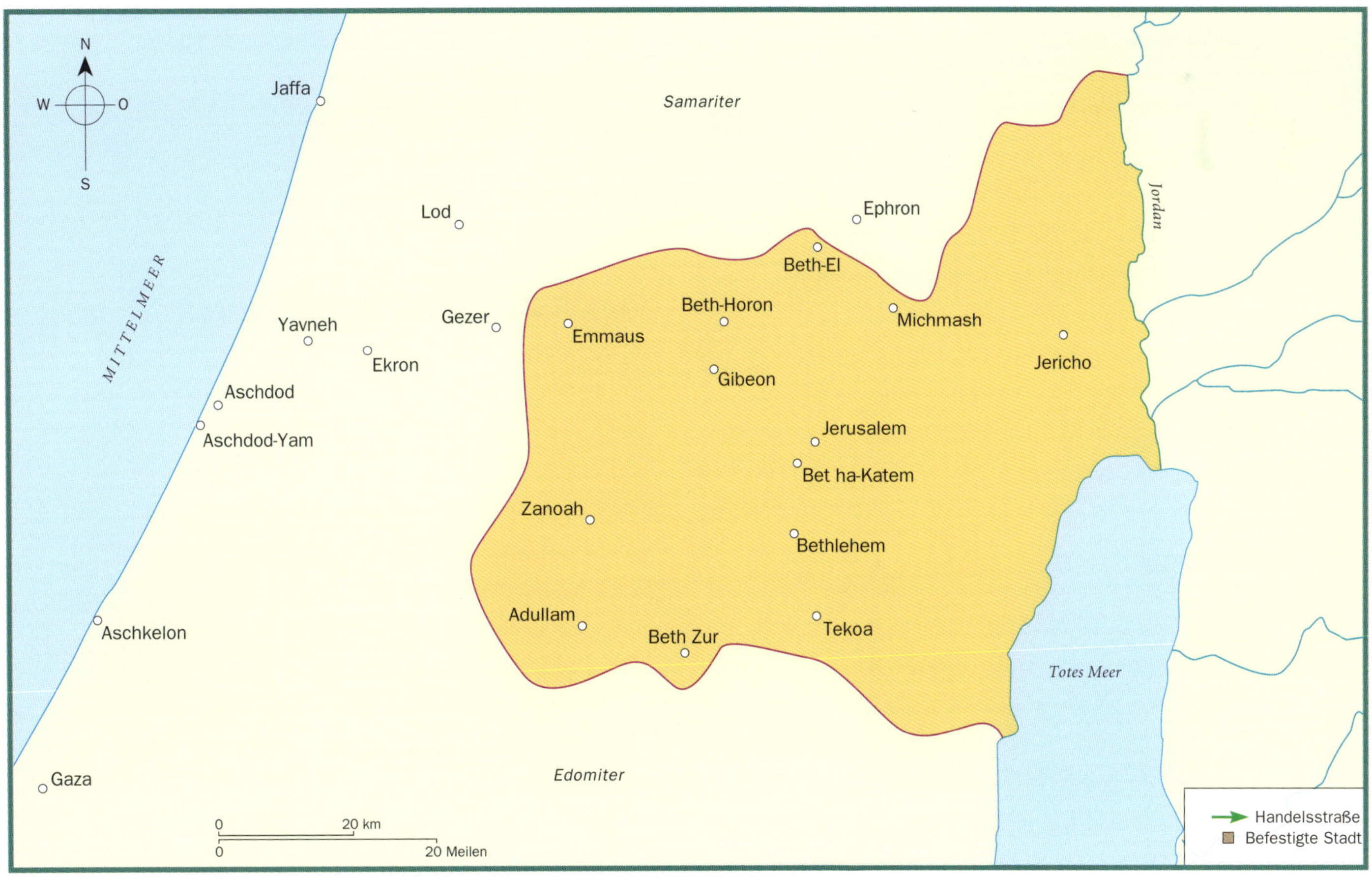

Diese Karte zeigt die von den Juden genommenen Wege, nachdem sie zwischen dem 4. Jh. v. Chr. und dem 2. Jh. n. Chr. aus Palästina vertrieben wurden. Nach der Zerstörung des Tempels im Jahr 70 n. Chr. wurde das Gebiet um Galiläa im nördlichen Palästina das wichtigste jüdische Zentrum mit Tiberias als bedeutendster Stadt.

Die Römer

Im Jahr 63 v. Chr. eroberten die Römer das Land Israel. Anfangs erlaubten sie den Hasmonäern, weiter in Juda zu regieren. Doch im Jahr 37 v. Chr. belagerte Herodes, den die Römer drei Jahre zuvor zum König von Judäa (der römische Name für Juda) ernannt hatten, Jerusalem und vernichtete die Dynastie der Hasmonäer. Er richtete viele den Hasmonäern treu ergebene jüdische Anführer hin. Obwohl Herodes den Tempel in Jerusalem neu errichten ließ, war er wegen seiner grausamen Herrschaft verhasst. Im Jahr 6 n. Chr. kam Juda unter direkte römische Herrschaft. Zwischen 66 und 73 n. Chr. bekämpften jüdische Aufständische die römischen Machthaber. Im Jahr 70 n. Chr. erlangten die Römer erneut die Kontrolle über Jerusalem und brannten den zweiten Tempel vollständig nieder. Übrig blieb nur die Westmauer.

Ein letzter jüdischer Aufstand unter der Führung von Schimon Bar Kochba im Jahr 132 n. Chr. vertrieb die Römer aus Jerusalem. Aber 135 n. Chr. eroberten die Römer die Stadt zurück und versklavten die Bevölkerung. Zu dieser Zeit hatten die meisten Juden das von den Römern in Palästina umbenannte Judäa verlassen. Sie verteilten sich über viele Länder und so in der Diaspora, ein griechisches Wort, das „Zerstreuung“ bedeutet.

Judaismus nach dem Tempel

Die Zerstörung des Tempels war für das jüdische Volk eine Katastrophe. Die Juden verloren das Zentrum ihrer religiösen Praxis. Doch wo immer das jüdische Volk auch war, hielt es seine Traditionen aufrecht. Nach dem Fall Jerusalems im Jahr 70 n. Chr. gründete eine in Yavneh in der heutigen Mitte Israels lebende Gruppe Gelehrter den Sanhedrin neu. In Jerusalem war dies einst der höchste rechtliche und religiöse Rat für Palästina und die Diaspora. Die Gelehrten entwickelten eine jüdische Gesetzestradition.

Gelehrte Rabbis legten die Thora und die Halacha aus. Viele der alten Tempelbräuche wurden in Synagogen (jüdische Gebetsstätten) verlegt, und man veranstaltete regelmäßige, tägliche Gebete. Ende des 2. Jhs. n. Chr. wurde die Auslegung der Halacha, der mündlichen

Synagogen

Die Synagoge ist der Ort, an dem Juden sich zum Gebet, zum Studieren und Diskutieren treffen. Die ersten Synagogen wurden wohl von Juden im babylonischen Exil gegründet. Die in der Regel rechteckigen Synagogen sind nach Jerusalem ausgerichtet. An der Stirnseite befindet sich ein großer, Heiliger Schrein genannter Schrank, in dem die Thorarollen aufbewahrt werden. Die Thora wird in der Mitte der Synagoge verlesen. Über dem Heiligen Schrein befindet sich die *ner tamid*, eine immer brennende Leuchte, um die Gläubigen an die Anwesenheit Gottes zu erinnern.

Thora, sehr umfangreich. Es gab vieles, was zu diskutieren und zu entscheiden war, aber nichts davon war niedergeschrieben. Ein Rabbi namens Juda Ha-Nasi (135 bis etwa 220) begann die Gerichtsbeschlüsse aufzuschreiben, damit die Juden sich auf diese Gesetze berufen konnten. Das Ergebnis war die Mischna, eine Sammlung jüdischer Gesetze, die ein breites Spektrum menschlichen Handelns abdeckte.

Im 4. Jh. n. Chr. setzten Rabbis in Palästina den palästinischen Talmud auf. Er enthielt die Mischna sowie Aufzeichnungen gelehrter Dispute über jüdisches Recht, Bräuche und Moral. Dieselbe Arbeit unternahmen Rabbis in Babylon, die den babylonischen Talmud um 500 n. Chr. schufen. Nach jüdischem Gesetz gilt das jüngste Werk, sodass die Juden den babylonischen Talmud als Quelle jüdischen Gesetzes betrachten.

Ein Gemälde des italienischen Malers Francesco Hayez aus dem 19. Jh., das die Zerstörung des zweiten Tempels in Jerusalem durch die Römer im Jahr 70 n. Chr. zeigt. Der Tempel wurde nie wiederaufgebaut.

KAPITEL 8: JUDENTUM IM MITTELALTER

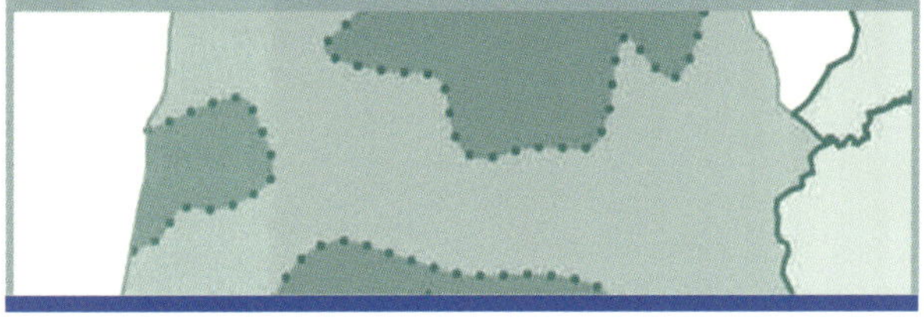

Im 4. Jh. n. Chr. wurde das Christentum im Römischen Reich (das Europa, den Nahen Osten und Nordafrika umfasste) zur Staatsreligion. Unter christlicher Herrschaft wurde das Leben der Juden schwierig. Die christliche Kirche tolerierte das Judentum nicht. Christen glaubten, Gott habe die Juden zurückgewiesen und der Menschheit durch Jesus Christus eine neue Botschaft verkündet.

Jesus Christus oder Jesus von Nazareth war um 28 bis 30 n. Chr. ein Lehrer und Heiler in Palästina. Unterstützt von der jüdischen Gemeinde, die Angst hatte, Jesus' zunehmende Beliebtheit könnte ihre Macht untergraben, ließ ihn der römische Statthalter hinrichten.

Christen glaubten, Jesus sei Gottes Sohn. Sie sagten, die Juden hätten die neue Botschaft nicht beachtet und seien für den Tod Jesus' verantwortlich. Das römische Gesetz verbot es, zum Judentum überzutreten, und Christen und Juden durften einander nicht heiraten. Vom 5. Jh. an durften Juden keine Regierungsämter mehr übernehmen. Im Mittelalter (500–1500 n. Chr.) bestimmte die christliche Kirche fast den gesamten Alltag der Menschen in Europa, und dort lebende Juden erfuhren oft Hass und Erniedrigung. Unter islamischer Herrschaft war das Leben für sie meist weniger schwer.

Juden unter dem Islam

Im frühen 7. Jh. entwickelte sich die islamische Religion unter ihrem Gründer, dem Propheten Mohammed. Der

Dieses Bild, das den von einem großen Fisch verschluckten Jonas zeigt, stammt aus der Cervera-Bibel von 1299. In Cervera, einer kleinen Stadt im katalonischen Spanien, gab es eine blühende jüdische Gemeinde.

neue Glaube, dessen Anhänger Muslime genannt wurden, breitete sich rasch von seinem Ursprung auf der Arabischen Halbinsel aus. Um das Jahr 744 herrschte er in Syrien, Palästina, Ägypten, Persien (den heutigen Iran) und Mesopotamien (den heutigen Irak).

Die Herrscher dieses neuen islamischen Reichs sahen Juden und Christen als gleichwertige Gläubige an, die an den einzigen Gott glaubten, und erlaubten ihnen die Ausübung ihres Glaubens. Juden unterlagen jedoch einigen Einschränkungen. So mussten sie z. B. bestimmte Kleidung tragen und eine jährliche, von allen Nicht-Muslimen zu entrichtende Steuer zahlen. Dennoch lebten die Juden unter der islamischen Herrschaft auf, wurden zu fähigen Handwerkern und nutzten das bestehende Handelsnetz des Reichs, um erfolgreiche Kaufleute und Händler zu werden.

Juden lebten in eigenen Gemeinden. Sie gründeten Jeschiwot (Einzahl Jeschiwa) genannte religiöse Studienzentren. Der Gaon, der Vorstand der Jeschiwa, war die höchste religiöse Autorität in der Gemeinde. Er berief das jüdische Gericht ein und ernannte alle religiösen Vertreter, darunter die rituellen Schlachter, die dafür sorgten, dass zum Verzehr bestimmte Tiere nach den jüdischen Speisegesetzen getötet wurden.

Die Karäer

Die Karäer waren eine sich im 9. Jh. entwickelnde größere Sekte, die sich den Rabbis widersetzte. Die Karäer orientierten sich an der Auffassung Anan ben Davids, eines persischen Juden aus dem 8. Jh. Ben Davids Grundsatz war: „Suche gründlich in der Thora und verlasse dich nicht auf die Meinung der Rabbis.“ Er behauptete, das gesamte jüdische Gesetz sei in der Thora enthalten und die mündlichen Auslegungen der Rabbis seien überflüssig. Im 9. Jh. benutzte Benjamin ben Moses Nahawendi als Erster den Ausdruck „Karäer“. Er gründete eine karäische Sekte im Iran. Im 11. Jh. gab es Karäer in der gesamten muslimischen Welt und im Byzantinischen Reich (dem christlichen Oströmischen Reich). Die Bewegung erlosch im späten 16. Jh.

Obwohl Juden ihre eigene Identität behielten, wurde ihre Kultur durch islamische Bräuche beeinflusst, und jüdische Gelehrte verfassten philosophische und wissenschaftliche Werke auf Arabisch. Im 10. und 11. Jh. blühte

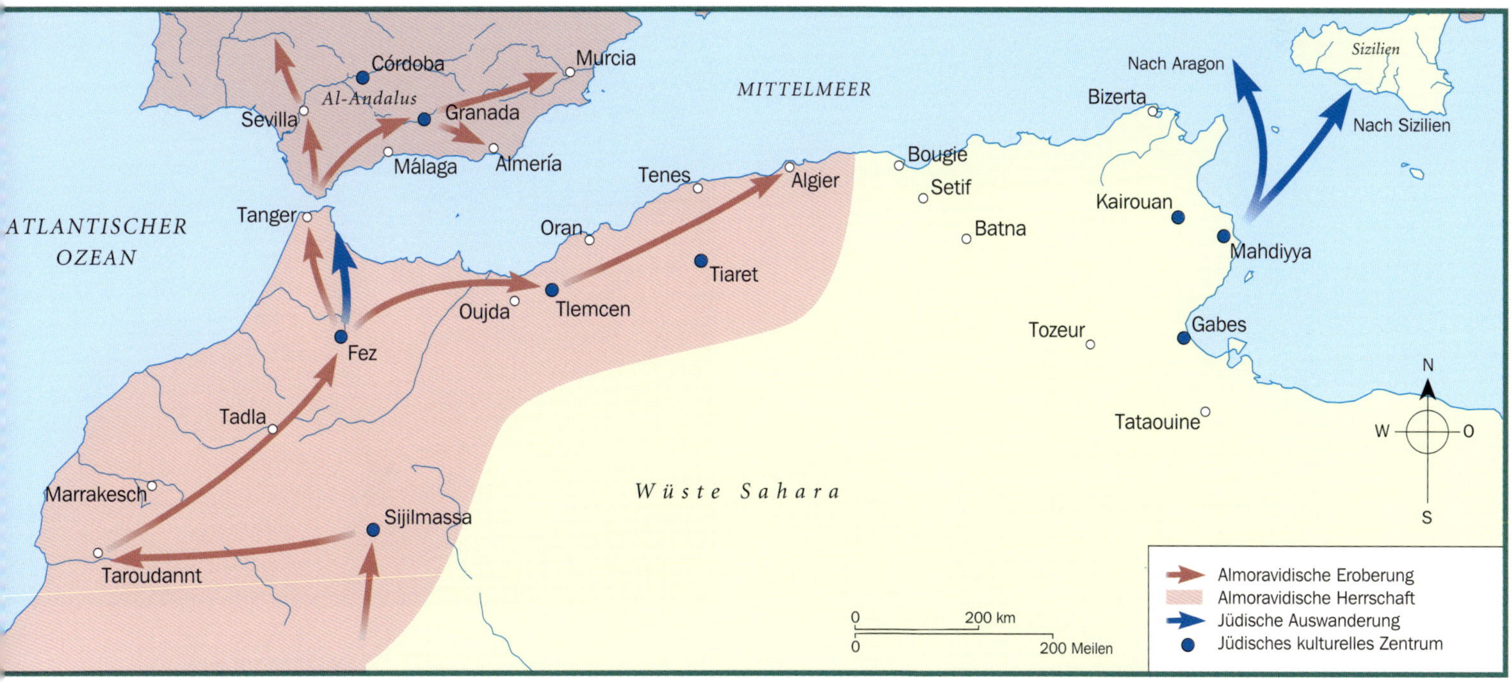

Diese Karte Nordafrikas und Andalusiens zeigt die jüdischen kulturellen Zentren und die Eroberungen der muslimischen Almoraviden-Dynastie im 10. und 11. Jh.

die jüdische Kultur in Nordafrika und Al-Andalus (der große Teil Spaniens unter muslimischer Herrschaft).

Nordafrikanische jüdische Gelehrte schrieben wichtige Kommentare zum Talmud. Einige, darunter der Tunesier Isaak ben Solomon Israeli, schrieben über säkulare Themen wie Medizin und Philosophie. Es gab auch einige bedeutende jüdische Staatsmänner und Philosophen. Im 10. Jh. war Hasdai ibn Schaprut (um 915–973) aus der Stadt Córdoba in Al-Andalus, das Oberhaupt der jüdischen Gemeinde, Hofarzt der muslimischen Herrscher und ein Diplomat, der seinen Herrn bei Verhand-

Kabbala

Kabbala, was „Überlieferung" bedeutet, beinhaltet das Studium der in der Thora enthaltenen Geheimnisse. Es gibt im Talmud Hinweise auf mystische Zusammenhänge. So war es z. B. beim Kommentar eines Rabbis zum Buch Genesis üblich, die geheimen Traditionen beim Aufsagen nur zu flüstern, um die Kenntnis auf möglichst wenige gelehrte Menschen zu beschränken. Im 12. Jh. führte diese mystische Form zur Entstehung der Kabbala-Tradition in Südfrankreich. Ein wichtiges Werk war das *Sefer ha-Bahir* (Buch der Klarheit) aus dem 12. Jh., das erklärt, wie Gott das Universum erschuf, und die mystische Bedeutung der Formen und Laute des hebräischen Alphabets beschreibt – Hebräisch ist die heilige Sprache der Juden bis heute. Im 13. Jh. entstand eine Kabbala-Schule im nordspanischen Gerona. Rabbi Moses de Leon (1250–1305) schuf mithilfe der Lehren von Gerona das einflussreiche *Sefer ha-Zohar* (Das Buch der Pracht), das die innere, mystische Bedeutung der Thora erklärt und lehrt, dass die menschlichen Handlungen im Dienst Gottes die Unordnung der Welt beseitigen und zur Einheit mit Gott führen können. Nach der Vertreibung der Juden aus Spanien im Jahr 1492 zogen manche von ihnen nach Safed in Palästina. Safed wurde im 16. Jh. zum eigentlichen Zentrum der Kabbala-Entwicklung.

Dieser undatierte Stich zeigt die Vertreibung der Juden aus Spanien auf Befehl der Inquisition im Jahr 1492. Nur zum Christentum übergetretene Juden durften bleiben.

lungen mit den christlichen Herrschern Nordspaniens unterstützte. Der Dichter und Philosoph Solomon ibn Gabriol (um 1122–1058/70) schrieb Gedichte im zeitgenössischen arabischen Stil mit biblischen Einflüssen aus seiner jüdischen Erziehung.

Verfolgung

Im Jahr 1146 begann die radikale muslimische Almohaden-Dynastie aus Nordafrika Al-Andalus zu erobern. Die Almohaden verboten den Juden die Ausübung ihrer Religion, zwangen sie, zum Islam überzutreten, und schlossen die Jeschiwot und die Synagogen. Viele Juden flohen nordwärts in den christlich beherrschten Teil Spaniens, wo sie geduldet waren. Andere übten ihren Glauben im Geheimen aus. Manche entkamen nach Nordafrika, darunter der Philosoph Maimonides (1135–1204). Trotz aller Schwierigkeiten war es eine Zeit großer jüdischer Kultur. Maimonides verfasste ein wichtiges jüdisches Gesetzeswerk, die *Mischna Thora*, und Rabbi Moses ben Schem Tov de Leon (1250–1305) schrieb das jüdische mystische Werk *Sefer ha-Zohar*.

Rückeroberung

Vom 12. Jh. an eroberten christliche Streitkräfte viel von Al-Andalus zurück. Anfangs ging es den Juden unter christlicher Herrschaft gut, aber ab dem 14. Jh. wurden sie verfolgt. Viele wurden gezwungen, zum Christentum überzutreten, aber die *conversos* (Übergetretenen) wurden mit immer mehr Misstrauen betrachtet. Um 1480 begann die spanische Inquisition. Dies war ein von Spaniens christlichen Herrschern eingesetztes Gericht zur Verfolgung von Häretikern (Menschen, deren Glauben der gängigen christlichen Lehre widersprach). Tausende wurden wegen Häresie verurteilt. Ihr Besitz wurde beschlagnahmt, oder sie wurden, was oft vorkam, auf Scheiterhaufen verbrannt. Im Jahr 1492 wurden alle Juden aus

Nach dem Fall von Granada war im Januar 1492 die christliche Rückeroberung Spaniens abgeschlossen. König Ferdinand und Isabella von Spanien befahlen allen Juden, das Land zu verlassen.

Diese Karte zeigt die Orte, an denen Juden während der Kreuzzüge zwischen 1096 und 1348 verfolgt wurden.

Spanien vertrieben und verstreuten sich über Nordafrika, Italien, die Niederlande und das Osmanische Reich (ein islamisches Reich, das einen großen Teil Südosteuropas, den Nahen Osten und Nordafrika umfasste).

Juden im christlichen Europa

Unter christlicher Herrschaft widerfuhr Juden in Mittel- und Westeuropa großes Misstrauen, das regelmäßig zur Anwendung von Gewalt führte. Mit dem Beginn der Kreuzzüge im Jahr 1096 – der Kampf westeuropäischer christlicher Heere zur Wiedergewinnung des Heiligen Lands (einschließlich Jerusalem) von den Muslimen – führte der religiöse Wahn zu gewalttätigen Übergriffen. In mehreren Städten im deutschen Rheinland wurden Juden getötet.

Im Mittelalter beschuldigte man Juden verschiedener Verbrechen. Im Jahr 1144 z. B. unterstellte man den Juden im englischen Norwich, sie nähmen das Blut christlicher

Kinder zum Backen von Mazza (ohne Hefe gebackenes Brot) für das jüdische Pessachfest. Diese falsche, als „Blutlüge“ bekannte Anschuldigung verbreitete sich über ganz Europa.

Juden waren nicht nur aus religiösen Gründen verhasst (siehe Seite 12), sondern auch für ihr Geschick als Geldverleiher. Juden waren von vielen Berufen und Geschäften ausgeschlossen, weshalb sich viele dem Geldverleih zuwandten, einem den Christen verbotenen Gewerbe, denn die durften keine Zinsen auf Verliehenes nehmen.

In Europa wurden Gesetze erlassen, die den Juden das Leben schwerer machten. So schrieb etwa ein Gericht in Rom im Jahr 1215 allen Juden in Europa vor, ein Abzeichen oder einen Hut zu tragen, um sie als andersartig zu kennzeichnen. Im 14. und 15. Jh. breitete sich die Ausgrenzung von Juden über ganz Europa aus. An vielen Orten zwang man Juden, in Ghetto genannten, armen Stadtteilen zu wohnen. Im Jahr 1290 wurden Juden aus England verbannt. In Frankreich vertrieb man die Juden im 14. Jh. mehrmals. Als der Schwarze Tod, die Pest, Mitte des 14. Jhs. in Europa wütete, machte man die Juden für diese tödliche Seuche verantwortlich. Viele wurden vom aufgebrachten Pöbel ermordet. Im 15. und 16. Jh. wurden Juden regelmäßig aus deutschen Städten verbannt.

Pessach

Das jüdische Volk hielt seine Geschichte und seinen Gemeinsinn durch seine Gebräuche lebendig. Jedes Jahr feiert man das Pessachfest, um an die Flucht der Ahnen aus der ägyptischen Sklaverei zu erinnern. Die Familien versammeln sich am Sederabend, dem ersten Abend des achttägigen Fests. Sie erzählen die Geschichte der Flucht und führen Rituale durch, die ihnen das Gefühl der Verbundenheit mit ihren biblischen Ahnen geben. Sie essen Mazza, das ungesäuerte Brot, das die Israeliten auf ihrer Reise essen mussten. Das am Sederabend gelesene Buch heißt Haggada. Seit dem Mittelalter endet die Haggada mit dem Satz „Nächstes Jahr in Jerusalem“, um die jüdische Sehnsucht nach dem Heiligen Land auszudrücken.

Diese judenfeindliche Illustration von etwa 1478 stellt den im Mittelalter verbreiteten Glauben dar, dass Juden das Blut christlicher Kinder bei ihren Ritualen verwenden würden.

KAPITEL 9:

JUDEN IN ALLER WELT

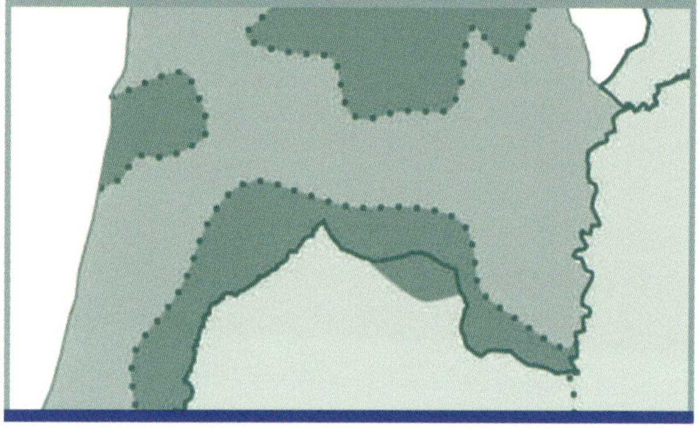

Seit dem 2. Jh. lebten Juden weit in Länder wie Persien, Jemen, China und Indien verstreut, wo bis ins 20. Jh. jüdische Gemeinden bestanden. Nach der Vertreibung im Mittelalter aus europäischen Ländern fanden sich die wichtigsten Zentren des Judentums im Osmanischen Reich (im Nahen Osten und in Nordafrika) und in Polen, wo sich verschiedene jüdische Kulturen entwickelten, vor allem die Kulturen der Sephardim und Aschkenasim (siehe S. 64).

Matteo Ricci und die Juden von Kaifeng

Der italienische Jesuit Matteo Ricci (1552–1610) berichtet in seinen Briefen, wie er die Juden Chinas bei einer faszinierenden Begegnung entdeckte. Im Jahr 1605 wurde ein Jude aus Kaifeng namens Ai Tien zu einem Treffen mit Ricci in seinem Haus in Peking gerufen. Er hatte gehört, dass der Reisende Ricci anders als die Chinesen an Gott glaube. Ai Tien dachte, Ricci müsse ein jüdischer Rabbi sein, während Ricci glaubte, Ai Tien sei ein Christ. Die beiden schauten zusammen ein Bild an. Ai Tien dachte, es zeige vier der zwölf Söhne Jakobs, und war überrascht zu hören, dass dies die vier Evangelisten Christi seien. Er fragte, wer Christus sei. Ricci merkte, dass Ai Tien in Wirklichkeit Jude war, und erzählte ihm vom Christentum.

Persien

Obwohl den Juden die Rückkehr nach Israel gestattet wurde, nachdem Persien im Jahr 538 v. Chr. Babylon erobert hatte, blieben viele in Babylon und siedelten sich um die Städte Babyloniens und Persiens an. Mitte des

Die jüdische Welt um 1200: Zu dieser Zeit waren die Juden weit verstreut.

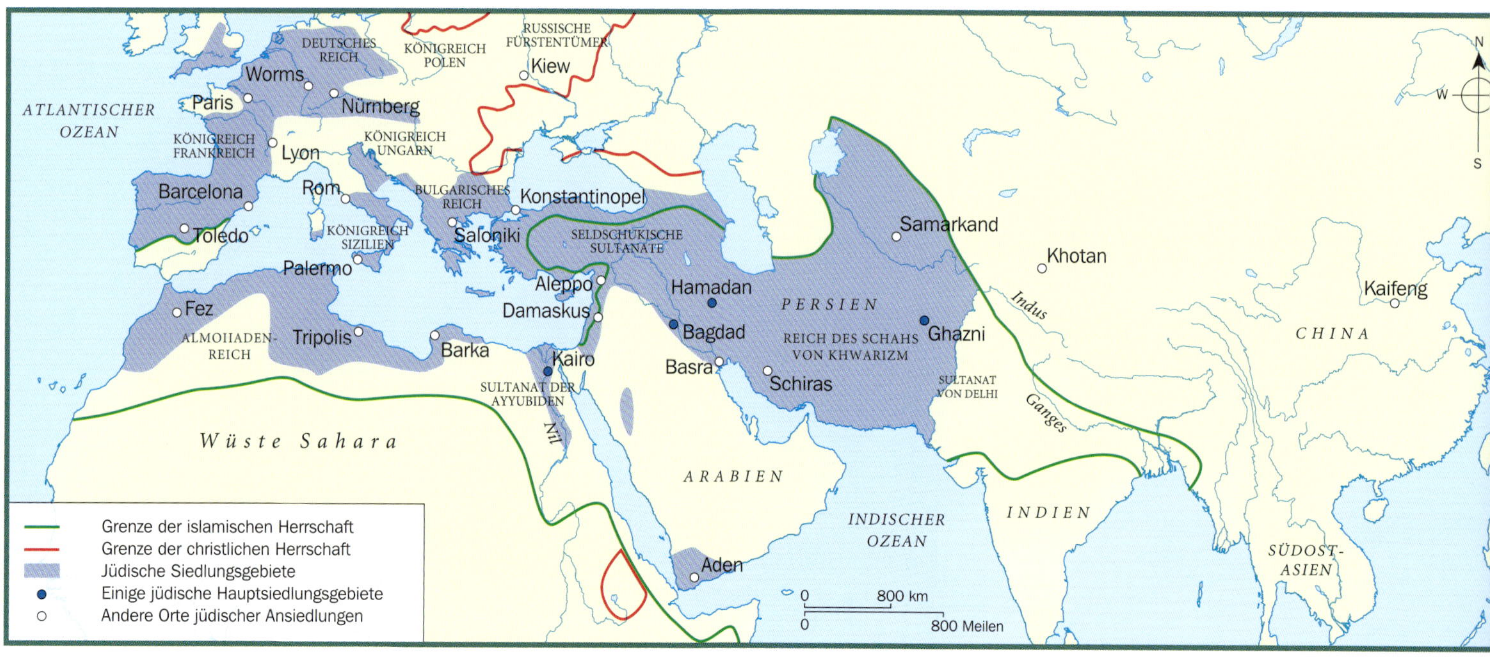

Diese jemenitischen Juden, die eine Karte Israels studieren, wurden von der israelischen Regierung 1949–1950 ins Land gebracht. Weil ihre Rechte als Juden eingeschränkt wurden, entschieden sich viele jemenitische Juden für eine Auswanderung nach Israel. Heute leben nur noch sehr wenige im Jemen.

7. Jhs. eroberten arabische Muslime Persien. Sie gestatteten den Juden die Ausübung ihrer Religion und den Zugang zu allen Berufen. Doch unter den Dynastien der Safawiden (1502 bis 1736) und der Qajaren (1794 bis 1925) litten die Juden unter dem Zwang, zum Islam überzutreten, und unter Massakern. Ihre Lage verbesserte sich danach, bis 1979 eine radikalislamische Regierung die Macht im Iran übernahm, was den Auszug der iranischen Juden zur Folge hatte.

Jemen

Juden erreichten den Jemen wohl zwischen dem 3. und dem 4. Jh. n. Chr. Die ersten Nachweise ihrer Präsenz stammen aus dem 6. Jh. n. Chr. Wie Juden in anderen muslimischen Ländern durften sie ihren Glauben ausüben. Im späten 19. Jh. begannen jemenitische Juden, nach Palästina auszuwandern. 1949 und 1950 gingen die meisten im Jemen verbliebenen Juden in den 1948 neu gegründeten Staat Israel.

China

Obwohl es Juden schon Jahrhunderte früher in China gab, liegen erst seit dem 8. Jh. Nachweise für ihre Präsenz dort vor. Kaifeng in Ostchina hat eine jüdische Gemeinde, die aus dem 11. Jh. stammt. Die dortige Synagoge wurde 1163 erbaut. Nach all den Jahren haben sich die Juden von Kaifeng zerstreut oder assimiliert (mit der chinesischen Mehrheit vermischt und ihre jüdische Identität verloren). Im 19. und 20. Jh. bildeten sich moderne jüdische Gemeinden. Die meisten kamen als Flüchtlinge während des Zweiten Weltkriegs (1939–1945), aber der größte Teil zog nach dem Krieg in andere Länder.

Indien

Die Beni Israel, die größte Gruppe indischer Juden, will im 2. Jh. v. Chr. von Palästina aus nach Indien gezogen sein, obwohl es dafür keinen echten Beleg gibt. Wahrscheinlicher ist, dass Juden aus Spanien, Portugal, Persien, Afghanistan und Mesopotamien (heutiger Irak) während des 16. und 17. Jhs. nach Indien kamen.

Diese Karte zeigt die Hauptwanderungen der Juden im Osmanischen Reich während des 15. und 16. Jhs. Am Ende des 15. Jhs. zogen etwa 20 000 aus Spanien vertriebene Juden nach Saloniki (dem heutigen Thessaloniki im modernen Griechenland).

Obwohl sie ein ähnliches Leben wie viele ihrer hinduistischen und muslimischen Nachbarn führen, pflegen die Beni Israel auch jüdische Bräuche wie die Beschneidung und befolgen den Sabbat und die koscheren Speisegesetze. Die jüdischen Gemeinden behielten ihre Unabhängigkeit, als Indien von den Briten regiert wurde (1858–1947), viele wanderten aber nach der Gründung Israels 1948 dorthin aus.

Äthiopien

Jüdische Äthiopier nennen sich selbst Bieta Israel und werden auch als Falascha bezeichnet. Ihrer Überlieferung zufolge kamen sie nach dem Auszug aus Ägypten oder der Zerstörung des ersten Tempels nach Äthiopien. Die Bieta Israel kämpften zwischen dem 13. und dem 15. Jh. gegen muslimische und christliche Herrscher um ihre Unabhängigkeit. Sie überlebten bis zum 20. Jh. am Rand der äthiopischen Gesellschaft. Anfangs erkannte der Staat Israel sie nicht als Juden an; bis 1973 galten sie nicht als solche. Die meisten Bieta Israel wurden in zwei außergewöhnlichen Rettungsaktionen während einer Hungersnot im Jahr 1984 und während politischer Unruhen im Jahr 1991 ausgeflogen.

Sephardim und Aschkenasim

Obwohl Juden in alle Welt verstreut leben, konzentrierte sich im Mittelalter die Mehrzahl in Spanien, den islamischen Ländern sowie in Nord- und Osteuropa. Die 1492 aus Spanien (und 1497 aus Portugal) vertriebenen Juden wanderten meist ins muslimische Osmanische Reich in Nordafrika und dem Nahen Osten. Sie wurden als Sephardim (Spaniolen) bezeichnet. Im Osmanischen Reich durften Juden ihren Glauben leben, solange sie die muslimische Herrschaft akzeptierten und die Steuer für Nicht-Muslime zahlten. Es entwickelte sich eine eigene sephardische Kultur. Juden sprachen ihre eigene Sprache, Ladino genannt, die spanische und hebräische Wörter enthielt. Die sephardischen Juden konnten sich unter osmanischer Herrschaft kulturell entfalten. Sie richteten 1493 die erste Druckerpresse ein, und die jüdische Literatur blühte auf.

Die im 15. und 16. Jh. aus Deutschland vertriebenen Juden siedelten sich in Polen an. Man nannte sie Aschkenasim (Deutsche). Sie sprachen ihren eigenen Dialekt, Jiddisch, das deutsche und hebräische Elemente enthielt, und spielten osteuropäische Musik. Sie lebten in eigenen Stetls (Städten) mit Synagogen und Jeschiwot.

Sephardische und aschkenasische Bräuche

Sephardische und aschkenasische Juden benutzen beide das Hebräische als Sprache im Gottesdienst, sie lesen beide Thora und Talmud, sprechen dieselben Gebete, essen koschere Speisen und feiern dieselben Feste. Wegen unterschiedlicher Formen des Gottesdiensts haben sie verschiedene Synagogen. So benutzen etwa Sephardim ihre eigenen Gedichte und Psalmen (heilige Lieder) im Gottesdienst.

Mitte des 16. Jhs. verfasste der sephardische Rabbi Josef Karo in der Stadt Safed in Palästina einen *Schulchan Arukh* genannten Gesetzestext für sephardische Juden, der 1565 veröffentlicht wurde. Mit Ergänzungen aschkenasischer Bräuche von Rabbi Moses Isserles wurde er 1570 und 1571 neu aufgelegt. Dieser Leitfaden für das religiöse Leben sowohl der aschkenasischen als auch der sephardischen Gemeinden wurde in einem einzigen Buch vereint. Dennoch behielten die beiden Traditionen ihre unterschiedlichen Bräuche bei.

Äthiopische Juden versammeln sich 1991 vor der israelischen Botschaft in der äthiopischen Hauptstadt Addis Abeba, um das Land zu verlassen. Sie wurden mit der „Operation Salomon" nach Israel ausgeflogen.

Polen und Litauen wurden Zentren des jüdischen Lebens. So wurde etwa die 1515 im polnischen Lublin gegründete Jeschibot-Jeschiwa ein wichtiger Ort für das Talmud-Studium. Der an der *Schulchan Arukh* beteiligte Rabbi Moses Isserles studierte dort. Die Stadt wurde als „jüdisches Oxford" (nach der Oxford-Universität in England) bezeichnet. Wegen ihrer eifrigen religiösen Studien waren die Juden gebildeter als ihre christlichen Nachbarn. Obwohl sie unter Diskriminierungen wie besonderer Kleidung litten, durften Juden ihre eigenen Gemeinden führen. Viele arbeiteten für den Adel (die reichen Landbesitzer), führten dessen Geschäfte und trieben bei den Bauern die Steuern ein.

Im 17. Jh. wuchs jedoch der Hass auf die Juden. Im Jahr 1648 erhoben sich die Kosaken, ein von den Polen beherrschtes ukrainisches Volk, gegen den polnischen Adel. Unter Führung von Bogdan Chmielnicki bestraften sie die Juden, weil sie für den polnischen Adel arbeiteten. Man schätzt, dass ein Viertel der jüdischen Gemeinden Polens in einem Rausch aus Folter und Gewalt umkam und andere in die Sklaverei verkauft wurden. Immer wieder wurden die Juden von mit Chmielnicki verbündeten Russen angegriffen. Als die Schweden in Westrussland einfielen, wurden Juden von Polen ermordet, die glaubten, dass Juden die Invasion ermöglicht hätten. Die Kosaken verübten im 18. Jh. weitere Verbrechen an Juden. Im späten 18. Jh. wurde Polen geteilt. Im Jahr 1795 teilte sich die jüdische Bevölkerung zwischen Russland, Preußen und Österreich auf.

Religiöse Bewegungen

Im 18. Jh. war das Leben für polnische Juden recht schwierig. In diesen schweren Zeiten bildete sich eine von Rabbi Israel ben Elieser (1698–1760) gegründete, neue religiöse Bewegung, auch als Baal Schem Tov (Meister des guten Namens) oder Bescht bekannt. Die Bewegung gründete auf einer geistigen, fröhlichen Verehrung Gottes unter der Leitung eines Zaddiks (geistlicher Führer). Man nannte die Anhänger von Bescht auch Chassidim (Fromme). Nach Israel ben Eliesers Tod im Jahr 1760 breitete sich die chassidische Bewegung über Polen und Osteuropa aus.

Als die chassidische Bewegung im späten 18. Jh. Litauen erreichte, stieß sie jedoch auf große Widerstände.

Der Baal Schem Tov

Der Baal Schem Tov schrieb seine Lehre nicht auf, aber seine Schüler taten es. Er drückte darin seinen Glauben in *devekut* (Gottergebenheit) aus: *Jedes Einzelne, was man sieht oder hört, ist eine Anleitung dazu, wie man Gott dienen soll. Dies ist der Gedanke des Gottesdienstes – alles als einen Weg zu verstehen und zu erkennen, wie man Gott dienen kann.*

Chassidische Juden in ihrer typischen Kleidung im heutigen israelischen Jaffa. Die Bewegung breitete sich im späten 19. Jh. in den Vereinigten Staaten aus. Die Mehrzahl der Anhänger leben zurzeit in den USA.

Rabbi Elija ben Solomon Zalman (1720–1979), der Gaon der Stadt Wilna, gründete eine Gegenbewegung zu den Chassidim, die von diesen Mitnaggdim (Widersacher) genannt wurde. Die Mitnaggdim verteidigten traditionelle Werte, darunter das intensive Studium von Thora und Talmud, und weigerten sich, die Zaddiks (geistlichen Führer) zu verehren. Beide Bewegungen leiteten Jeschiwot und verteidigten ihre eigene Lehre. Der Streit wurde im 19. Jh. beigelegt, als beide Gruppen sich zur Haskala vereinigten (siehe S. 68–69).

Diese Karte zeigt die Ausbreitung der chassidischen Bewegung im 18. und 19. Jh. sowie den Einfluss der Gegenbewegung der Mitnaggdim. Zu dieser Zeit waren Lublin, Wilna und Mukatschewo wichtige kulturelle Zentren des Judentums.

KAPITEL 10:
RÜCKKEHR NACH WESTEUROPA

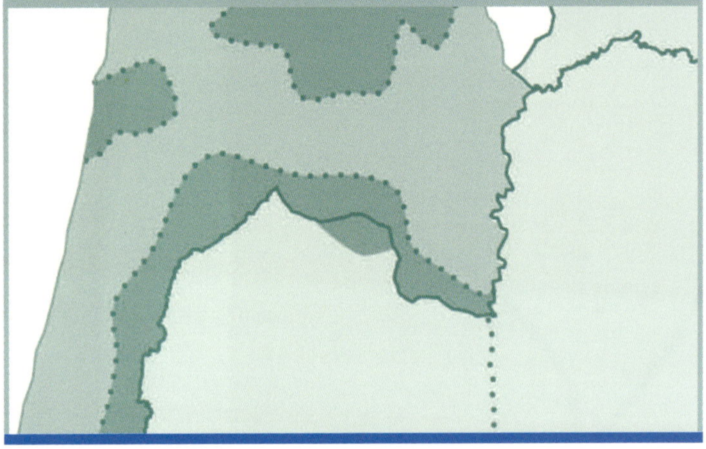

Samson Raphael Hirsch glaubte nicht, dass das Judentum sich ändern sollte: *War das Judentum jemals zeitgemäß? Teilte das Judentum jemals die Ansichten berühmter Zeitgenossen? War es jemals praktisch, Jude oder Jüdin zu sein? ... War es ein zeitgemäßes Judentum, wofür unsere Väter in den Jahrhunderten nach der Vertreibung in allen Ländern und allen Epochen unter der größten Unterdrückung, der beißendsten Verachtung, Verfolgung und einem tausendfachen Tod gelitten haben? Und jetzt sollen wir das Judentum in allen Bereichen versuchen „zeitgemäß" zu machen?*

Neunzehn Briefe zum Judentum, 1836. Von Louis Jacobs, Oxford University Press (1995); myjewishlearning.com

Ab dem 17. Jh. erlaubten westeuropäische Länder den Juden die Rückkehr. So forderte etwa der Große Kurfürst, der Herrscher von Brandenburg, Juden zur Ansiedlung auf, weil sie gute Händler waren und die Wirtschaft des Landes nach dem Dreißigjährigen Krieg (1618–1648) wieder beleben sollten. Etwa zur selben Zeit durften Juden nach Frankreich zurückkehren. Noch waren Juden viele Berufe verwehrt. So durften sie weder Handwerks- noch Kaufmannszünften beitreten (zum Schutz und zur Unterstützung ihrer Mitglieder gebildete Vereinigungen). In England konnten Juden weder öffentliche Ämter einnehmen noch Universitäten besuchen. Gegen Ende des 18. Jhs. wurden jedoch manche der Einschränkungen in Mitteleuropa aufgehoben. In Frankreich bekamen die Juden nach der Französischen Revolution 1789 die vollen Bürgerrechte. Im 19. Jh. erhielten alle Juden Europas außer den in Russland lebenden dieselben Rechte.

Bewegungen im Judentum

In dieser Zeit gab es auch Veränderungen in der jüdischen Gemeinde. Jüdische Gelehrte wurden von der Aufklärung beeinflusst, einer Bewegung in Westeuropa, die im 18. Jh. die Vernunft und Wissenschaft beim Studium des Menschen und der Natur betonte. Die jüdische Aufklärung, auch Haskala genannt, entstand im späten 18. und frühen 19. Jh. in Westeuropa. Jüdische Denker wandten die

Bei dieser Jom-Kippur-Feier in einer Reformsynagoge gibt es keine Trennung zwischen Männern und Frauen.

Grundsätze der Aufklärung auf ihre Religion an. Der einflussreichste Denker, Moses Mendelssohn (1729–1786), aus dem deutschen Berlin glaubte, Juden sollten sich besser in die Gesellschaft einfügen. Sie sollten sowohl säkulare (nicht-religiöse) wie auch religiöse Themen studieren und die Sprache ihres Gastlandes lernen. Seine Anhänger nannte man Maskilim. Sie legten den Grundstein für die Reformbewegung.

In Deutschland begann Israel Jacobson (1768–1828) mit der Reformbewegung. Er gründete Schulen, in denen jüdische Kinder sowohl säkulare als auch religiöse Stoffe lernten. Die Bewegung versuchte, die jüdische Religion an die Anforderungen der modernen Welt anzupassen und es Juden leichter zu machen, vollwertige Bürger ihres Landes zu werden. Gottesdienste wurden in Reformsynagogen mehr auf Deutsch als auf Hebräisch gehalten, und Männer und Frauen – traditionell getrennt platziert – saßen zusammen. Arbeit am Sabbat war erlaubt, und die Menschen mussten nicht länger die koscheren Speisegesetze beachten.

Viele Juden befürchteten, diese Änderungen könnten zur Assimilation (Anpassung an die Alltagskultur, Verlust der jüdischen Identität) führen. Zwischen den reformierten und orthodoxen Juden kam es zur Spaltung.

In Deutschland war Samson Raphael Hirsch (1808 bis 1888) der bekannteste orthodoxe Vordenker. Hirsch glaubte, Juden sollten an traditionellen Praktiken festhalten. Er akzeptierte aber, dass sie auch eine säkulare Bildung bekamen. Diese Denkrichtung wurde als Neo-Orthodoxie bekannt.

Diese Karte zeigt die europäischen Länder, in denen Juden emanzipiert waren – befreit von rechtlichen, gesellschaftlichen und politischen Einschränkungen –, und den Zeitpunkt ihrer Emanzipation.

Manche orthodoxen Juden widersetzten sich allen Änderungen im Judentum. Rabbi Moses Sofer forderte im frühen 19. Jh. die Reformbewegung in Deutschland heraus. Sein Motto lautete: „Alles Neue ist durch die Thora verboten." Seine Ansichten beeinflussten die Bewegung der Haredim (siehe Seite 83).

Antisemitismus

Im späten 19. Jh. erstarkte in vielen europäischen Ländern der Nationalismus. Einzelne Staaten wollten ihre eigene nationale Persönlichkeit, aufbauend auf der vorherrschenden Völkergruppe, in der Gesellschaft entwickeln. Minderheiten mit ihren eigenen Bräuchen, besonders die Juden, galten als Außenseiter und Bedrohung für die gesellschaftliche Einheit. Die Integration von Juden in der Alltagsgesellschaft – in der Arbeits- und Finanzwelt sowie in den Künsten – wurde missbilligt, ebenso ihr wachsender Wohlstand und ihre wirtschaftliche Macht. Es bildete sich eine moderne Art von Antisemitismus (Judenfeindschaft), der mehr durch „rassische" als aufgrund religiöser Unterschiede entstand. Viele glaubten, die Juden seien eine finstere Rasse mit dem Wunsch, die Welt zu beherrschen.

In diesem Auszug aus Theodor Herzls Buch von 1896 *Der Judenstaat* beschreibt er seine Sicht des Antisemitismus: *Die Judenfrage besteht überall, wo Juden in merklicher Anzahl leben. Wo sie nicht ist, da wird sie durch hinwandernde Juden eingeschleppt. Wir ziehen natürlich dahin, wo man uns nicht verfolgt; durch unser Erscheinen entsteht dann die Verfolgung. Das ist wahr, muss wahr bleiben, überall, selbst in hoch entwickelten Ländern – Beweis Frankreich – so lange die Judenfrage nicht politisch gelöst ist. Die armen Juden tragen jetzt den Antisemitismus nach England, sie haben ihn schon nach Amerika gebracht.*

Diese Karte zeigt die Anzahl der Juden, die zwischen 1881 und 1914 aus Osteuropa auswanderten, und die Länder, in die sie zogen.

Die Abbildung zeigt einen Angriff auf Juden in Kiew im Russischen Reich in den 1880er Jahren. Die Polizei schaut zu und tut nichts, um die Gewalt zu beenden.

Antisemitismus war in Deutschland und Frankreich weit verbreitet und in Russland erklärte Staatspolitik. In Russland wurde in den 1880er Jahren durch neue Einschränkungen verfügt, wo Juden sich niederlassen durften, und es gab strenge Quoten für Juden in Berufen und an den Universitäten. Man veröffentlichte antisemitische Arbeiten. Zu den bekanntesten zählen die erstmals 1903 in Russland erschienenen „Protokolle der Weisen von Zion“. Offensichtlich von einer jüdischen Geheimorganisation geschrieben, um die Weltherrschaft zu erlangen, stellte es sich jedoch in Wirklichkeit als Fälschung heraus. In Russland und anderen Teilen Osteuropas gab es zwischen 1881 und 1921 mehrere Pogromwellen – Ausbrüche von Gewalt, darunter Mord, Plünderung und Zerstörung von Eigentum, gerichtet gegen jüdische Gemeinden.

Zionismus

Jüdische Menschen reagierten auf diese verheerenden Angriffe auf vielerlei Weise. Eine Minderheit fühlte sich angezogen von der Zionistischen Bewegung, gegründet von Theodor Herzl, einem österreichischen Journalisten. Herzl kam zu der Überzeugung, dass es immer Antisemitismus geben werde und die einzige Lösung die Gründung eines Staates für die Juden im historischen Land Israel sei. Er gründete im Jahr 1897 die World Zionist Organization. Zu dieser Zeit lebten nur wenige Juden in Palästina, aber die Pogrome in Osteuropa führten zur verstärkten Auswanderung von Juden dorthin.

Auswanderung

Die Mehrzahl der Juden, die auswanderten, um der Verfolgung zu entgehen, zogen eher in die USA als nach Palästina. Im Jahr 1880 gab es 250 000 Juden meist deutscher Herkunft in den USA. Zwischen 1881 und 1914 zogen rund zwei Millionen osteuropäische Juden in die Vereinigten Staaten. Andere zogen nach Westeuropa, Südafrika, Argentinien (in Südamerika) und Kanada.

Die meisten der in ihren Gastländern ankommenden jüdischen Einwanderer waren tief religiös und sehr arm. Bestehende jüdische Gemeinden dagegen waren eher assimiliert. Die Einwanderer konnten sich oft nur schwer den neuen Bedingungen anpassen. In Großbritannien etwa erwarteten nicht-jüdische Arbeitgeber, dass Juden am Sabbat arbeiteten. Innerhalb weniger Generationen passten sich die Einwanderer jedoch an das Leben in den von ihnen gewählten Ländern an.

Sozialismus

Einige Juden reagierten auf den Antisemitismus mit dem Beitritt zu revolutionären sozialistischen Bewegungen. Als verfolgtes Volk wurden Juden von den radikalen Ideen sozialistischer Vordenker einer gleichberechtigten Gesellschaft angezogen. Sozialistische Juden glaubten, sie sollten, statt auszuwandern oder einen jüdischen Staat zu gründen, lieber an der Seite anderer Arbeiter kämpfen, um bestehende Regierungen zu stürzen. Jüdische Arbeiter gründeten 1897 den Bund – die Allgemeine Jüdische Gewerkschaft von Litauen, Polen und Russland. Juden wie Leo Trotzkij spielten bei der russischen Revolution von 1917 eine entscheidende Rolle, und eine Jüdin, Rosa Luxemburg, war eine Anführerin des Berliner Spartakusaufstands im Januar 1919.

Die revolutionäre sozialistische Regierung in Russland kippte die Gesetze gegen Juden, schaffte aber auch die Religion ab. Es gab einen Feldzug gegen die Religionsausübung: Viele jüdische Organisationen und der Hebräischunterricht wurden 1918 verboten.

Eine Fotografie der deutsch-jüdischen Revolutionärin Rosa Luxemburg um 1914. Ihre Organisation, die Kommunistische Partei Deutschlands, versuchte 1918–1919 eine Revolution anzuzetteln. Dies scheiterte, Rosa Luxemburg wurde ermordet.

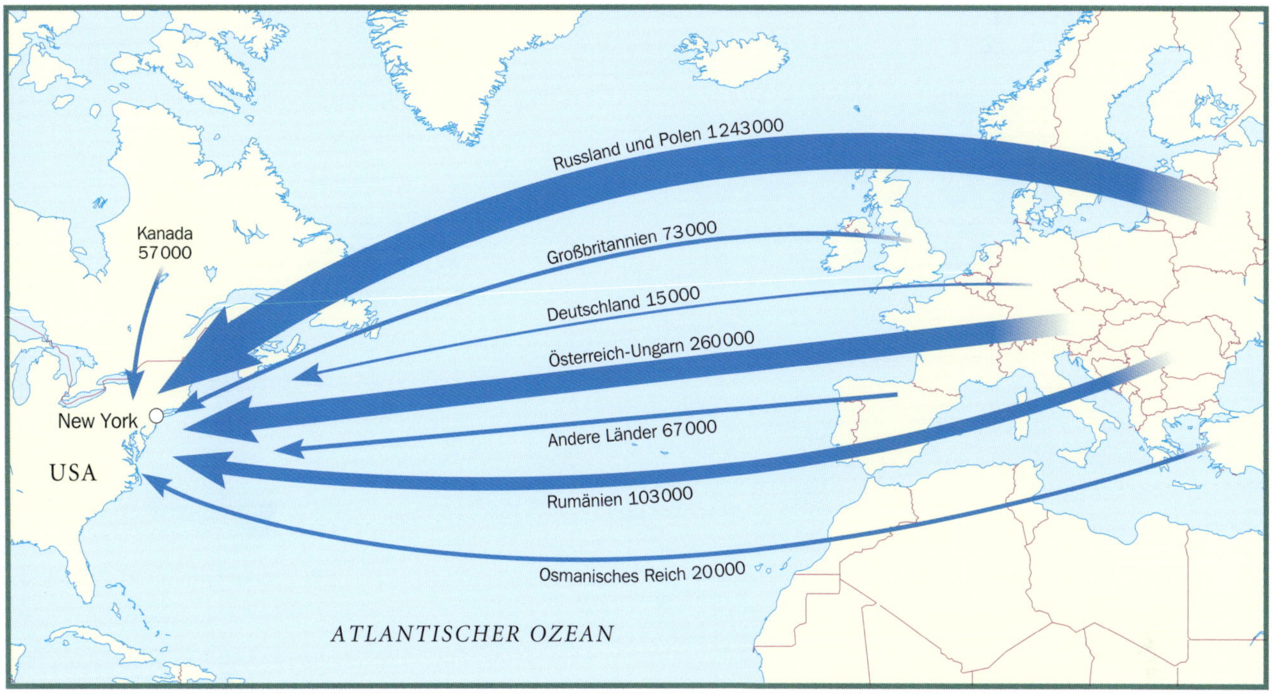

Die USA waren das beliebteste Ziel jüdischer Auswanderer aus allen osteuropäischen Ländern. Diese Karte nennt die Zahlen derer, die zwischen 1899 und 1914 gingen.

Der Erste Weltkrieg

Im Jahr 1914 brach zwischen den großen europäischen Mächten ein Krieg aus. Der Erste Weltkrieg, wie man ihn später nannte, rückte antisemitische Gefühle in den Brennpunkt. Zu dieser Zeit lebten etwa vier Millionen Juden an der östlichen Kriegsfront, wo Russland gegen Deutschland und Österreich-Ungarn kämpfte. Die russische Regierung verdächtigte die Juden der Zusammenarbeit mit dem Feind und verschleppte sie aus dieser Gegend. Diese Aktion stellte die jüdische Treue zu Russland auf eine harte Probe. Dennoch traten etwa eine halbe Million Juden in die russische Armee ein.

Auch in anderen Ländern kämpfte eine große Zahl von Juden für ihr Land – so etwa fast 100 000 in Deutschland. Dennoch hielt die Feindschaft ihnen gegenüber an. In den USA und Großbritannien glaubte man, Juden unterstützten wegen ihrer Abneigung gegen Russland den deutschen Feind.

Nachdem der Krieg 1918 geendet hatte, wurden deutsche Juden für die Niederlage ihres Landes und russische Juden von den Revolutionsgegnern für den Erfolg der Oktoberrevolution von 1917 verantwortlich gemacht.

Wohlfahrtsorganisationen in den USA

In der gesamten Geschichte griffen Juden auf ihre eigenen Mittel zurück, um weniger Glücklichen in ihrer Gemeinde zu helfen. Laut jüdischem Gesetz war es Pflicht, den Bedürftigen durch Spenden in die *Kuppa* oder Sammeldose zu helfen. Diese Spenden wurden für gute Zwecke verteilt, von Suppenküchen bis zu den Beerdigungsgesellschaften, die für eine würdige Bestattung der Ärmsten sorgten.

Dieses System bestand weiter, als bettelarme osteuropäische Juden in den USA ankamen. Die Juden von Boston gründeten 1895 die erste zentrale jüdische Organisation, die alle Wohlfahrtseinrichtungen zusammenfasste. Dieses Modell verbreitete sich in anderen amerikanischen Städten. Diese Vereinigungen engagieren sich für Gesundheitsversorgung und Altenpflege, eröffnen aber auch Gemeindezentren mit Angeboten für Kultur, Bildung und Freizeit.

KAPITEL 11: ISRAEL UND DER HOLOCAUST

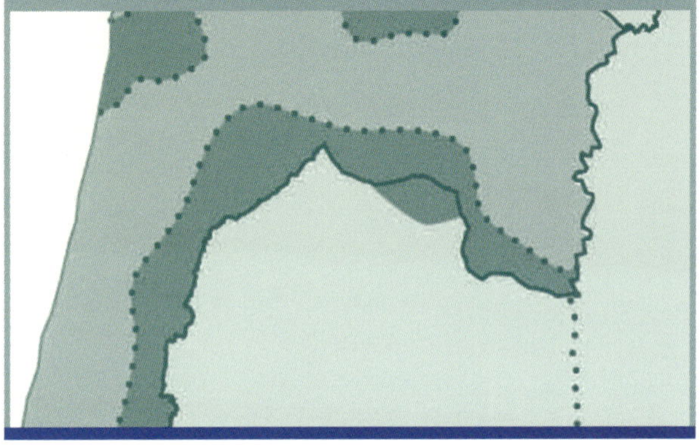

Die Judenverfolgung in Osteuropa hielt auch nach dem Ersten Weltkrieg an. Obwohl viele von ihnen für ihr Land gekämpft und ihr Leben gelassen hatten, betrachtete man die Juden als Außenseiter, denen das Schicksal ihres Landes nicht am Herzen lag. Um der Verfolgung zu entkommen, wanderten weiterhin viele Juden in die USA, nach Westeuropa und anderswohin aus. Zwischen 1921 und 1924 begrenzten die USA und andere westliche Länder jedoch die jüdische Einwanderung. Auch in diesen Ländern gab es Antisemitismus.

Vor diesem Hintergrund wuchs die Unterstützung für den Zionismus. Die Briten übernahmen 1918 Palästina vom zusammenbrechenden Osmanischen Reich, und zwei Jahre später errichteten sie dort ein Mandat (eine Herrschaft). In der Balfour-Deklaration von 1917 hatte Großbritannien seine Unterstützung für eine jüdische Heimstätte in Palästina erklärt. Diese Erklärung ermutigte die Zionisten. Immer mehr Juden wanderten nach Palästina ein. Die jüdische Gemeinde wuchs von 90 000 am Ende des Ersten Weltkriegs auf 160 000 im Jahr 1929 und bis zum Jahr 1939 auf 500 000. Der palästinensischen Gemeinde war dieser Zustrom der Siedler ein Dorn im Auge. Die Jüdische Nationalstiftung kaufte im Jahr 1921 arabisches Land für jüdische Siedlungen auf. Arabische Bauern mussten gehen, was zu antizionistischen Aufständen führte. Verschiedene arabische Organisationen protestierten bei den Briten gegen die jüdische Einwanderung. Im Jahr 1929 gab es weitere Proteste und zwischen 1936 und 1939 einen großen Aufstand. Die Interessen der Zionisten und der Palästinenser erwiesen sich als unvereinbar.

Diese Karte zeigt die Zunahme jüdischer Siedlungen in Palästina vom späten 19. Jh. bis zur Gründung des Staates Israel 1948.

Der Aufstieg des Nationalsozialismus

In den frühen 1930er Jahren traf Europa und die USA eine ernste wirtschaftliche Krise. Deutschland war schwer betroffen. Zwischen 1930 und 1933 waren mehr als sechs Millionen Menschen arbeitslos. Das Land steckte in einer Krise, und viele sehnten sich nach einem starken Führer. Im Jahr 1933 wurde der Führer der Nazis, Adolf Hitler, deutscher Reichskanzler. Hitler machte Juden und Kommunisten für Deutschlands wirtschaftliche Probleme verantwortlich. Er glaubte, die Deutschen seien eine Herrenrasse und dass Deutschland durch bewaffnete Übernahme der Nachbarländer zu neuer Größe geführt werden könne.

Zwischen 1933 und 1939 erließ Hitler eine Reihe antijüdischer Gesetze. Deutsche Juden verloren ihre Bürgerrechte, ihre Anstellung und bald alle Freiheiten. Im Jahr 1938 wurden bei einem als Kristallnacht (Nacht des zerbrochenen Glases) bekannt gewordenen, organisierten Pogrom hunderte Synagogen in Deutschland und Österreich nieder-

Ein Mann räumt das zerbrochene Glas in einem von Juden geführten, in der vorangegangenen „Kristallnacht“ im November 1938 zerstörten Bettenladen weg. Die Nazis hatten der Polizei und der Feuerwehr befohlen, nur dann einzuschreiten, wenn nicht-jüdisches Eigentum von Zerstörung bedroht sei.

Reichskristallnacht

Ernst Günter Fontheim erinnert sich, wie er die so genannte Reichskristallnacht als Schuljunge in Berlin erlebte: *Die Luft war voll beißendem Gestank von Rauch. Ich war zwischen einer feindlichen Menge eingekeilt, die wütend antisemitische Parolen schrie. Ich war völlig gebannt von der brennenden Synagoge und mir einer möglichen Gefahr überhaupt nicht bewusst. Ich dachte an die vielen Male, die ich dort den Gottesdienst besucht und den Gesängen gelauscht hatte, die während der ganzen schweren Jahre der Verfolgung meine Seele stärkten. Auch fast sechs Jahre Naziherrschaft hatten mich nicht auf eine derartige Erfahrung vorbereitet.*

Aufbau, Nr. 26, Dezember 1998

gebrannt, tausende jüdische Geschäfte zerstört und mindestens 91 Juden ermordet. Nachdem Hitler an der Macht war, verließen Juden Deutschland, soweit sie konnten. Doch die USA und europäische Länder litten immer noch unter der wirtschaftlichen Krise und nahmen nur wenige Einwanderer auf. Auch die Briten schränkten 1939 die Einwanderung nach Palästina ein.

Nach dem Ausbruch des Zweiten Weltkriegs im Jahr 1939 eroberte Nazi-Deutschland weite Teile Europas und erließ für die besiegte Bevölkerung antisemitische Gesetze. Juden wurde die Ausreise verboten. Viele Juden aus Ländern, die von Deutschen besetzt waren, wurden nach Polen verschleppt. Internationale jüdische Organisationen wie das Joint Distribution Commitee retteten deutsche Juden und halfen ihnen, sichere Länder zu erreichen.

Der Holocaust

Deutschland marschierte 1941 in die Sowjetunion und andere osteuropäische Länder ein. Besondere deutsche Truppen, genannt Einsatzgruppen, verhafteten Juden und Kommunisten und ermordeten sie. Etwas später im gleichen Jahr begannen die Nazis Todeslager zu bauen.

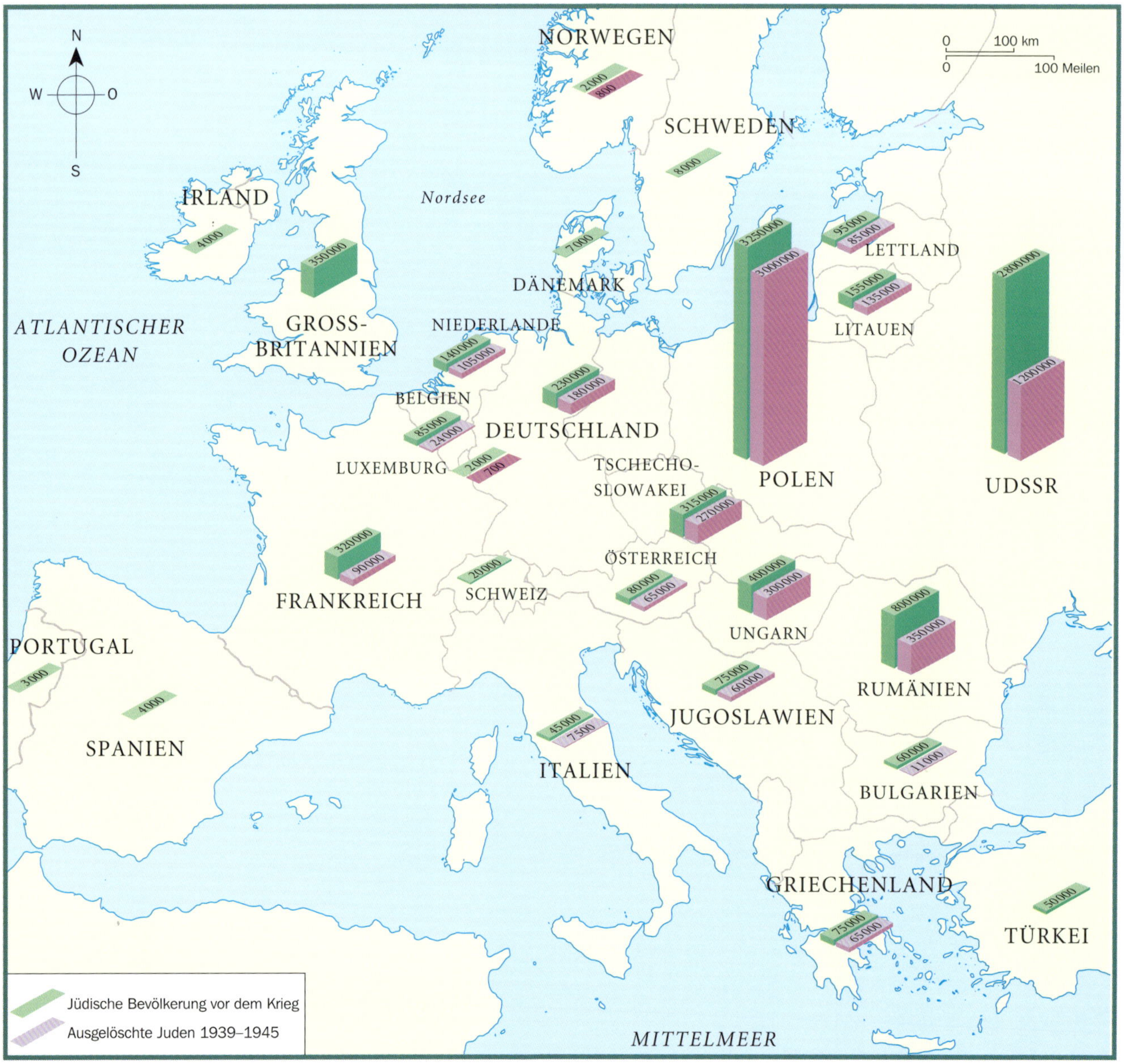

Diese Karte zeigt die jüdische Bevölkerung europäischer Länder vor Beginn des Zweiten Weltkriegs im Jahr 1939 und nach dem Holocaust 1945. Die größten und ältesten jüdischen Gemeinden der Welt waren zerstört.

Juden aus von Nazis besetzten Ländern wurden in Eisenbahngüterwagen in die Lager gebracht. Die Jungen und Kräftigen ließ man arbeiten, die übrigen wurden in Gaskammern ermordet. Man schätzt, dass die Nazis zwischen 1941 und 1945 sechs Millionen Juden brutal ermordeten. Viele verhungerten, wurden erschlagen oder durch Arbeit zu Tode gequält. Diesen Versuch, die gesamte jüdische Bevölkerung Europas auszulöschen, bezeichnet man als Holocaust.

Nur wenige Länder halfen den Juden, obwohl einige mutige Menschen in europäischen Ländern ihr eigenes Leben riskierten, um Juden vor den Nazis zu retten. Zum Beispiel planten die Nazis 1943, die Juden aus dem deutsch besetzten Dänemark in die Todeslager zu verschleppen. Mitglieder der dänischen Widerstandsbewegung brachten die Juden auf Schiffen ins sichere Schweden, das nicht am Krieg teilnahm. Dennoch waren 1945

Der Aufstand im Warschauer Ghetto

Trotz der Übermacht der Nazis widersetzten Juden sich, wo sie konnten. Manche traten in die Armee der Alliierten ein oder gingen zu den Partisanen (bewaffnete Kämpfer); andere leisteten im offenen Kampf Widerstand. Der bedeutendste Aufstand fand im Warschauer Ghetto in Polen statt. Im Juli 1942 begannen die Nazis, Juden aus dem Ghetto in die Todeslager zu verschleppen. Sie deportierten zwei Drittel der 300 000 Bewohner. Im Januar 1943 umzingelten Nazitruppen das Ghetto, um alle verbliebenen Bewohner in die Vernichtung zu schicken. Die Kämpfer des Ghettos organisierten eine heroische Verteidigung und zwangen die Nazis zur größten Schlacht auf polnischem Boden seit der Besetzung des Landes 1939. Die Mehrzahl der Widerstandskämpfer starb; der Aufstand wurde im Mai 1943 niedergeschlagen.

Im April 1945 befreiten die Alliierten die Überlebenden des Lagers Buchenwald, von denen die meisten schrecklich abgemagert und schwer krank waren. Nur eine Minderheit der europäischen Juden entkam dem Versuch der Nazis, ein ganzes Volk auszulöschen.

zu Kriegsende etwa 70 Prozent der europäischen Juden ausgelöscht und die jüdische Kultur Osteuropas für immer zerstört.

Nach dem Kriegsende 1945 waren die überlebenden Juden in einer verzweifelten Situation. Manche kehrten heim, um ihr Leben wieder aufzubauen, aber die Mehrzahl konnte nirgendwohin und fand sich in einer Art Flüchtlingslager für Displaced Persons (DP) in Deutschland und Österreich wieder. Einer Minderheit wurde erlaubt, in die USA auszuwandern. Aber noch 1947 lebten 300 000 Juden in DP-Lagern.

Als die Gräuel des Holocaust bekannt wurden, entwickelte sich weltweit Sympathie für die Juden, was dem Zionismus-Projekt Auftrieb gab. Etwa 69 000 Juden versuchten, nach Palästina zu gelangen. Die britische Regierung kündigte 1947 an, das Mandat im Mai 1948 zu beenden. Man bat die UN, den Konflikt zwischen Juden und Palästinensern zu lösen.

David Ben Gurion (1886–1973)

Als junger Mann in Polen war David Ben Gurion ein erklärter Zionist. Er wanderte mit 20 Jahren nach Palästina aus. Als der Zweite Weltkrieg ausbrach, wurde Ben Gurion wegen zionistischer Aktivitäten aus Palästina ausgewiesen. Als die Briten die Kontrolle des Landes übernahmen, kehrte er dorthin zurück. Er gründete 1920 die jüdische Gewerkschaft Histadrut und 1930 die Israelische Arbeiterpartei. Im Jahr 1935 wählte man ihn zum Vorsitzenden der Zionismus-Exekutive, die den Zionismus weltweit leitete. Als die Briten 1939 die Einwanderung nach Palästina einschränkten, rief Ben Gurion die Zionisten zum Kampf um einen eigenen jüdischen Staat auf.

Im Mai 1948 wurde er der erste Ministerpräsident des Staates Israel.

David Ben Gurion verliest die Unabhängigkeitserklärung im Museum von Tel Aviv; über ihm ein Porträt Theodor Herzls. Die USA waren das erste Land, das Israel anerkannte.

Der Staat Israel

Die UN beschlossen, das Land zwischen Juden und Palästinensern aufzuteilen, aber die Palästinenser stimmten dem Teilungsplan nicht zu. Zwischen Juden und Palästinensern brachen Kämpfe aus. Im Mai 1948 wurde die Gründung des Staates Israel erklärt. Am Tag danach überfielen die Armeen Ägyptens, Transjordaniens, Iraks, Syriens und des Libanon Israel und begannen einen bis zum Januar 1949 dauernden Krieg. Bei den Waffenstillstandsverhandlungen sicherte sich Israel 77 Prozent des einstigen Palästina – 22 Prozent mehr Gebiet, als im Plan der UN vorgesehen. Transjordanien übernahm Ostjerusalem und das Westjordanland, und Ägypten besetzte den Gazastreifen. Dadurch umfasste der Staat Israel nicht das gesamte Gebiet des alten Landes Israel. Einbezogen waren die heiligen Städte Safed, wo vier antike Synagogen überdauert hatten, Tiberias und der Westteil Jerusalems. Die Palästinenser erhielten jedoch keinen Staat, 726 000 von ihnen wurden ausgewiesen oder flohen aus Angst um ihr Leben aus dem Land.

Zwischen 1948 und 1951 wuchs die Bevölkerung Israels durch die Ankunft von 688 000 Einwanderern rasch. Mehrere Tausend kamen aus den europäischen DP-Lagern. Viele Juden kamen aus muslimischen Ländern, wo die Sympathie für die Palästinenser zu Antisemitismus geführt hatte. Die Aufnahme der Einwanderer war eine große Herausforderung für den neuen Staat. Unterstützung kam durch US-Hilfe, Spenden aus der Diaspora und von Deutschland (für Kriegsverbrechen) gezahlte Wiedergutmachung.

Diese Karte zeigt das von Israel im Krieg von 1948–1949 eroberte Gebiet und die bei den Waffenstillstandsverhandlungen 1949 festgelegten Grenzen.

KAPITEL 12:

JUDENTUM NACH DEM KRIEG

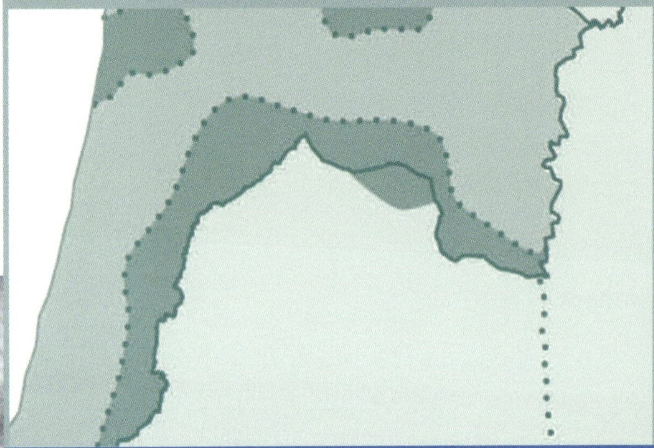

Das neue jüdische Heimatland konnte sich nicht am Frieden erfreuen. Es gab ständige Spannungen zwischen Israel und seinen arabischen Nachbarn. Die arabischen Länder wünschten die Vernichtung Israels, weshalb sich Israel gegen sie verteidigen musste. 460 000 Palästinenser in Flüchtlingslagern im Westjordanland und im Gazastreifen hofften auf eine Rückkehr nach Israel.

Israelische Soldaten nach der Einnahme der Klagemauer in Ostjerusalem 1967. Die Palästinenser wünschen sich Ostjerusalem als Hauptstadt eines zukünftigen Palästinenserstaates, aber Israel wird die Kontrolle darüber nicht aufgeben wollen.

Diese Karte zeigt das von Israel im Krieg von 1967 eroberte Gebiet und die heiligen Stätten im Land.

Israel wächst

Im arabisch-israelischen Krieg von 1967 eroberte Israel Ostjerusalem, das Westjordanland und den Gazastreifen und besetzte sie militärisch. Der jüdische Staat umfasste nun einen großen Teil des historischen Israel, darunter wichtige heilige Stätten wie die heilige Stadt Hebron und die Klagemauer in Jerusalem. Die Klagemauer war der einzige Teil des zweiten Tempels in Jerusalem, der nach dessen Zerstörung im Jahr 70 n. Chr. übrig blieb (siehe S. 54). Seit jeher haben Juden wegen der Zerstörung des Tempels getrauert und für seine Wiederherstellung gebetet. Der Ort des Tempels heißt Tempelberg. Dort befinden sich auch wichtige muslimische Heiligtümer – der Felsendom und die Al-Aksa-Moschee. Seit Israel das Gebiet 1967 kontrolliert, gibt es mit den palästinensischen Muslimen Streit über Kontrolle und Zugang zum Tempelberg.

In den Jahren 1973 und 1982 gab es weitere Kriege zwischen Israel und den benachbarten arabischen Ländern und von 1987 bis 1993 sowie von 2000 bis 2005 palästinensische Aufstände gegen die israelische Besatzung. Seit den 1970er Jahren gab es aber auch Bemühungen um Frieden: Israel unterzeichnete 1979 mit Ägypten und 1994 mit Jordanien einen Friedensvertrag. Heute, im Jahr 2007, ist der Konflikt zwischen Israel und den Palästinensern über das Land des früheren Palästina und dessen Aufteilung noch immer ungelöst.

Juden in der Sowjetunion

Die Sowjetunion, auch bekannt als UDSSR, war ein Land, das nach der russischen Revolution von 1917 (siehe S. 72 f.) aus den Gebieten des Russischen Reichs gebildet wurde. In der Sowjetunion wurde die Religionsausübung verhindert, und man beschränkte die Anzahl von Juden, die eine Universität besuchen oder bestimmte Berufe ausüben durften. Jüdische Geschichte und religiöse Studien mussten heimlich betrieben werden. Wie alle Einwohner der Sowjetunion durften auch Juden das Land nicht verlassen, obschon nach 1968 die Bestimmungen gelockert und Juden nach Israel auswandern durften. Zwischen 1969 und 1989 gingen etwa 300 000 Juden. Viele wollten jedoch nicht in Israel leben und gingen später in die USA. Nach der Auflösung der Sowjetunion im Jahr 1990 wanderten rund eine Million Juden nach Israel aus.

Diese sephardischen Juden aus Marokko feiern ein Fest zu Ehren des jüdischen Philosophen Maimonides. Sephardische und aschkenasische Gemeinden in Israel werden jeweils von ihrem eigenen Rabbi geleitet.

Der Konflikt ist vor allem ein politisches Problem mit religiösen Dimensionen. Während die Mehrzahl der israelischen Bürger Juden sind, ist die Mehrzahl der Bevölkerung des Westjordanlands und des Gazastreifens muslimisch. Wie kann Israel sein jüdisches Wesen bewahren, wenn ein großer Teil seiner Einwohner nicht-jüdisch ist? Von der von Israel regierten Bevölkerung sind 3, 9 Millionen meist muslimische Palästinenser im Westjordanland und im Gazastreifen sowie 1, 3 Millionen Nicht-Juden (meist Palästinenser) innerhalb Israels. In Israel und den von ihm kontrollierten Gebieten gibt es etwa 5, 1 Millionen Juden. Beim Abzug aus mehrheitlich palästinensisch bewohnten Gebieten versucht Israel dieses Thema zu berücksichtigen. Israel zog 2005 Streitkräfte und Siedler aus Gaza ab, behielt aber die militärische Kontrolle. Wegen der im Vergleich zu Juden höheren Geburtenrate muslimischer Palästinenser fürchten viele Israelis, dass die Palästinenser in 30 oder 40 Jahren die Mehrheit im Staat Israel bilden könnten.

Wie kann Israel andererseits wirklich demokratisch sein, wenn die Palästinenser des Westjordanlands und des Gazastreifens unter militärischer Kontrolle Israels stehen und nicht die gleichen Rechte wie Israelis genießen? Selbst in Israel lebende Palästinenser werden im Alltag oft diskriminiert, obwohl sie israelische Staatsbürger sind.

Judentum in Israel

Die Bevölkerung Israels besteht zu vier Fünfteln aus Juden – die Mehrzahl des anderen Fünftels sind muslimische Palästinenser. Die meisten Juden sind Aschkenasim

Religiöse Gesetze in Israel

Religion beeinflusst den Alltag in Israel. Z.B.:

- In der Armee und allen Regierungsbehörden gibt es koschere Speisen.
- Die Einfuhr nicht-koscherer Lebensmittel ist verboten. Doch obwohl Schweinefleisch nicht koscher ist, gibt es einige israelische Schweinezuchtbetriebe. Dieses Fleisch ist besonders bei russischen Einwanderern beliebt.
- Das jüdische Gesetz regelt Heirat und Scheidung – eine rein weltliche Trauung ist unmöglich.
- Am jüdischen Sabbat (Samstag) schließen die Geschäfte, es gibt keinen öffentlichen Nahverkehr.
- Das Recht auf Rückkehr erlaubt jedem Juden die Einwanderung in Israel.

aus Mittel- und Osteuropa und Sephardim aus dem Mittelmeergebiet und Nordafrika. Es gibt aber auch Juden aus Westeuropa, Zentralasien sowie aus Nord- und Südamerika.

Israelische Juden bezeichnen sich eher als religiös oder nicht religiös, statt sich mit einer bestimmten Ausrichtung (dem Zweig einer Religion) zu identifizieren – obwohl es innerhalb des Judentums bestimmte Ausrichtungen gibt (siehe Seite 40). Unter den Nichtreligiösen gibt es Menschen, meist Aschkenasim, die sich säkulare Juden nennen. Andere, meist Sephardim, nennen sich Traditionalisten. Sie bekennen sich zum Judentum, vollziehen aber nicht alle religiösen Rituale.

Nichtreligiöse Juden befolgen in unterschiedlichem Maß jüdische Bräuche. So nehmen die meisten zu Pessach am Seder teil. Viele israelische Juden glauben, ihr Judentum schon durch das Leben in Israel ausreichend auszudrücken und keine zusätzlichen religiösen Rituale vollziehen zu müssen.

Diejenigen, die sich als religiös bezeichnen, sind Orthodoxe. Diese Bezeichnung umfasst ein breites Spektrum religiöser Handlungen. Die orthodoxesten nennt man Haredim. Sie befolgen die in der Thora niedergeschriebenen Regeln sowie die des Talmud, der frühesten

Diese Karte zeigt die komplizierte Aufteilung der Kontrolle zwischen Israelis und Palästinensern im Jahr 2006. Gaza wurde palästinensisch regiert, während Israel das Westjordanland noch besetzt hielt. Ein so genannter Sicherheitszaun trennt das Gelände von Israel.

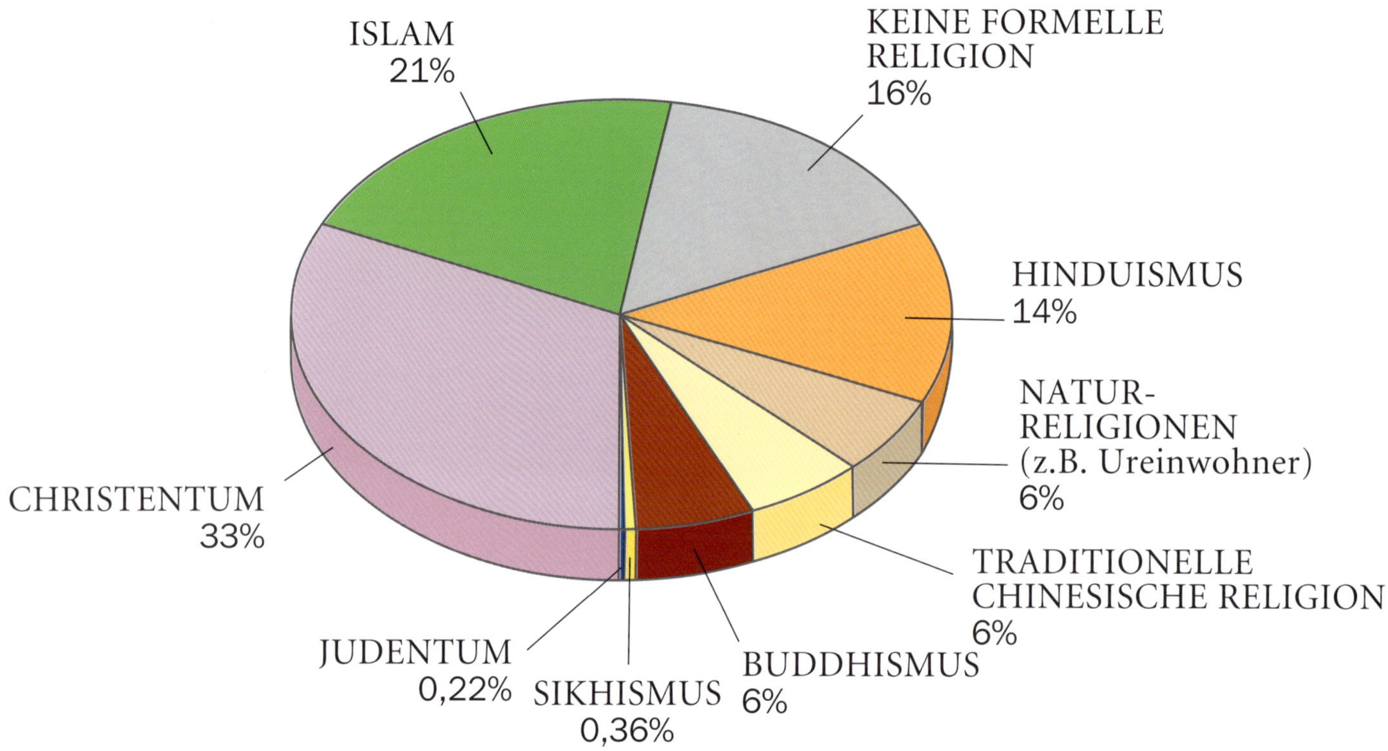

Diese Grafik zeigt die Anzahl der Juden proportional zu den anderen Weltreligionen.

schriftlichen Form der Halacha. Sie kleiden sich äußerst schicklich und leben in ihrer eigenen, abgesonderten Gemeinde.

Judentum in der Diaspora

In der Diaspora gibt es ein breites Spektrum religiöser Praxis. Viele Juden sind säkular oder völlig an die Alltagskultur angepasst. Die Bewegungen im modernen Judentum reichen von den strengsten Orthodoxen über die Konservativen und Reformbewegungen bis hin zu den Rekonstruktionisten. Als orthodox bezeichnet man alle, die streng die traditionellen Regeln befolgen.

Die im frühen 20. Jh. in den USA gegründete konservative Bewegung beruht auf dem Glauben, dass die Wahrheit der jüdischen Schriften von Gott kommt, aber von Menschen übermittelt wurde. Konservative Juden akzeptieren die Halacha, glauben aber, sie sollte flexibel ausgelegt und den geänderten Bedingungen angepasst werden, ohne jüdische Werte aufzugeben. Die Bewegung hat sich der Unterstützung Israels verschrieben. Für viele konservative Juden ist jüdischer Nationalismus ein wesentlicher Bestandteil ihrer Kultur. In Großbritannien nennt man sie Masorti-Bewegung.

Das Reformjudentum ist die größte jüdische Bewegung in den USA. Reformjuden akzeptieren, dass alle Juden ihre Traditionen und die für eine moderne Gesellschaft gültigen Mizwot pflegen. Sie glauben, dass ihre Religion sich mit der Zeit entwickelt hat und dies weiter tut. Jeder Einzelne hat das Recht zu entscheiden, ob er einen bestimmten Glauben annehmen möchte.

Die in vieler Hinsicht radikalste Bewegung ist die der 1922 in den USA gegründeten Rekonstruktionisten. Sie glauben, dass das Judentum eine von Menschen entwickelte Kultur ist. Sie glauben nicht, dass die Thora Gottes Wort ist. Juden sollten ihre Kultur und Identität durch den Vollzug religiöser Rituale und das Studium der Geschichte pflegen. Sie sollten aber die Werte von Freiheit und Gerechtigkeit verbreiten.

Ähnlich wie die Konservativen unterstützen die Rekonstruktionisten Israel als Zentrum der Juden.

Der Messias

Einem überlieferten jüdischen Glauben zufolge soll eines Tages der Messias kommen, ein Mann, der den Tempel in Jerusalem wiederaufbaut, alle Juden in Israel versammelt und alle Menschen im Glauben an den Gott Israels vereint. Er wird allen Hass, Krankheit und Leiden beenden und der Welt Frieden bringen: *Denn es wird kein Volk wider das andere das Schwert erheben, und sie werden hinfort nicht mehr lernen, Krieg zu führen.* Jesaja 2, 4

Die Zukunft

Manche Menschen glauben, dem Judentum stehe eine harte Zukunft bevor. Die religiöse Gemeinde ist gespalten. Orthodoxe Juden halten die anderen Strömungen für ungültig, während die meisten Konservativen und Reformjuden nicht glauben, dass die Thora Gottes Wort ist. Die Zahl der Juden nimmt weltweit ab, viele heiraten Nicht-Juden und verschmelzen mit der Alltagsgesellschaft. Jüdische Traditionen scheinen zu verschwinden.

Andere entgegnen, dass sich das Judentum immer wieder neuen Gegebenheiten angepasst hat. Obwohl die Einhaltung religiöser Regeln abnimmt, werden noch genügend Juden der Thora und der Synagoge treu bleiben. Viele säkulare Juden bewahren ihre jüdische Identität und bleiben ihrer Gemeinde verbunden. Das Judentum wird als wichtige Weltreligion weiterleben.

Jüdische Familien halten ihre Traditionen durch das Feiern der Seder-Nacht lebendig, bei der sie von der Flucht der Juden aus Ägypten erzählen.

GROSSE PERSÖNLICHKEITEN

Moses Maimonides (1135–1204)

Nachdem die radikal-islamische Dynastie der Almohaden im Jahr 1148 die spanische Stadt Córdoba eingenommen hatte, musste die dort lebende Familie von Maimonides ihr Judentum heimlich leben. Maimonides erhielt eine traditionelle jüdische Ausbildung, studierte aber auch wissenschaftliche Themen. Um religiöser Verfolgung zu entgehen, zog seine Familie ab 1159 mehrmals um und ließ sich schließlich im ägyptischen Al-Fustat nieder. Maimonides wurde Hofarzt des Heerführers Saladin, war gleichzeitig ein führendes Mitglied der jüdischen Gemeinde und schrieb zahlreiche Bücher. Seine wichtigsten waren die *Mischna Thora* (1178), eine jüdische Gesetzessammlung, und ein *Führer der Unschlüssigen* (1191), worin er erklärt, dass es keinen Widerspruch zwischen Vernunft und Glauben gibt, weil beide von Gott stammen.

Israel Ben Elieser (um 1700–1760)

Man glaubt, dass Israel Ben Elieser (auch als Baal Schem Tov oder Bescht bekannt) in der Stadt Okup in den Karpaten in Osteuropa geboren wurde. Er verdiente seinen Lebensunterhalt als religiöser Schlachter (das Töten von Tieren nach den koscheren Speisegesetzen). Ab 1736 widmete er sich geistigem Streben und gründete eine als Chassidismus bekannt gewordene Bewegung. Der Chassidismus war beliebt, und der Bescht diskutierte sowohl mit Rabbis als auch mit einfachen Leuten. Er glaubte, dass jede Handlung, die ein Mensch im Gedenken an Gott ausführt, den Geboten entspreche. Bescht glaubte, der Gottesdienst solle fröhlich sein, und forderte die Menschen zum Singen, Tanzen und Geschichtenerzählen auf. Die chassidische Bewegung verbreitete sich nach seinem Tod über ganz Osteuropa.

Elija Ben Solomon Zalman, der „Gaon von Wilna“ (1720–1797)

Zwischen 1740 und 1745 reiste Zalman durch die jüdischen Gemeinden Polens und Deutschlands, bevor er sich im litauischen Wilna niederließ, dem kulturellen Zentrum des jüdischen Lebens in Osteuropa. Als hervorragendem Gelehrten jüdischer Literatur gab man ihm den Titel Gaon (Exzellenz). Er schrieb viele Kommentare zu jüdischen Schriften. Zalman führte die Gegner des Chassidismus an und verhinderte eine Weile die Ausbreitung dieser Bewegung in Litauen.

Moses Mendelssohn (1729–1786)

Der in Dessau geborene Philosoph Moses Mendelssohn kam schon als Kind nach Berlin. Im Jahr 1754 trat er in die Firma des Seidenfabrikanten Isaak Bernhard ein. Mendelssohn arbeitete dort neben Nichtjuden und diskutierte mit ihnen. So zeigte er, dass Juden in die Alltagswelt eingegliedert werden und dennoch ihre Traditionen pflegen konnten. Er war ein führender Kopf der Haskala, der jüdischen Aufklärung. Mendelssohn versuchte das Judentum mit den Gedanken der europäischen Aufklärung zu verbinden, etwa den Glauben, dass man das Universum rational erklären könne, ohne sich auf Gott zu beziehen. Seine Bemühungen legten den Grundstein für die Reformbewegung.

Samson Raphael Hirsch (1808–1888)

Der in Hamburg geborene Hirsch wurde 1830 oberster Rabbiner in Oldenburg. Er führte Reformen ein, etwa das Abhalten der Predigt auf Deutsch, und glaubte, Juden sollten sich in die moderne westliche Kultur einbringen. Dennoch hatte er traditionelle religiöse Vorstellungen. Er hielt daran fest, dass die Thora von Gott stamme und die Gesetze nicht im Licht geschichtlicher Entwicklungen geändert werden könnten. Im Jahr 1836 veröffentlichte er eine Verteidigung des traditionellen Judentums, genannt *Neunzehn Briefe zum Judentum*. Er entschied, dass traditionelle Juden, auch als Orthodoxe bezeichnet, sich getrennt von Reformjuden organisieren sollten.

Theodor Herzl (1860–1904)

Herzl wurde im ungarischen Budapest geboren, aber seine Familie zog 1878 nach Wien. Er studierte dort an der Universität, wo er unter dem Antisemitismus litt. Nach Abschluss seiner Studien wurde er Schriftsteller und Journalist. Infolge der Dreyfus-Affäre von 1894, als der jüdische Hauptmann Albert Dreyfus schuldlos des Hochverrats angeklagt wurde (des Verbrechens, das eigene Land zu verraten), erkannte Herzl, dass es immer Antisemitismus geben werde. Er veröffentlichte 1896 *Der Judenstaat*, worin er forderte, die Juden brauchten ihre eigene Heimstätte. Beim ersten Zionistenkongress 1897 in der Schweiz wurde die World Zionist Organization gegründet, um auf diesen Staat hinzuarbeiten. Herzls Ziel wurde 50 Jahre nach seinem Tod erreicht.

Golda Meir (1898–1978)

Golda Meir wurde im ukrainischen Kiew geboren. Um der Armut zu entkommen, zog ihre Familie 1906 in die USA. Meir trat an der Oberschule einer zionistischen Gruppe bei und emigrierte 1921 nach Palästina. Im Jahr 1924 wurde sie Vertreterin der Histadrut-Gewerkschaft. Nach dem Zweiten Weltkrieg sammelte sie in den USA Spenden zur Finanzierung des Kriegs der Zionisten gegen die Araber. Nach der Gründung Israels hatte Meir verschiedene Positionen in der Regierung inne und wurde 1971 Ministerpräsidentin. Im Jahr 1973 wurde Israel von Ägypten und Syrien angegriffen, was den Jom Kippur-Krieg entfachte. Man kritisierte Meirs Regierung, weil sie den Angriff nicht vorausgesehen hatte, woraufhin sie 1974 abdankte.

DAS JUDENTUM IM ÜBERBLICK

Die jüdische Weltbevölkerung (2005)

Afrika	226 000
Asien	5 327 000
Europa	2 015 000
Nordamerika	6 179 000
Ozeanien	105 000
Südamerika	1 221 000
Erde	15 073 000

Quelle: Encyclopedia Britannica

Liste der heiligen Stätten

Beerscheba (S. 48)
Hebron (S. 49, 81)
Rachels Grab nahe Bethlehem, wo ein jüdischer Ort auf arabischem Boden gegründet wurde, damit der Ort jüdisch blieb (S. 49)
Safed (S. 58, 79)
Tempelberg, Jerusalem (S. 81)
Tiberias (S. 54, 79)
Das Grab der Patriarchen Abraham, Isaak, Jakob und ihrer Frauen nahe der Klagemauer in Jerusalem (S. 49)

Kalender der Feste und Feiertage

Der jüdische Kalender hat zwölf Monate. In manchen Jahren gibt es einen „Schaltmonat", damit die Feste in ihrer Jahreszeit bleiben. Orthodoxe Juden außerhalb Israels feiern manche der Feste an einem anderen Tag.

Monat und Zahl der Feiertage	Ereignis	Bedeutung
September, 1 bis 2 Tage	Rosch ha-Schana: Das jüdische Neujahr	Der Rabbi bläst das Schofar (Widderhorn) als Symbol für das geistige Erwachen. Die Menschen essen Äpfel und Honig.
September/Oktober, 1 Tag	Jom Kippur	Die Menschen fasten 25 Stunden lang und bekennen Gott ihre Sünden.
September/Oktober, 7 bis 8 Tage	Sukkot (Laubhüttenfest)	Die Menschen wohnen in Sukkot genannten Hütten, um an die Zeit der Wanderung von Ägypten nach Kanaan zu erinnern.
September/Oktober, 1 bis 2 Tage	Simchat Thora	Die Menschen zeigen die Thora-Rollen in der Synagoge und auf der Straße.
Dezember, 8 Tage	Chanukka	Die Menschen zünden Kerzen an und essen in Öl gebackene Speisen, um daran zu erinnern, wie die Makkabäer den Tempel wiederaufbauten.
Januar, 1 Tag	Tu Be-Schwat	Juden in Israel pflanzen Bäume (Neujahr der Bäume), außerhalb Israels kosten sie von 15 Früchten, Hinweis auf Umweltschutz.
Februar/März, 1 Tag	Purim	Die Menschen verkleiden sich und hören die biblische Geschichte von Esther, die ihr Leben wagte, um das jüdische Volk zu retten.
März/April, 7 bis 8 Tage	Pessach	Die Geschichte der Flucht der Juden aus Ägypten wird erzählt. Während des Fests essen Juden ein Mazza genanntes Fladenbrot.
Juni, 1 bis 2 Tage	Schawuot	Dieses Fest feiert Gottes Geschenk der Thora an Moses. Die Menschen lesen die Thora und essen Milchspeisen.
August, 1 Tag	Tischa be-Av (Neunter Av)	Die Menschen fasten, um der Zerstörung des jüdischen Tempels und anderer Tragödien zu gedenken.

ZEITTAFEL

v. Chr.

Um 1800 Abraham und sein Stamm verlassen Ur in Mesopotamien und ziehen nach Kanaan.

Um 1000 Das Königreich Israel wird gegründet; Saul ist der erste König.

928 König Salomo stirbt. Die nördlichen israelitischen Stämme errichten das Königreich Israel; die südlichen Stämme gründen Juda.

722 Die Assyrer nehmen Samaria ein und verschleppen die Juden.

586 Die Babylonier erobern Jerusalem und zerstören den Tempel; sie besiegen das Königreich Juda.

538 König Kyros der Große von Persien erobert Babylon und erlaubt den dorthin Verschleppten die Rückkehr in ihre Heimat.

332 König Alexander von Mazedonien erobert Juda.

164 Judas Makkabi führt einen jüdischen Aufstand an und erobert Jerusalem zurück.

63 Die Römer erobern die Länder Israel und Syrien.

n. Chr.

Um 28–30 Jesus ist ein Lehrer und Heiler in Palästina, das Christentum entsteht.

70 Die Römer erobern Jerusalem und zerstören den Zweiten Tempel.

132 Schimon Bar Kochba führt einen jüdischen Aufstand an und vertreibt die Römer aus Jerusalem.

135 Die Juden werden besiegt; die meisten werden in verschiedene Länder zerstreut.

1290 Die Juden werden aus England vertrieben.

1394 Die Juden werden aus Frankreich vertrieben.

1492 Die Juden werden aus Spanien vertrieben.

1648 Die Kosaken erheben sich im Chmielnicki-Aufstand gegen den Adel.

1897 Gründung der World Zionist Organization.

1897 Der Bund wird gegründet.

1917 Die Balfour-Deklaration erklärt die britische Unterstützung für eine jüdische Heimstätte in Palästina.

1920 Das britische Mandat (die Herrschaft über das Gebiet des früheren Osmanischen Reichs) wird in Palästina eingerichtet.

1933 Adolf Hitler wird in Deutschland zum Reichskanzler ernannt.

1936–1939 Palästinenseraufstand gegen die jüdische Einwanderung nach Palästina.

1938 In der „Kristallnacht" wird in ganz Deutschland und Österreich jüdisches Eigentum zerstört, zahlreiche Juden werden getötet.

1939 Der Zweite Weltkrieg beginnt.

1943 Aufstand im Warschauer Ghetto gegen die Nazis.

1945 Der Zweite Weltkrieg endet.

1948 Der Staat Israel wird gegründet.

1948–1949 Krieg zwischen Israel und den arabischen Staaten.

1956 Der Suez-Krieg: Israel, Frankreich und Großbritannien ziehen wegen der Kontrolle über den Suezkanal gegen Ägypten in den Krieg.

1967 Der Sechstagekrieg zwischen Israel und den Arabern.

1973 Der Jom-Kippur-Krieg zwischen Israel und Ägypten.

1979 Israel unterzeichnet einen Friedensvertrag mit Ägypten.

1984 Eine israelische Rettungsaktion bringt die äthiopischen Juden nach Israel.

1987–1993 Palästinensische Intifada (Aufstand) gegen die israelische Besatzung.

1990 Der Zusammenbruch der UDSSR ermöglicht zahlreichen Juden die Auswanderung.

1994 Israel unterzeichnet einen Friedensvertrag mit Jordanien.

2000–2005 Zweite palästinensische Intifada gegen Israel.

KAPITEL 13:

BUDDHAS LEBEN

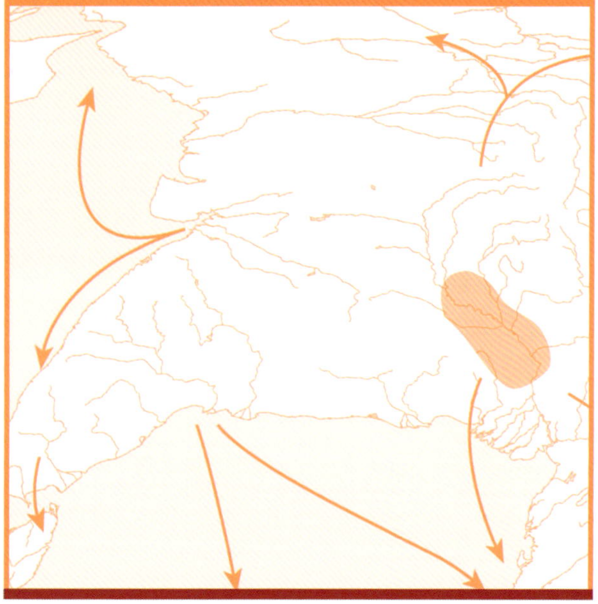

Der Buddhismus nahm seinen Anfang vor ungefähr 2500 Jahren in Nordindien, als ein Mann namens Siddhartha Gautama begann, die Menschen eine neue Lebensweise zu lehren. Er wurde als Buddha, „der Erleuchtete“, bekannt, und seine Lehre nannte man Dharma. Seitdem hat sich der Buddhismus in Asien und auf der ganzen Welt verbreitet.

Buddhas Geburt

Siddhartha Gautama soll von 563–483 v. Chr. gelebt haben, anderen Quellen zufolge von 448–368 v. Chr. Der Legende nach war er der Sohn von König Shuddhodana, dem Oberhaupt des Shakya-Adelsgeschlechts, das in Nordindien an der Grenze zum heutigen Nepal lebte. Während ihrer Schwangerschaft erschien seiner Mutter Maya im Traum ein weißer Elefant. Das war ein Omen dafür, dass ihr Kind einmal ein bedeutender Mann werden sollte.

Angeblich wurde Siddhartha in einer Vollmondnacht im Mai in einem wunderschönen Garten im nepalesischen Lumbini geboren. Mehrere Geschichten ranken sich um die ungewöhnliche Geburt. Die Götter ließen Blütenblätter regnen, und ein Beben ließ die Erde erzittern. Sieben Tage später starb Königin Maya, und Siddhartha wurde von seiner Tante im luxuriösen Palast seines Vaters aufgezogen.

Dieses Steinrelief aus Kambodscha zeigt den späteren Buddha Siddhartha Gautama im Garten von Lumbini, Nepal.

Ein Leben in Luxus

Kurz nach Siddharthas Geburt kam ein Seher namens Asita in den Palast, um das Kind zu sehen. Asita sprach über Siddharthas Zukunft. Er sagte dem König voraus,

Diese Karte zeigt die größten Städte in Nordindien und Nepal zur Zeit der Geburt Siddhartas. Er wuchs im Palast seines Vaters in Kapilavastu auf.

dass sein Sohn eines Tages entweder ein großer Herrscher oder ein großer Lehrer werde, je nachdem, wie viel er über das menschliche Leid erfahren sollte. Der König sorgte daraufhin dafür, dass sein Sohn kein Leid zu Gesicht bekam, denn er wollte Siddhartha zu seinem Nachfolger machen. Er ließ ihn innerhalb des Palasts aufwachsen, schirmte ihn von der Außenwelt ab und umgab ihn nur mit schönen Dingen. Siddhartha wurde dazu erzogen, ein König und ein Krieger zu sein. Zu seiner Ausbildung gehörten Bogenschießen, Fechten und Reiten. Als er 16 Jahre alt war, heiratete er eine Prinzessin namens Yashodhara aus einem benachbarten Königreich. Der damaligen Tradition gemäß gewann er ihre Hand in einem Wettstreit im Bogenschießen.

Religionen in Indien

Siddhartha wurde in einer Zeit geboren, die in Indien von umfassenden religiösen Umwälzungen geprägt war. Alte Bräuche wurden infrage gestellt und neue Ideen entwickelt. Die Hauptreligion in Indiens Nordwesten war damals der Hinduismus. Siddhartha wurde möglicherweise im hinduistischen Glauben erzogen, Belege gibt es jedoch nicht. Als Buddha kritisierte er später die Macht der hohen Hindu-Priester und die starre Form des Hinduismus, die keinen Raum für den „normalen“ Menschen zu lassen schien. Buddha lehrte, dass sein Weg jedem offenstehe. Es kam nicht darauf an welchen Beruf man ausübte oder zu welcher Gesellschaftsschicht man gehörte.

Der Mahabodhi-Tempel in Bodh Gaya in Indien, wo Buddha seine Erleuchtung hatte, wird von einem 50 m hohen, pyramidenförmigen Turm überragt. Im Innern des Tempels befindet sich ein großes, vergoldetes Bild Buddhas.

Die vier Zeichen

Viele Jahre lang lebte Siddhartha ohne Sorgen. Dank der Umsicht des Königs kam ihm menschliches Leid nie zu Gesicht. Als er 29 Jahre alt war, machte er jedoch eine Erfahrung, die sein Leben veränderte. Gegen die Anordnungen seines Vaters verließ er mit einer Kutsche den Palasthof und sah einen Greis, einen Kranken und einen Toten. Er war zutiefst erschrocken, denn er hatte so etwas nie zuvor gesehen. Schließlich begegnete er einem wandernden Geistlichen. Dieser Mann hatte alle seine weltlichen Besitztümer aufgegeben, wirkte dennoch glücklich und sah zufrieden aus.

Die Suche nach der Wahrheit

Siddhartha entschied, dem Beispiel dieses Mannes zu folgen und sein Leben der Suche nach einem Weg zu widmen, das Leid zu beenden. Noch in jener Nacht verließ er heimlich den Palast, schnitt sein langes Haar ab und tauschte seine feinen Kleider gegen Lumpen. Von da an wollte er als Wandermönch leben, der weder Geld noch ein Haus oder andere weltliche Dinge besaß. Siddhartha verbrachte einige Zeit mit zwei religiösen Lehrern, die ihn in der Meditation unterwiesen. Danach lebte er fünf Jahre lang mit fünf anderen Asketen in den Wäldern. Ihr Leben war entbehrungsreich, doch es sollte der Weg zur Weisheit sein.

Erleuchtung

Dem Hungertod nahe verließ er seine Gefährten und machte sich schließlich auf nach Bodh Gaya im Nordosten Indiens. Eines Abends saß er dort unter einem großen Bodhi-Baum und schwor sich, erst wieder aufzustehen, wenn er die Wahrheit erkannt hatte. In dieser Nacht, so erzählt die Legende, kam Mara, „der Versucher", zu ihm, um ihn von seinem Weg abzubringen. Siddhartha ließ sich jedoch von den Worten Maras nicht beeinflussen und fand im Lauf der Nacht die Antworten, die er gesucht hatte. Er sah, warum die Menschen litten und wie er ihnen helfen konnte. Er war nun Buddha, „der Erleuchtete" (wörtlich: „der Erwachte").

Askese

„Ich nahm nur einmal am Tag Nahrung zu mir oder auch nur alle zwei oder sieben Tage. Ich lebte von Wurzeln und Früchten des Waldes, und ich aß nur die, die von selbst zu Boden gefallen waren. Ich trug raue Kleidung und Lumpen von einem Abfallhaufen. Ich wurde zu einem, der immer steht und sich niemals setzt. Ich richtete mir ein Bett aus Dornen. Staub und Schmutz bedeckten im Lauf der Jahre meinen Körper. Da ich so wenig aß, sahen meine Gelenke aus wie abgestorbene Ranken, und meine Wirbelsäule stach wie eine Perlenkette aus meinem Rücken hervor."

(Aus den Maha-Saccaka-Sutten)

Auf dieser Karte sind die wichtigsten geografischen Stationen in Buddhas Leben verzeichnet. Er wurde in Lumini geboren, in Bodh Gaya erleuchtet, hielt seine erste Lehrrede in Sarnath und starb in Kushinagara.

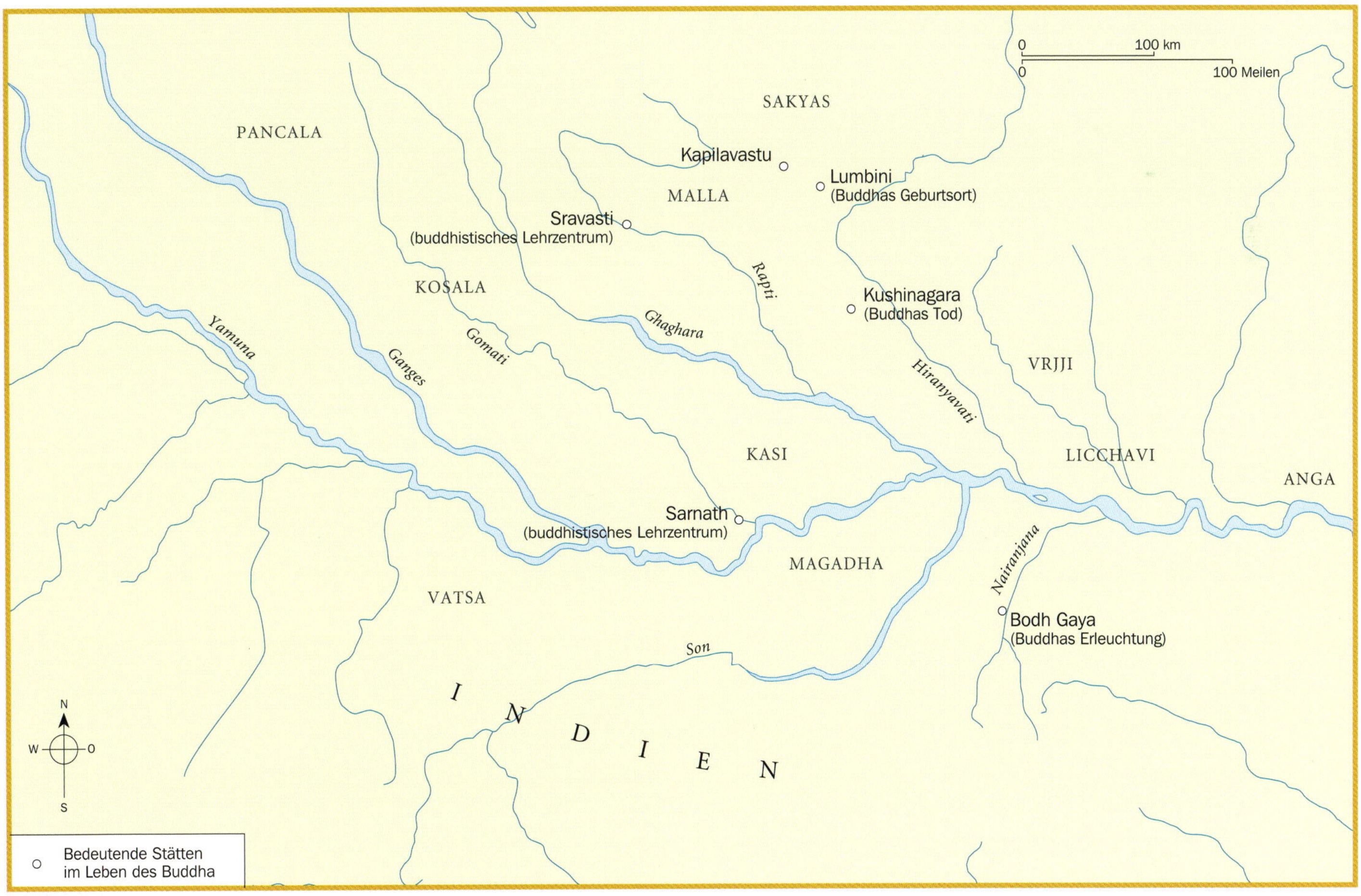

Die erste Lehre

Nach seiner Erleuchtung dachte Buddha mehrere Tage über seine Erfahrungen nach und fuhr fort zu meditieren. Er war von einem Gefühl des Friedens und des Glücks erfüllt. In dieser Zeit gewann er seine ersten beiden Anhänger – zwei fahrende Kaufleute, die ihm zu essen brachten. Nun beschloss er, seinen alten Meditationslehrern (siehe S. 92) zu erzählen, was er gelernt hatte. Sie waren jedoch schon gestorben, und so wandte Buddha sich zu den fünf Asketen, mit denen er in den Wäldern gelebt hatte (siehe S. 93). Er fand sie im Wildpark von Sarnath in Nordindien. Vor ihnen hielt er seine erste Lehrrede, in der er den Grund des Leids erläuterte. Diese Lehre wird die „Vier Edlen Wahrheiten" genannt. Buddha lehrte, dass das Leid entsteht, weil der Mensch nicht mit dem zufrieden ist, was er hat. Der Weg, dieses Leid zu beenden, führt über den „Achtfachen Pfad".

Der Achtfache Pfad

Buddha wusste aus eigener Erfahrung, dass weder Luxus noch Askese zum Glück führten. Er lehrte deshalb den mittleren bzw. Achtfachen Pfad zwischen den beiden Extremen. Der Pfad teilt sich in die folgenden Glieder:

1. Rechte Einsicht: das Verständnis für die Wahrheit in der Lehre Buddhas.
2. Rechte Gesinnung: Mitgefühl und Wohlwollen gegenüber anderen.
3. Rechte Rede: nicht lügen, fluchen oder andere verleumden.
4. Rechtes Handeln: nicht stehlen, töten und nicht so handeln, dass man andere Menschen verletzt oder ihnen schadet.
5. Rechter Lebenserwerb: einen Beruf ausüben, der anderen nicht schadet.
6. Rechtes Streben: der Wille, freundlich und teilnahmsvoll zu sein.
7. Rechte Achtsamkeit: Bewusstwerdung gegenüber dem eigenen Handeln und Denken.
8. Rechtes Sichversenken: die Fertigkeit einüben, den unruhigen und abschweifenden Geist zu beherrschen.

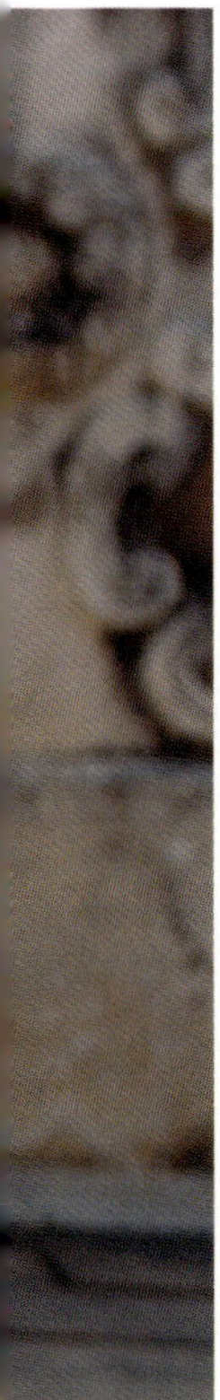

Viele Buddhisten folgen den Spuren Buddhas und werden Mönche wie er. Dieser junge Mönch studiert die heiligen Texte in einem Mönchskloster in Myanmar (Burma).

Diese Karte zeigt die ersten buddhistischen Niederlassungen in Nordindien. Sie waren bedeutende Zentren, in denen Buddha selbst oder die Mönche der *sangha* seine Lehre verbreiteten.

Die Entstehung der *sangha*

In den folgenden 45 Jahren reiste Buddha durch den Nordosten Indiens und sprach zu Menschen aus allen sozialen Schichten. Viele seiner Anhänger widmeten ihr Leben der Lehre. Sie wurden Mönche und Nonnen und wurden als *sangha* bekannt (manche Buddhisten zählen auch Laien zu den *sangha*). In dieser Zeit half Buddha anderen Menschen, dieselbe Erleuchtung zu erfahren, wie er sie fand. Diese nannte man *arahats*, die „Würdigen", und Buddha sandte sie aus, um seine Lehre zu verbreiten. Unter ihnen war auch Buddhas eigener Vater. Buddhas Sohn Rahula wurde Mönch.

In den heiligen Texten des Buddhismus sind die strengen Regeln niedergelegt, denen die Mönche und Nonnen folgen. Sie besaßen nur ein Gewand und eine einfache Schale. Sie standen früh am Morgen auf und sammelten Almosen, die ihnen in Form von Nahrung und anderen Gaben überreicht wurden. Sie aßen nur einmal am Tag, und zwar mittags. Nachmittags und abends hörten sie die Lehren Buddhas oder eines älteren Mönchs und meditierten dann bis tief in die Nacht. Die *sangha* befanden sich ständig auf Wanderschaft, abgesehen von der Regenzeit, wenn sie in Häusern Schutz suchten, die später zu den ersten Klöstern wurden.

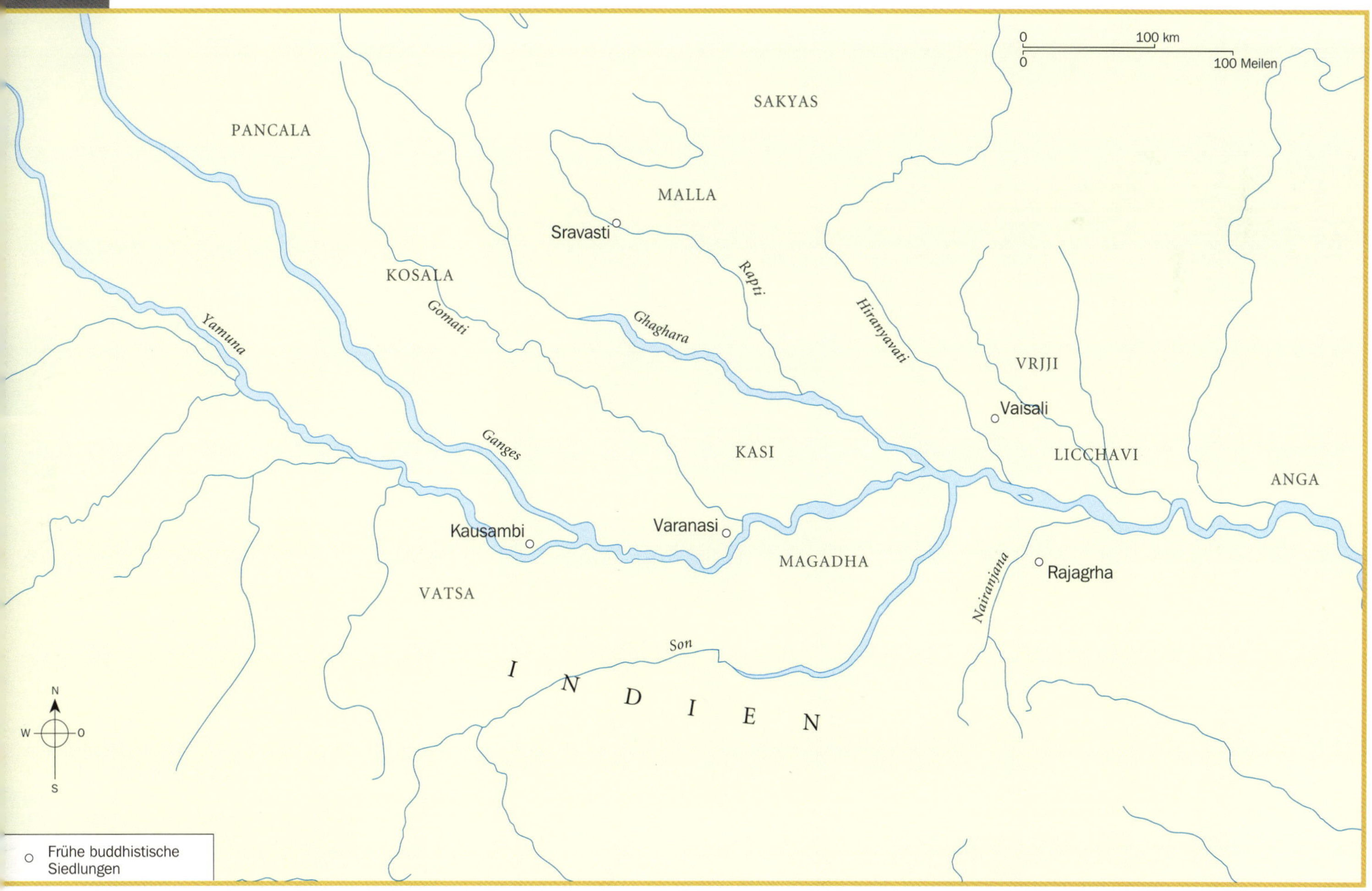

Buddhas Tod

Buddha starb im Alter von 80 Jahren. Er hatte sich in einem Hain nahe der Stadt Kushinagara im Norden Indiens eine Lebensmittelvergiftung zugezogen. Vor seinem Tod forderte er die Mönche auf, nicht um ihn zu trauern, sondern an seine Lehre zu denken, dass alles vergänglich sei. Buddha erklärte niemanden zu seinem Nachfolger, sondern erläuterte den Mönchen, dass seine Lehren nunmehr ihr Führer sein sollten. Nach Buddhas Tod trauerten die Mönche sechs Tage lang, bevor sie ihn einäscherten. Seine Asche wurde in acht Teile geteilt und acht Herrschern übergeben. Über den Relikten wurden Kuppelgewölbe, so genannte Stupas, errichtet.

Das erste buddhistische Konzil

Die Lehren Buddhas wurden nicht zu seinen Lebzeiten niedergeschrieben. Seine Anhänger gaben sie vielmehr mündlich weiter. Kurz nach Buddhas Tod wurde ein Konzil einberufen, zu dem sich 500 Mönche in dem Dorf Rajagrha im Nordosten Indiens einfanden, um sich auf die Inhalte der Lehren zu einigen. Zwei der ältesten Mönche, Upali und Ananda, rezitierten aus dem Gedächtnis die ersten beiden Sammlungen buddhistischer Lehren. Allerdings wurden diese erst Jahrhunderte später schriftlich festgehalten.

Das zweite buddhistische Konzil

Etwa 100 Jahre nach dem ersten buddhistischen Konzil wurde in Vesali im Nordwesten Indiens ein weiteres abgehalten. Über die Jahre hatten sich Variationen in der Lehre und ihrer Ausübung entwickelt, was nicht wirklich überraschend war, denn die *sangha* bestand aus mehreren eigenständigen Einheiten, die verschiedenen Denkrichtungen folgten.

Der Legende nach starb Buddha auf der Seite liegend und ging ins Nirwana ein (Parinirwana).

Nach Buddhas Tod verbreitete sich der Buddhismus auch außerhalb Indiens. Die Karte zeigt, wo sich die Theravada- bzw. Mahayana-Lehren etablierten.

Diese verschiedenen Denkrichtungen blieben nicht ohne Folgen, und es kam zu Kontroversen. Diese Kontroversen ergaben sich auf dem zweiten Konzil hauptsächlich hinsichtlich der Lebensführung der Mönche und Nonnen. Manche Gruppierungen befolgten die Regeln nicht so strikt wie andere – sie akzeptierten z. B. auch Geldspenden statt Lebensmittel. Dieser Streitpunkt entzweite die *sangha* entweder während des Konzils oder danach und führte zur Gründung der Theravada (Schule der Ältesten) und der Mahasanghika (Große Gemeinde), dem Vorläufer der Mahayana.

Zwei große Schulen

Die Anhänger des Theravada beanspruchen für sich, die über Jahrhunderte unverändert gebliebenen Lehren Buddhas in ihren Schriften, den Tipitaka, festgehalten zu haben. Sie glauben, dass Buddha ein Mensch war, wenn auch ein ganz besonderer. Mahayana-Buddhisten folgen den Lehren Buddhas, aber auch solchen anderer erleuchteter Lehrer; außerdem besitzen sie zusätzliche heilige Schriften. Sie verehren mythische, gottähnliche Figuren, *bodhisattvas* genannt. Der Theravada-Buddhismus verbreitete sich von Indien aus nach Sri Lanka, Myanmar, Laos, Thailand und Kambodscha. Der Mahayana-Buddhismus setzte sich im Norden in Tibet, China, Korea, Japan und Vietnam durch.

KAPITEL 14:

DER FRÜHE BUDDHISMUS IN INDIEN

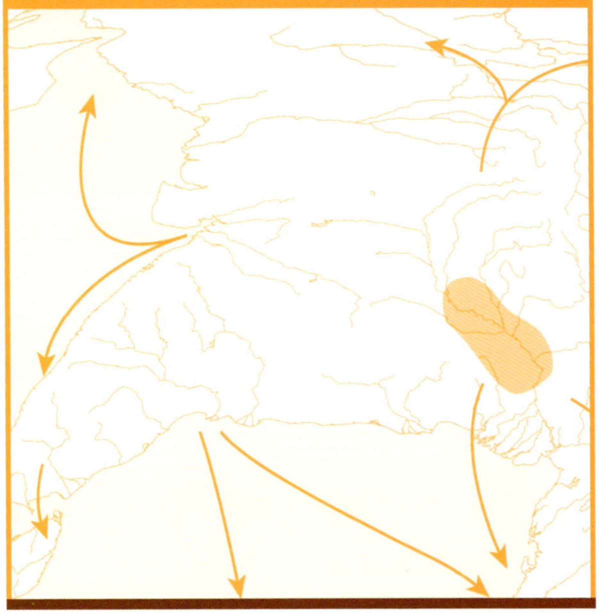

In den Jahrhunderten nach Buddhas Tod entwickelte sich der Buddhismus in Indien und über die Grenzen hinaus. Buddhas Anhänger verbreiteten seine Lehren im ganzen Land. Buddhistische Missionare gingen in viele asiatische Länder und errichteten dort rasch wachsende Gemeinden. Zur selben Zeit kamen viele Mönche aus dem Ausland, um an den buddhistischen Universitäten zu studieren. Dank der Unterstützung indischer und ausländischer Herrscher stieg der Buddhismus in großen Teilen Indiens zur Hauptreligion auf.

Die Griechen in Indien

Im Jahr 336 v. Chr. bestieg Alexander (der spätere Alexander der Große) im Nordosten Griechenlands den Thron von Mazedonien. Innerhalb von nur 13 Jahren eroberte er ein gewaltiges Reich, das sich von Griechenland über Ägypten und Persien bis nach Indien erstreckte. 330 v. Chr. besiegte er den persischen König Darius. Er wandte sich nun gegen den östlichsten Teil von Darius' Reich und erreichte im Jahr 326 v. Chr. mit seinem Heer den Nordwesten Indiens. Er besiegte Poros, den König des Punjab, und dessen 200 Kriegselefanten in der Schlacht am Hydaspes. Alexander zeigte sich jedoch vom Mut des Poros so beeindruckt, dass er ihm die Herrschaft über den Punjab ließ.

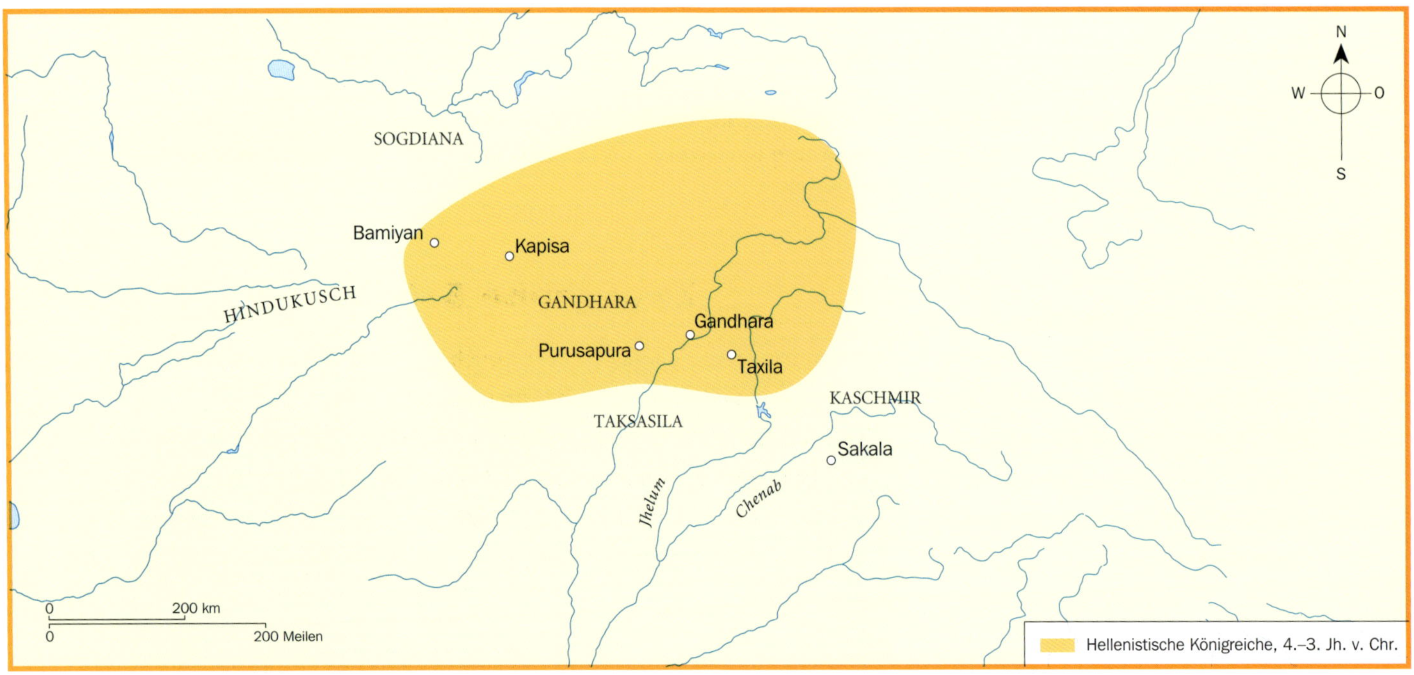

Diese Karte zeigt die Lage der hellenistischen (griechischen) Königreiche in Indien während des 4. und 3. Jhs. v. Chr., darunter auch das Königreich Gandhara.

Das Königreich Gandhara

Nach Alexanders Tod wurde in der Region um Gandhara, Purusapura und Taxila ein hellenistisches (griechisches) Reich errichtet (siehe Karte auf S. 98). Das Reich wurde Gandhara genannt.

Schon früh kamen die ersten buddhistischen Mönche in das Land und gewannen bald die Unterstützung dort ansässiger Herrscher wie die des Königs Milinda.

Gandhara erreichte seine Blütezeit im 1.–5. Jh. n. Chr. unter den buddhistischen Kushana-Herrschern (siehe S. 102).

In Taxila wurde außerdem die erste buddhistische Universität eingerichtet, die bald buddhistische Gelehrte anzog und Ausgangspunkt für die Reisen buddhistischer Missionare nach Zentralasien wurde. Gandhara wurde schließlich im 11. Jh. von muslimischen Invasoren erobert.

Bildnisse des Buddha

Die ersten Buddha-Bildnisse wurden ab dem 1. Jh. n. Chr. von Künstlern aus Gandhara gefertigt. Bis dahin war Buddha nie persönlich abgebildet worden, sondern wurde durch Symbole wie einen leeren Thron, eine Stupa, einen Bodhi-Baum, einen Fußabdruck oder ein Tier dargestellt. Der Stil dieser frühen Bildnisse war stark griechisch geprägt. In der Kunst Gandharas vermischten sich indische und griechische Elemente zu großen Statuen in weichen, fließenden Gewändern. Fahrende Händler brachten die Kunstwerke aus Gandhara nach Zentralasien und China.

Diese Buddhastatue in Gandhara zeigt indische und griechische Elemente.

Milindas Fragen

Viele griechische Herrscher wurden vom Buddhismus beeinflusst, darunter auch Milinda (König von 155–130 v. Chr.). Milinda ist die indische Version des griechischen Namens Menandros. Angeblich führte er eine intensive Diskussion über Buddhismus mit dem großen Lehrer Nagasena. Der König stellte Nagasena eine Reihe von Fragen zu Buddhas Lehren. Danach war er so beeindruckt, dass er sich zum Buddhismus bekannte. Dieses Gespräch ist in einem der wichtigen buddhistischen Texte mit dem Titel „Die Fragen des Königs Milinda" aufgezeichnet.

Die Karte zeigt das Maurya-Reich unter Ashoka.

Das Maurya-Reich

Um 321 v. Chr. eroberte Chandragupta Maurya die Region Nordindiens, in der Buddha gelehrt hatte, und gründete dort das Reich Maurya. Chandragupta gründete Pataliputra (heute Patna) und machte es zu seiner Hauptstadt. Unter seinem Enkel Ashoka (265–232 v. Chr.) erreichte das Land seine größte Ausdehnung. Das Maurya-Reich erstreckte sich abgesehen vom äußersten Süden über ganz Indien. Doch die Expansion kostete Tausende von Menschenleben. Etwa 260 v. Chr. führte Ashoka einen besonders grausamen Feldzug gegen Kalinga an der Ostküste. Dies war eine der wenigen Regionen, wo sich die Menschen den Mauryanern widersetzten. Berichten zufolge starben 100 000 Männer auf dem Schlachtfeld, mehrere tausend wurden verletzt oder gefangen genommen. Ashoka wurde daraufhin von Gewissensbissen geplagt. Um Wiedergutmachung zu leisten, bekannte er sich zur Gewaltlosigkeit des Buddhismus.

Ashoka und der Buddhismus

Ashoka wurde der wichtigste Förderer und Fürsprecher des Buddhismus im alten Indien. Während seiner Herrschaft wurden alle buddhistischen Zentren ausgebaut und neue Mönchskloster und Stupas errichtet. Ashoka versprach außerdem, eine Gesellschaft zu errichten, die nicht auf Krieg und Gewalt basierte, sondern auf den buddhistischen Prinzipien von Mitgefühl und Frieden. Er versuchte, persönlich ein Beispiel zu geben, und reiste durch sein ganzes Reich, um von den Menschen zu erfahren, was ihr Leben erleichtern würde. Er ließ dringend benötigte Brunnen und Zisternen bauen, errichtete freie Krankenhäuser für Arme, pflanzte Bäume und verbesserte die Haftbedingungen Gefangener. Er gab seine Lieblingsbeschäftigung, das Jagen, auf und pilgerte stattdessen zu heiligen Stätten, die mit Buddhas Leben in Verbindung standen. Außerdem sandte er Missionare aus, die Buddhas Lehren außerhalb Indiens verbreiten sollten.

Die Edikte des Ashoka

Ashoka ließ im ganzen Land Edikte in Stein meißeln. Sie waren in der altindischen Sprache Magadhi abgefasst und wurden 1837 erstmals von dem britischen Wissenschaftler James Prinsep entziffert. Steinsäulen mit den Edikten wurden an den Grenzen des Reichs und an bedeutenden Orten des Buddhismus aufgestellt. Manche Edikte erzählten von Ashokas Konvertierung zum Buddhismus. Andere erläuterten Buddhas Lehren und forderten die Menschen auf, sich rechtschaffen zu verhalten, verantwortlich und moralisch zu handeln.

Die Löwensäule

Die berühmten Löwen zierten einst eine der schönste Ashokasäulen. Sie stand im Wildpark von Sarnath, wo Buddha seine erste Lehrrede hielt. Die vier Löwen blicken in vier verschiedene Richtungen, um darzustellen, dass Buddhas Lehre alle Regionen der Welt erreicht. Darunter befinden sich vier königliche Tiere – Pferd, Stier, Löwe und Elefant – und vier Räder, die für Buddhas Lehren stehen. Die Löwen stützten ursprünglich ein großes Rad, ein Wahrzeichen des Buddhismus. Heute ist dieses Wahrzeichen des Buddhismus als Motiv auf dem Wappen Indiens zu sehen.

Die Löwensäule des Ashoka befindet sich heute im Museum von Sarnath.

Kushana

Nach Ashokas Tod im Jahr 231 v. Chr. begann das Maurya-Reich auseinanderzufallen. Der vollständige Zusammenbruch kam schließlich 184 v. Chr. Nach einer unruhigen Phase marschierten Skythen aus Zentralasien in Indien ein und gründeten das Reich Kushana. Der Skythen-König Kanishka (78–102 n. Chr.) war ein überzeugter Anhänger des Buddhismus und rief die Buddhisten im Jahr 100 n. Chr. zu einem vierten Konzil zusammen (das dritte Konzil hatte Ashoka um 25 v. Chr. in Pataliputra abgehalten). Seit dem Zusammenbruch von Maurya hatten sich 18 verschiedene Schulen des Buddhismus gebildet. Das Ziel des vierten Konzils war, diese wieder zusammenzuführen und Texte zu verfassen, die in der alten indischen Religionssprache Sanskrit abgefasst waren. Diese Texte schreibt man der Mahayana-Schule zu.

Die Universität von Nalanda

Die größte buddhistische Universität befand sich in Nalanda (im heutigen Bihar). In ihrer Blütezeit im 5. Jh. lebten dort über 10 000 Studenten und 1500 Lehrer aus ganz Indien und Asien. Zu den Studienfächern zählten im Einzelnen: buddhistische Texte, Hinduismus, Philosophie, Astronomie, Mathematik und Medizin. Unter den Lehrern war auch der Mönch Nagarjuna (ca. 2. Jh.), der die Madhyamaka-Schule des Mahayana-Buddhismus begründete. Seine Hauptlehre befasste sich mit dem buddhistischen Konzept des *sunyata* (Leere), der Vorstellung, dass nichts eine individuelle Seele oder eine Eigennatur besitzt.

Der Aufstieg der Guptas

Mit dem Niedergang von Kushana entstand das Gupta-Reich unter Chandra Gupta I. (320–ca. 330) in Nordindien. Damit begann das goldene Zeitalter der indischen Kultur. Kunst, Religion und Literatur gelangten zu neuer Blüte, und obwohl die Guptas mehrheitlich hinduistisch orientiert waren, erhielt auch der Buddhismus die Unterstützung des Königshauses. Große buddhistische Universitäten wurden gegründet, unter anderem in Nalanda. Neue buddhistische Texte entstanden ebenso wie Kunstwerke, etwa die Gemälde im Höhlentempel von Ajanta in Westindien, die heute noch zu sehen sind. Das Gupta-Reich bestand bis ins 6. Jh. und wurde dann von den Hunnen aus Zentralasien angegriffen.

Niedergang des Buddhismus

Die Hunnen zerstörten viele buddhistische Zentren im Nordwesten Indiens, darunter auch das in Taxila (siehe Seite 99). In den folgenden Jahrhunderten fristete der Buddhismus ein Schattendasein ohne königliche Unter-

Die Ruinen der großen buddhistischen Universität von Nalanda in Bihar, Indien.

Die Karte zeigt bedeutende Stätten des Buddhismus im Gupta-Reich.

stützung. Es waren jedoch Muslime aus Afghanistan, deren brutale Raubzüge im 11. Jh. dem Buddhismus in Indien die schwersten Schäden zufügten. Die friedliebende Philosophie der Buddhisten machte sie für die muslimischen Heere zu einem leichten Ziel. Die Mönchsklöster wurden zerstört, und 1199 wurde Nalanda dem Erdboden gleichgemacht und die Mönche ermordet. Seitdem hat sich der Buddhismus in Indien nie wirklich erholt, und der Hinduismus ist noch immer die führende Religion. Noch heute zieht es buddhistische Pilger aus aller Welt nach Indien, die dort die heiligen Stätten besuchen wollen, aber im Jahr 1991 betrug der Anteil der buddhistischen Inder nur 1 % (siehe dazu auch die Ausführungen über den modernen Buddhismus in Indien auf S. 122).

KAPITEL 15:

BUDDISMUS IN SRI LANKA UND SÜDOSTASIEN

Ashokas Regierungszeit war von großer Bedeutung für die Ausbreitung des Buddhismus. Ashoka sandte Missionare aus, die Buddhas Lehre außerhalb Indiens verbreiten sollten. Das erste Land, das der Buddhismus erreichte, war das südöstlich von Indien gelegene Ceylon (heute Sri Lanka). Später verbreitete er sich in ganz Südostasien, darunter Indonesien, Myanmar, Vietnam, Kambodscha, Laos und Thailand.

Der Buddhismus erreicht Sri Lanka

Die ersten Missionare Ashokas kamen um das Jahr 250 nach Sri Lanka. Vermutlich führte sie Ashokas Sohn Mahinda an, der ein buddhistischer Mönch geworden war. König Tissa konvertierte seinetwegen zum Buddhismus. Später besuchte auch Ashokas Tochter, die Nonne Sanghamitta, die Insel und brachte einen Ableger des Bodhi-Baums mit, unter dem der Buddha die Erleuchtung gefunden hatte. Er wurde in der Hauptstadt (dem heutigen Anuradhapura) eingepflanzt und steht noch heute dort.

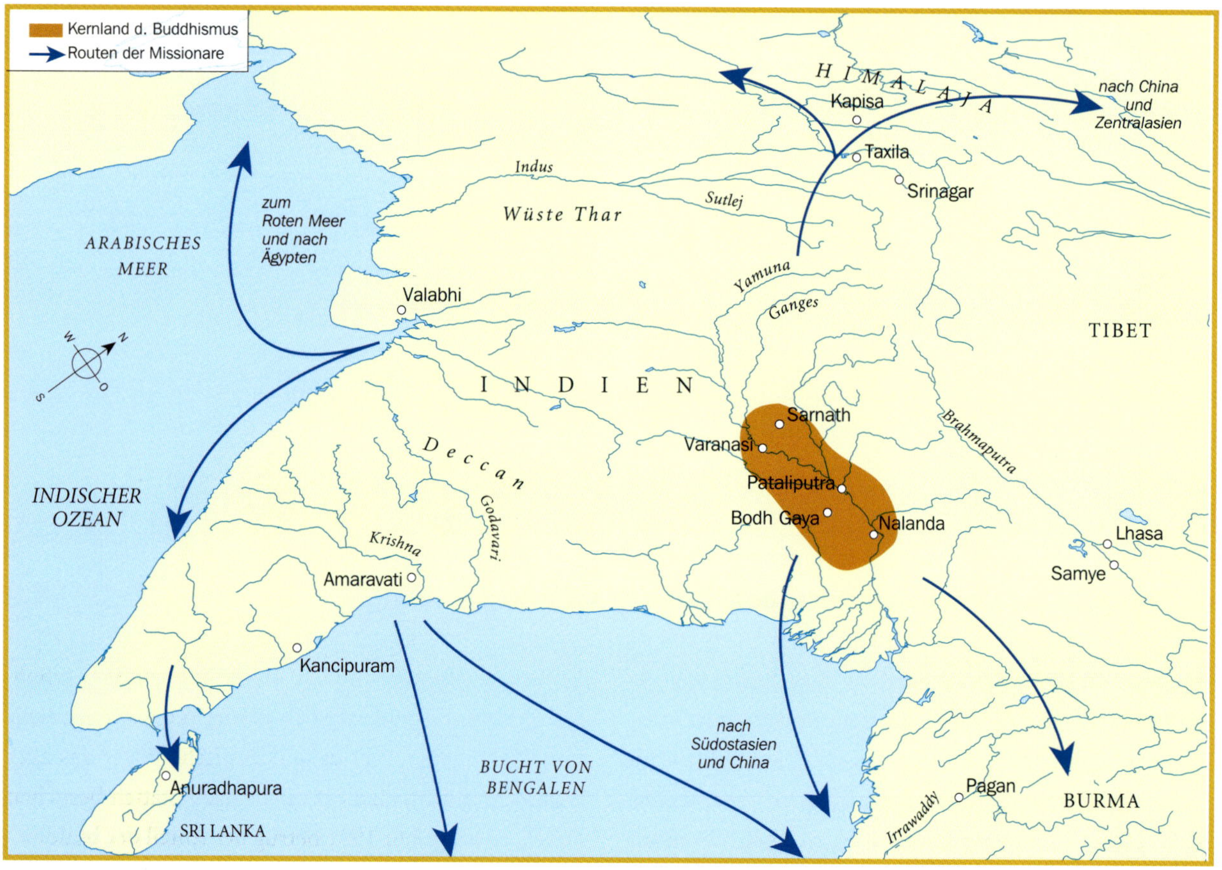

Diese Karte zeigt die Hauptrouten der ersten Missionare außerhalb Indiens.

Im 2. Jh. beherrschten tamilische Invasoren aus Indien Teile Sri Lankas und unterdrückten den Buddhismus. Viele Mönche starben oder flohen. Etwa zu dieser Zeit wurde das Tipitaka niedergeschrieben, damit es nicht verloren ging, falls nicht genug Mönche überlebten, um es weiterzugeben.

Rivalisierende Klöster

König Tissa ließ für Mahinda und seine Mönche in Anuradhapura das Mahavihara (Großes Kloster) errichten. Das Mahavihara wurde das Zentrum des Theravada-Buddhismus. Im 1. Jh. wurde die Stellung der Mönche jedoch durch ein anderes großes Kloster bedroht: das Abhayagiri. Es galt als Aushängeschild des Mahayana-Buddhismus, und zwischen den beiden Klöstern entspannte sich ein heftiges Ringen um die Vormachtstellung. Allerdings konnte sich der Mahayana-Buddhismus auf Sri Lanka nicht dauerhaft durchsetzen, und im 12. Jh. war das Abhayagiri untergegangen. Sri Lanka war und ist ein Land des Theravada.

Aufstieg und Niedergang

In den ersten sieben Jahrhunderten n. Chr. blühte der Buddhismus in Sri Lanka auf. In den folgenden 500 Jahren wurde die Insel jedoch von indischen Königen beherrscht, die den Buddhismus unterdrückten. Im Jahr 1070 eroberte Vijayabahu (regierte 1055–1110) die Insel zurück und wollte dem Buddhismus zu neuem Erfolg verhelfen. Es gab aber nur noch so wenige Anhänger, dass er einen Mönchsorden aus Burma (heute Myanmar) in das Land bringen musste, um eine neue *sangha* zu gründen. Im 12. Jh. besiegte König Parakramabahu (regierte 1153 bis 1186) die Inder und ließ in der neuen Hauptstadt Polonnaruwa mehrere prachtvolle Klöster und Stupas errichten. Die Europäer erreichten die Insel im 16. und 17. Jh. und versuchten, die Einheimischen zum Christentum zu bekehren. Im 18. Jh. erlebte der Buddhismus jedoch einen neuen Aufschwung. Von 1796 bis 1948 gehörte Sri Lanka zum britischen Kolonialreich und zog viele Buddhisten an, die die Lehre weiter nach Westen trugen.

Buddhismus heute

Nach mehr als 2300 Jahren ist Sri Lanka heute eine stolze buddhistische Nation und das Kerngebiet des Theravada. Etwa 80 % der Bewohner sind Singhalesen, der Großteil von ihnen sind bekennt sich zum Buddhismus. Die *sangha* umfasst 15 000 Mönche und repräsentiert das Zentrum des buddhistischen Lebens.

Ein buddhistischer Schrein in Mihintale, Sri Lanka, wo Mahinda dem König der Insel begegnete.

Ein sitzender Buddha neben der Stupa auf der oberen Terrasse von Borobudur. Das Bauwerk enthält über 400 Buddha-Bildnisse.

Buddhismus in Indonesien

Der Legende zufolge kamen die ersten Buddhisten, von Ashoka ausgesendete Missionare, im 3. Jh. v. Chr. nach Südostasien. Sie reisten auf den Seehandelsrouten in das „Land des Goldes" – vermutlich an die Westküste Indonesiens. Im 1. Jh. n. Chr. gewann der Buddhismus an Einfluss, als viele Inder in der Region siedelten.

Buddhistische Königreiche

Zwischen 600 und 800 wurde Sumatra von dem hauptsächlich buddhistisch geprägten Königreich Srivijaya regiert. Im 7. Jh. waren dort Theravada-Gemeinden entstanden, der Mahayana-Buddhismus fasste kurze Zeit später Fuß. Der große buddhistische Lehrmeister Atisha aus Indien studierte im 12. Jh. in Srivijaya, und viele Studenten kamen aus Indonesien, um an der Universität von Nalanda zu studieren. Außerdem machten viele chinesische Mönche auf dem Weg nach Indien Station in Indonesien.

In Java entwickelten sich Buddhismus und Hinduismus parallel, wobei der Buddhismus dominierte. Im 8. Jh. regierten die Shailendra-Könige, die überzeuge Vertreter des Mahayana-Buddhismus waren. Ihre Hauptstadt Palembang wurde zum Zentrum der buddhistischen Lehre. Um 800 förderten die Shailendras den Bau von Borobudur.

Borobudur

Die gewaltige Tempelanlage von Borobudur wurde in Form einer sechsstufigen Pyramide auf einem Hügel errichtet. Eine Stupa ziert das Dach. Darunter befinden sich drei runde Terrassen, die die Phasen eines Menschen auf dem Weg zur Erleuchtung repräsentieren. Die Anlage zeigt die Form einer Lotosblume, die ein heiliges Symbol des Buddhismus ist. Jede Terrasse ist mit Bildnissen des Buddha und Szenendarstellungen aus seinem Leben ausgestattet. Nach dem Niedergang des Buddhismus in Indonesien wurde Borobudur aufgegeben und erst 1814 wiederentdeckt.

Buddhismus in Myanmar

In Myanmar setzte sich der Buddhismus erst zur Zeit der Mon-Periode zwischen dem 5. und 10. Jh. durch. Das Volk der Mon im Süden Myanmars schloss sich ebenso dem Theravada an wie die Pyu in Zentral-Myanmar. Der Mahayana-Buddhismus hatte Myanmar möglicherweise früher erreicht, aber sich nicht etablieren können. Doch im 11. Jh. stützte König Anuruddha (1044–1077) die Mon und einte das Land. Der Theravada wurde unter seiner Regierung zur Hauptreligion. Anuruddha machte Pagan zu seiner Hauptstadt, die wegen ihrer Ruinen buddhistischer Bauten berühmt ist. Myanmar wurde später von Thailand erobert, das den Theravada übernahm. 1886 wurde das Land Teil des britischen Kolonialreichs. Für die einheimische Bevölkerung wurde der Buddhismus in den Zeiten der Fremdherrschaft zu einem wichtigen Symbol ihrer nationalen Identität.

Buddhismus heute

Im 13. Jh. wurde der Islam zur Hauptreligion in Indonesien, eine Kombination aus Buddhismus und Hinduismus hält sich jedoch bis heute auf Bali und in Teilen Javas. Im 20. Jh. erfuhr der Buddhismus einen neuen Aufschwung, sodass heute etwa drei Millionen Buddhisten in Indonesien leben.

In Myanmar ist der Buddhismus bis heute am weitesten verbreitet und wird von etwa 85 % der Bevölkerung praktiziert. Trotz der strengen Militärregierung gedeiht der Buddhismus weiterhin, und in den etwa 6000 Klöstern leben tausende Mönche und Nonnen.

Die Karte zeigt, wie sich Theravada- und Mahayana-Buddhismus vom 1. Jh. v. Chr. an in Südostasien verbreiteten.

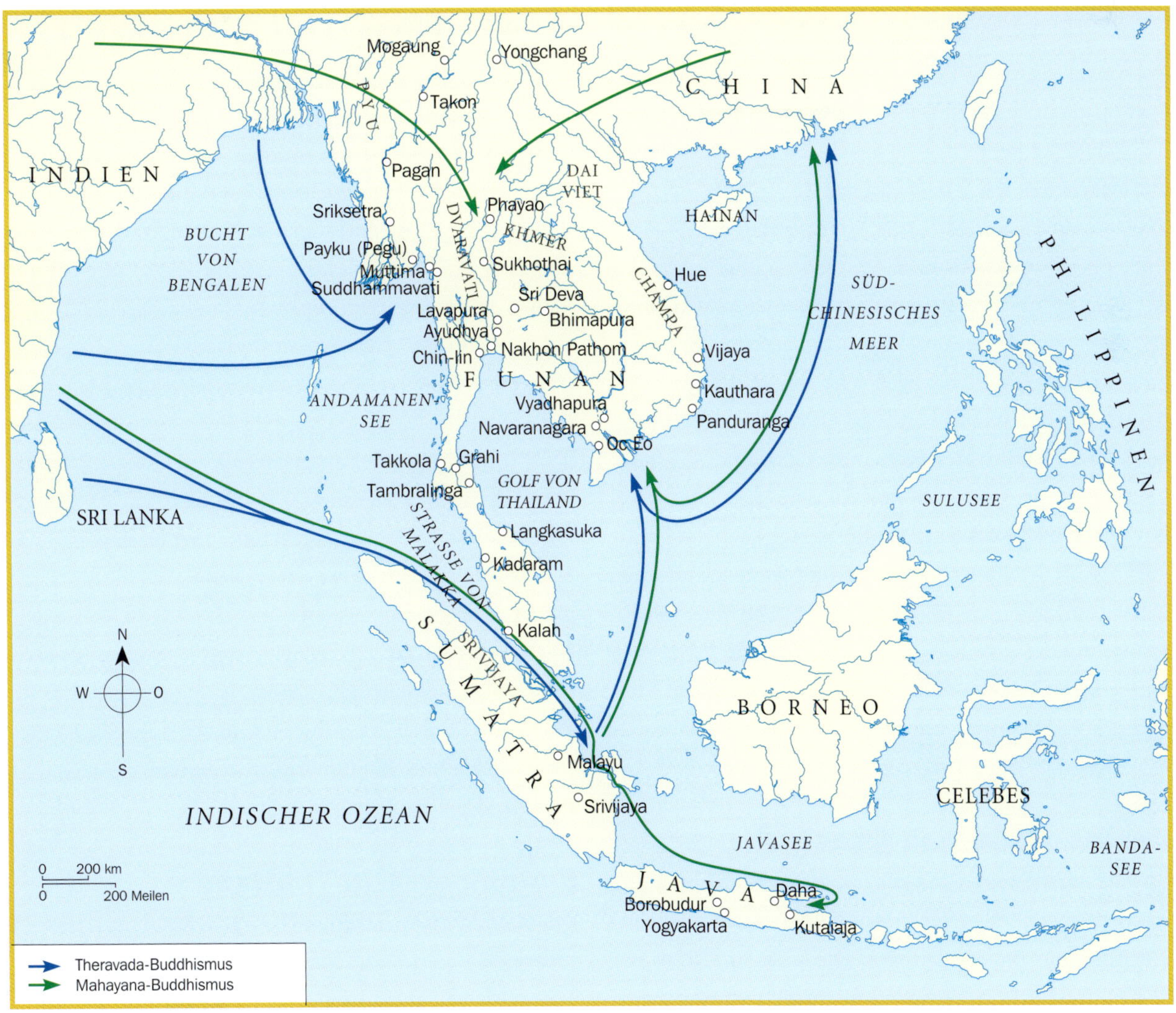

Ein junger Mönch in Thailand nimmt vor einem buddhistischen Mönchskloster Almosen entgegen. Der Buddhismus ist noch heute in Thailand weit verbreitet.

Buddhismus in Vietnam

Theravada-Missionare haben Vietnam auf dem Seeweg wahrscheinlich schon im 2. Jh. erreicht, die Geschichte des Buddhismus beginnt jedoch um das Jahr 580. Der indische Mönch Vinitaruci, der in China studiert hatte, brachte den Mahayana nach Vietnam. Er wurde dort schnell akzeptiert und wurde 939 zur Staatsreligion erklärt. Zwei Schulen des Mahayana – Zen und das Reine Land – wurden besonders populär. Die vietnamesischen Herrscher förderten den Buddhismus, indem sie häufig Mönche in wichtigen Positionen einsetzten. Zwischen 1883 und 1954 war Vietnam französische Kolonie. Im Kampf um die Unabhängigkeit kam zwei buddhistischen Bewegungen besondere Bedeutung zu: der Central Vietnamese Buddhist Association und der General Association of Buddhism in Vietnam.

Kambodscha und Laos

Im 9. Jh. war Kambodscha eng mit Indien und China verbunden, aber die herrschenden Khmer zogen den Hinduismus dem Buddhismus vor. Dank des Einflusses der Shailendra-Herrscher Javas begannen die kambodschanischen Herrscher, „Tempelberge“ wie Borobudur zu errichten. Der größte darunter war Angkor Wat. Im Gegensatz zum buddhistischen Borobudur waren ihre Monumente jedoch dem Hinduismus geweiht. Das änderte sich allerdings mit der Regentschaft von König Jayavarman VII. (regierte 1181–ca. 1215). Er konvertierte zum Mahayana und führte das Land so dem Buddhismus zu. Ab Anfang des 13. Jhs. sah sich Kambodscha einer Serie thailändischer Invasionen ausgesetzt. Vermutlich war es diesem Einfluss zu verdanken, dass die kambodschanischen Herrscher sich zum Theravada bekannten.

Während dieser Zeit fiel das benachbarte Laos nacheinander an die Khmer, Thailand und Myanmar. Als Laos 1350 seine Unabhängigkeit wiedererlangte, setzte sich der Theravada-Buddhismus durch, und der König lud Mönche aus Kambodscha und Sri Lanka an seinen Hof, damit sie ihm als Berater dienten.

Buddhismus in Thailand

Das thailändische Königreich der Sukhothai, das vom frühen 12. Jh. bis etwa 1350 Bestand hatte, übernahm den Theravada aus Myanmar.

Dies Karte zeigt die wichtigsten buddhistischen Gedenkstätten in Südostasien.

Aber erst nach der Gründung des Königreichs von Ayutthaya im Jahr 1350 wurde der Buddhismus zur Staatsreligion mit dem König als Führer der *sangha*. Auch die nachfolgenden Könige schützten, unterstützten und förderten den Buddhismus. König Rama IV. (regierte 1851–1868) lebte 25 Jahre lang als Mönch, bevor er den Thron bestieg. Er überarbeitete die heiligen Schriften und gründete einen neuen Mönchsorden. König Rama V. (regierte 1868–1910) führte diese Politik weiter und erließ drei „Sangha-Edikte", in denen die Pflichten der Mönche festgelegt wurden.

Moderner Buddhismus in Thailand

Die enge Verbindung zwischen dem thailändischen König und der buddhistischen *sangha* besteht noch immer. Der König besitzt nicht mehr so viel Macht wie früher, ist aber noch immer der offizielle Vertreter der *sangha*. Inzwischen leitet die Regierung die Organisation der *sangha*. Trotz der zunehmenden Verwestlichung des Landes hat der Buddhismus nicht an Bedeutung verloren. Viele männliche Thais verbringen im Rahmen ihrer Ausbildung einige Zeit in der *sangha*.

KAPITEL 16:

BUDDHISMUS IN CHINA, KOREA UND JAPAN

Der Buddhismus erreichte China im 1. Jh. n. Chr. Er wurde wahrscheinlich von Kaufleuten verbreitet, die von Indien aus über die große Handelsroute der Seidenstraße durch Zentralasien reisten. Im 6. Jh. war der Mahayana zu einer der wichtigsten Religionen in China aufgestiegen. Von China aus verbreitete sich der Buddhismus nach Korea und von dort aus nach Japan.

Diese Skulpturen stammen aus den Longmen-Grotten, den bedeutendsten buddhistischen Stätten in China.

Der Buddhismus in China

In China hatte der Buddhismus zunächst keinen großen Erfolg. Die Chinesen hatten bereits eigene Religionen entwickelt – hauptsächlich Konfuzianismus und Taoismus – und sahen diese als dem Buddhismus überlegen an. Dennoch wurden einige buddhistische Texte ins Chinesische übersetzt, und manche Chinesen schlossen sich der *sangha* an. Im 4. Jh. gab es bereits 24 000 buddhistische Mönche und fast 2000 Klöster in China. Der Buddhismus verdrängte die chinesischen Religionen nicht, sondern entwickelte sich parallel zu ihnen. Die Zeit vom 6.–9. Jh. war eine goldene Epoche für den chinesischen Buddhismus. Der Taoismus blieb die vorherrschende Religion der Aristokratie, aber die einfache Bevölkerung begeisterte sich für den Buddhismus. Im 9. Jh. entstand eine Gegenbewegung, die den Buddhismus stark geschwächt zurückließ. Im 12. Jh. wurde außerdem der Konfuzianismus zur Staatsreligion erhoben.

Pilgermönche

Einige chinesische Mönche nahmen lange, strapaziöse Reisen nach Indien auf sich, um buddhistische Texte zu sammeln und sie ins Chinesische zu übersetzen. Fa-Hsien (338–422 n. Chr.) brach im Jahr 399 auf. Er erreichte Indien, nachdem er die Wüste Taklamakan und das Pamir-Gebirge durchquert hatte, in dem angeblich feuerspeiende Drachen lebten. Über 200 Jahre später folgte ein weiterer Mönch namens Hsuan-Tsang (602–664) den Spuren Fa-Hsiens. Hsuan-Tsang besuchte mehrere buddhistische Stätten in Indien, darunter die Universität von Nalanda, und nahm so viele Schriften mit, dass er 20 Pferde für den Transport benötigte.

Buddhistische Schulen in China

Zwei der erfolgreichsten Schulen des chinesischen Buddhismus waren Ching T'u (Reines Land) und Chan (japanisch: Zen). Die Schule des Reinen Landes bezieht sich auf die Lehre des Buddha Amitabha, der in einem himmelsähnlichen Land, dem Reinen Land, leben soll. Von dort aus gelangen die Gläubigen einfacher zur Erleuchtung.

Der Geschichte nach wurde Chan von dem indischen Mönch Bodhidharma im frühen 6. Jh. nach China gebracht. Diese Form des Buddhismus basiert auf Meditation als Weg, die Realität zu erfahren und die Welt so zu sehen, wie sie tatsächlich ist. Die Meditationstechniken sind höchst unterschiedlich. Eine besteht z. B. darin, längere Zeit still und ohne Gedanken oder Wünsche dazusitzen und eine Wand anzusehen.

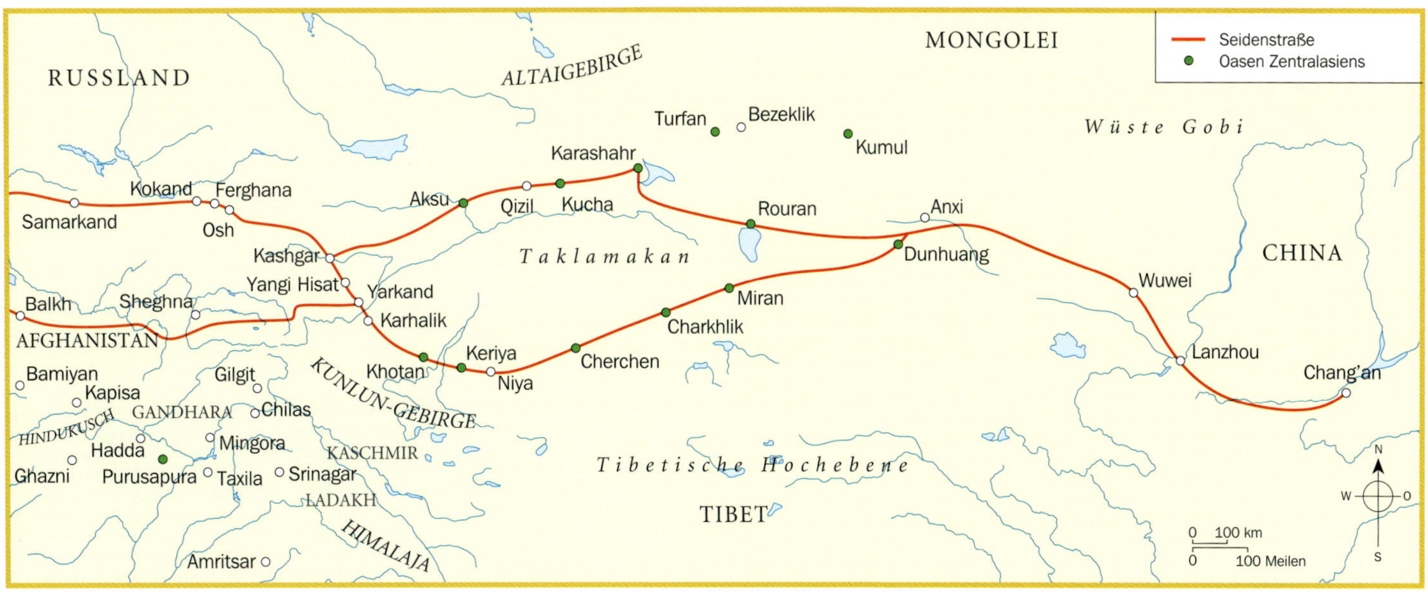

Die Seidenstraße zog sich durch Zentralasien und verband China mit Indien und dem Westen.

Diese Karte zeigt die Verbreitung des Buddhismus in China, Japan und Korea.

Der Niedergang des chinesischen Buddhismus

1949 fiel China unter kommunistische Herrschaft. Die Kommunisten unterdrückten den Buddhismus und andere Religionen mit aller Härte. Vor allem während der Kulturrevolution (1966–1969) kam es zu brutaler Verfolgung, und der Buddhismus wurde fast vollständig vernichtet. In den 1980er Jahren wurden einige Institutionen wiederbelebt. Ende des Jahrzehnts verschärfte die kommunistische Regierung den Druck jedoch aufs Neue.

Der Buddhismus erreicht Korea

Obwohl der Buddhismus in China unterdrückt wurde, hatte er großen Einfluss auf die Region. Vermutlich kam er im 4. Jh. v. Chr. mit chinesischen Mönchen nach Korea.

Während der Silla-Dynastie (618–935) entwickelte sich der Buddhismus dank herrschaftlicher Unterstützung ausgezeichnet. Silla-Mönche reisten nach China und Indien, um die neuesten Lehren nach Korea zu bringen. Bis zum 14. Jh. blieb der Buddhismus dort die Staatsreligion.

Der erste Herrscher der Koryo-Dynastie (918–932) war König T'aejo, ein überzeugter Buddhist, der in der Hauptstadt zehn Klöster errichten ließ. Erfahrene Mönche wurden zu Beratern des Königs ernannt, und einige Mitglieder der Königsfamilie traten Mönchsorden bei. Der König ließ alle koreanischen Schriften sammeln, drucken und veröffentlichen. Das Werk umfasste über 5000 Bände. Unter der Koryo-Familie wuchsen Reichtum und Macht der Mönchsklöster.

Während der Choson-Dynastie (1392–1910) wurde diese Macht wieder beschnitten, und für die Mönche wurden strengere Regeln eingeführt. Dennoch wurde der Buddhismus weiterhin von der Königsfamilie unterstützt.

Moderner koreanischer Buddhismus

Von 1910 bis 1945 wurde Korea von Japan beherrscht. Die Mönchsklöster spalteten sich, und es kam zu Konflikten zwischen einzelnen Mönchsorden. Der Mönch Han Yongun (1879–1944) trat in dieser Zeit nachdrücklich für den Erhalt des koreanischen Buddhismus ein. Nach dem Zweiten Weltkrieg (1939–1945) wurde Korea in Nord- und Südkorea aufgeteilt. Die kommunistische Regierung im Norden vernichtete den Buddhismus fast vollständig. Im Süden ist er bis heute weit verbreitet. Außerdem kam es zur Entwicklung mehrerer „neuer Religionen".

Chinul und Chogye

Einer der bedeutendsten Mönche und Vertreter des koreanischen Buddhismus war Chinul (1158 bis 1210). Er wurde ein Son-(Chan)Mönch, als er sieben Jahre alt war. Chinul bestand alle Mönchsprüfungen, doch anstatt in eine hohe Position in der *sangha* aufzusteigen, beschloss er, eine eigene buddhistische Schule zu gründen. Er nannte sie Chogye und gewann zahlreiche Mitglieder für sie, darunter auch den König selbst. Als Chinul 1205 das Kloster Suson gründete, erklärte der König die folgenden 120 Tage zu nationalen Feiertagen. Chogye ist noch heute die wichtigste Schule Koreas mit dem Kloster Suson als Zentrum.

Am buddhistischen Tempel Pulguk-Sa in Kyongu, Korea, werden bunte Laternen aufgehängt.

Buddhismus in Japan

Der Mahayana-Buddhismus kam im 6. Jh. n. Chr. von Korea aus nach Japan. Ein koreanischer König sandte buddhistische Mönche auf eine Missionsreise. Sie brachten buddhistische Schriften und Buddha-Bildnisse nach Japan. Unter Fürst Shotoku (regierte 574–622) erblühte der Buddhismus in Japan neben der alten japanischen Religion des Shintoismus. Shotoku ließ buddhistische Tempel und Klöster errichten und erklärte den Buddhismus zur Staatsreligion. Im 8. Jh. wurden zwei chinesische Schulen des Buddhismus – Rendai und Shingon – besonders beliebt. Beide wurden durch Klöster auf Bergspitzen Japans repräsentiert. Im 12. und 13. Jh. entwickelten sich weitere Schulen, darunter auch der Zen-Buddhismus. Den Zen-Klöstern kam vor allem während des unruhigen 14. und 15. Jhs. besondere Bedeutung für den Schutz der buddhistischen Lehren zu, als zwischen rivalisierenden Herrschern häufig Kriege tobten. Im 16. und 17. Jh. trafen die ersten christlichen Missionare in Japan ein. Um den Buddhismus zu erhalten, befahl der Kaiser all seinen Untertanen, sich für ein Kloster einzuschreiben.

Ein großer Lehrmeister

Einer der wichtigsten Lehrmeister des japanischen Buddhismus war der Mönch Nichiren (1222–1282). Er wurde im Tendai-Kloster auf dem Berg Hiei nahe Kyoto ausgebildet, gründete später aber seine eigene Schule des Buddhismus. Er vereinfachte die Lehren des Tendai und konzentrierte sich auf das Lotos-Sutra. Seinen Schülern vermittelte er, dass sie ihren Geist reinigen konnten, indem sie ausschließlich das Lotos-Sutra sangen. Nichiren wurde mehrfach verfolgt, da er sich ausschließlich gegen andere buddhistische Gruppierungen wandte. Er entkam der Hinrichtung, wurde jedoch auf eine abgelegene Insel verbannt. Dennoch ist Nichirens Einfluss bis heute spürbar, und mehrere moderne buddhistische Strömungen in Japan orientieren sich an seinen Lehren.

Die große Buddha-Statue von Kamakura in Japan stammt aus dem 13. Jh.

Diese Karte zeigt buddhistische Gedenkstätten in Japan, darunter Berge, Tempel und Statuen.

Das Lotus-Sutra

Das Lotus-Sutra ist einer der bekanntesten und wichtigsten Texte des Mahayana-Buddhismus. Es wird verehrt und hoch geschätzt. Das Sutra besteht aus einer Reihe von Geschichten und Versen, die Buddha während einer Lehrrede vor einer großen Hörerschaft aus Anhängern und *bodhisattvas* vortrug. Zu den wichtigsten Aussagen gehört, dass nicht nur Mönche und Nonnen, sondern jeder zur Erleuchtung gelangen kann. Um dies zu illustrieren, verglich Buddha sich selbst mit einer Regenwolke, die auf alle Pflanzen gleich viel Wasser regnen lässt.

Moderner japanischer Buddhismus

Im 19. Jh. wurde der Shintoismus zur Staatsreligion Japans und blieb dies bis zum Ende des Zweiten Weltkriegs. Dennoch entwickelte sich auch der Buddhismus weiter. Heute sehen sich 75 % der Japaner als Buddhisten. Viele folgen in Wirklichkeit einer Mischung aus Buddhismus und Shintoismus, und es gibt viele Orte, an denen buddhistische Tempel neben shintoistischen Schreinen stehen. Darüber hinaus sind mehrere weitere religiöse Gruppierungen entstanden. Sie basieren auf Variationen alter buddhistischer Texte. Zu ihnen gehört auch Soka-Gakkai, eine Form des Nichiren-Buddhismus.

KAPITEL 17: BUDDHISMUS IN TIBET

Die Beziehungen zu Indien führten im 7. Jh. zur Einführung des Buddhismus in Tibet. Danach entwickelte sich ein zähes Ringen zwischen dem Buddhismus und der einheimischen Religion Bön. Im 14. Jh. war der Buddhismus jedoch zur Staatsreligion aufgestiegen. Jahrhunderte lang blieb Tibet ein buddhistisches Land, und tausende Mönche lebten in zahlreichen Klöstern. Unter der jetzigen chinesischen Herrschaft sieht der Buddhismus jedoch einer ungewissen Zukunft entgegen.

Früher tibetischer Buddhismus

Die Geschichte des Buddhismus in Tibet beginnt mit König Songsten Gampo (regierte ca. 609–650). Zwei seiner Ehefrauen, eine chinesische und eine nepalesische Prinzessin, waren überzeugte Buddhisten. Es ist unklar, warum der König zum Buddhismus konvertierte, doch er ließ zwei eindrucksvolle buddhistische Tempel für seine Gattinnen errichten: Jokhang und Rampoche. In ihnen befanden sich zwei der Buddha-Statuen, die sie mit in die Ehe gebracht hatten. Der spätere König Khrisong Detsen (regierte 755–797) erhob den Buddhismus zur Staatsreli-

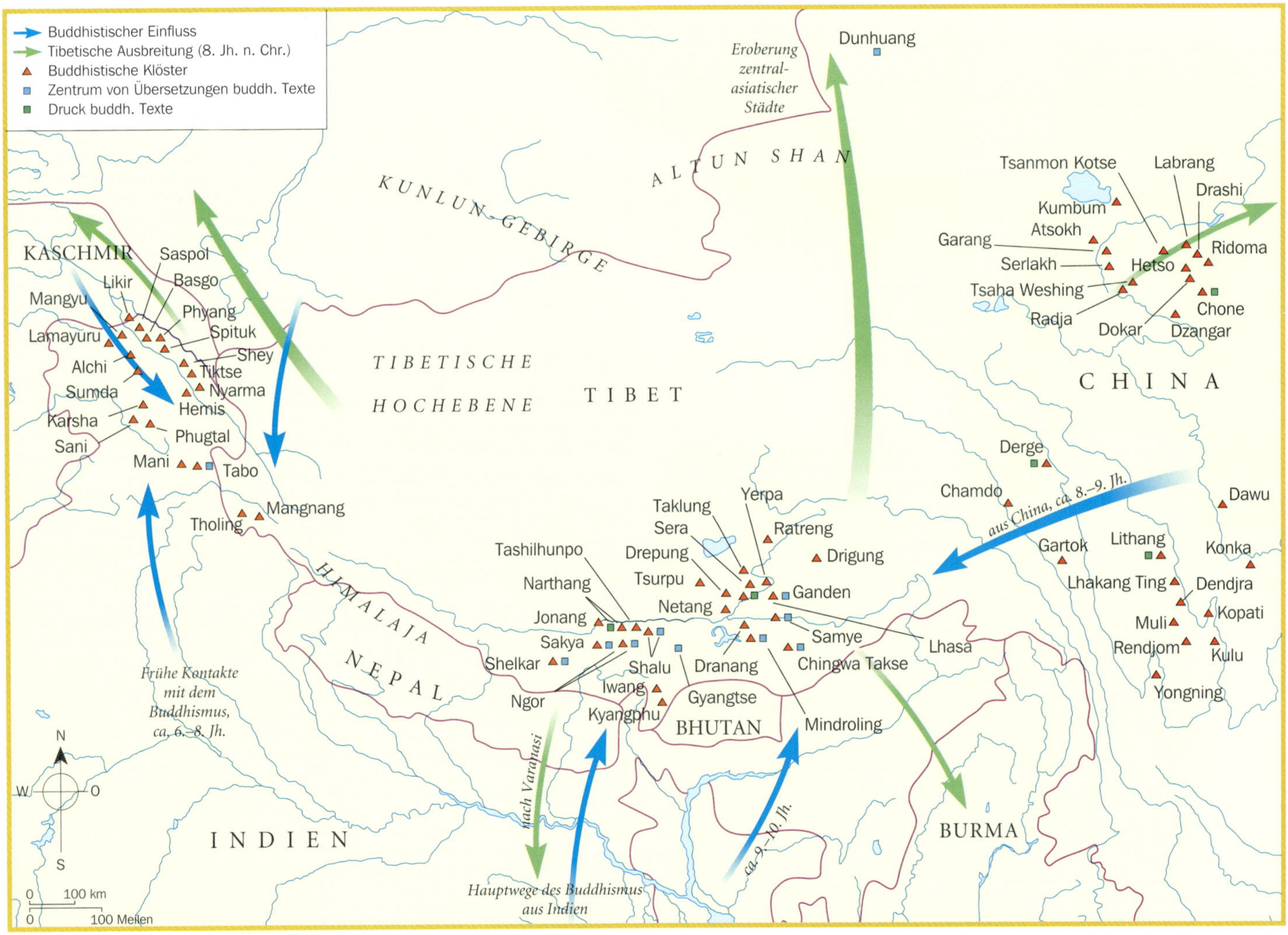

Diese Karte zeigt die Ausbreitung des Buddhismus in Tibet und weitere buddhistische Zentren.

gion und wurde dabei von bedeutenden Lehrmeistern aus Indien unterstützt, z. B. von Padmasambhava.

Dieser Beschluss rief Widerstand hervor, und es kam zu einer längeren Auseinandersetzung zwischen dem Buddhismus und Bon, der traditionellen Religion Tibets. König Ralpachan (regierte 817–836) ging noch einen Schritt weiter und wurde selbst ein buddhistischer Mönch. Im 10. und 11. Jh. flohen zahlreiche Mönche von Indien aus nach Tibet, um den Übergriffen der Muslime zu entgehen.

Aus dem Lotos geboren

Im späten 8. Jh. kam der berühmte indische Lehrmeister Padmasambhava nach Tibet. Er förderte die Verbreitung des Buddhismus unter den einfachen Leuten. Padmasambhava bedeutet „aus dem Lotos geboren", der Legende nach entstammte er also einer Lotosblume. Er wurde als großer Heiliger mit mächtigen Zauberkräften angesehen. Wie es damals üblich war, organisierte König Khrisong Detsen einen Magiewettstreit zwischen Padmasambhava und den mächtigsten Bön-Priestern mit ihren dämonischen Verbündeten. Angeblich zeigte Padmasambhava aufsehenerregende Beweise seiner magischen Fähigkeiten. Zu seinen Lebzeiten wurde in Samye das erste buddhistische Mönchskloster eröffnet und die ersten Tibeter zu Mönchen ernannt.

Die Übersetzung der Texte

König Songsten Gampo schickte einen Übersetzer nach Indien, der ein tibetisches Alphabet entwickeln sollte, da es bis dahin noch keine schriftlichen Aufzeichnungen auf Tibetisch gab. So konnten auch heilige buddhistische Texte aus dem Sanskrit übersetzt werden. Ab dem 8. Jh. arbeiteten mehrere Übersetzer an dieser Aufgabe, und in den folgenden Jahrhunderten entstand eine große Sammlung heiliger Bücher. Tibetische Texte werden in zwei Hauptgruppen zusammengefasst – dem Kanjur und dem Tenjur. Der Kanjur besteht aus 108 Bänden und beinhaltet die Worte des Buddha. Der Tenjur umfasst 360 Bände und kommentiert den Kanjur. Außerdem diente er der Erhaltung indischer Texte während des Niedergangs des Buddhismus in Indien.

Ein tibetischer Mönch beim Studium der heiligen Schriften.

Tibetischer Buddhismus

In Tibet wird eine einzigartige Variante des Buddhismus praktiziert: der tantrische Buddhismus. Er gehört zur Strömung des Mahayana-Buddhismus und setzt Zauberformeln und Rituale ein, um die Gläubigen der Erleuchtung näher zu bringen. Der Name stammt aus einer Sammlung rätselhafter Texte, Tantra genannt, die Padmasambhava nach Tibet gebracht hatte. Tibetischer Buddhismus wird auch Vajrayana genannt, das ist das Sanskrit-Wort für „Diamantfahrzeug“. Es wird im Unterschied zum Mahayana, dem „Pfad der Ansammlung“ und dem Theravada, dem „Pfad der Entsagung“, auch als „Pfad des Resultats“ bezeichnet.

Ein Bildnis des *boddhisattva* Avalokitesvara. Die Tibeter glauben, dass der Dalai Lama Avalokitesvara in menschlicher Gestalt ist.

Marpa und Milarepa

Der Kagyupa-Orden wurde von einem großen buddhistischen Lehrmeister namens Marpa (1012–1096) gegründet. Sein Schüler Milarepa (1040–1123) ist einer der meistverehrten Heiligen Tibets. Der Legende nach wandte er sich dem Buddhismus zu, um Buße dafür zu tun, dass er Magie angewandt hatte, um seinen Onkel zu bestrafen. Nach seiner Ausbildung durch Marpa verbrachte er den Rest seines Lebens in einer einsamen Berghöhle. Er kleidete sich in Lumpen und lebte von gekochten Brennnesseln. Trotz seiner asketischen Lebensführung ist Milarepa wegen seiner Lieder und Gedichte berühmt, die vom Glück der Erleuchtung erzählen. Unter dem Titel *Die 100 000 Lieder des Milarepa* gehören sie zu den beliebtesten Texten des tibetischen Buddhismus.

Verschiedene Schulen

Ab dem 9. Jh. entstanden mehrere verschiedene Schulen des tibetischen Buddhismus. die älteste ist der Nyingmapa-Orden, der seine Lehre direkt auf Padmasambhava zurückführt. Dieser vergrub angeblich mehrere heilige Schriften in den Bergen, wo die Menschen sie wiederentdecken sollten, wenn sie für seine Lehre bereit waren. Der Kadampa-Orden wurde von dem indischen Mönch Atisha (982–1054) gegründet. Er legt großen Wert auf Disziplin und Moral, und die Mönche unterliegen strengen Regeln. Eine andere Gruppe, die Sagyapas, sind nach der grauen Erde rund um ihr Kloster benannt. Sie gewannen im 12. und 13. Jh. an Bedeutung.

Der Aufstieg der Gelupkas

Im 13. Jh. stand der Buddhismus in Tibet in voller Blüte. Mehrere Gruppierungen begannen sich politisch zu engagieren. 1240 drohte eine Invasion der Mongolen aus dem Nordwesten. Der Meister der Sakyapas, Sakya Pandita, reiste daraufhin zum mongolischen Hof, um Tibet zu schützen. Er bot sich dem mongolischen Herrscher als geistlicher Berater an, wenn dieser Tibet unbeschadet lasse. Der Plan ging auf, und die Sakyapas stiegen zu den inoffiziellen Herrschern über Tibet auf.

Im frühen 15. Jh. war die Macht jedoch auf eine andere Gruppe übergegangen. 1409 hatte der tibetische Lehrer Tsong-Kha-pa (1357–1419) den Gelupka-Orden gegründet und in Ganden, Drepung und Sera Klöster für seine Anhänger errichtet. Zu ihren besten Zeiten waren diese Klöster beinahe zu Kleinstädten angewachsen, in denen mehrere zehntausend Mönche lebten. Der Meister der Gelupkas erhielt im 16. Jh. den Titel Dalai Lama, was „Ozean des Wissens“ bedeutet und jemanden beschreibt, dessen Weisheit sehr tiefgründig ist.

Diese Karte zeigt die bedeutendsten buddhistischen Tempel und Klöster Tibets.

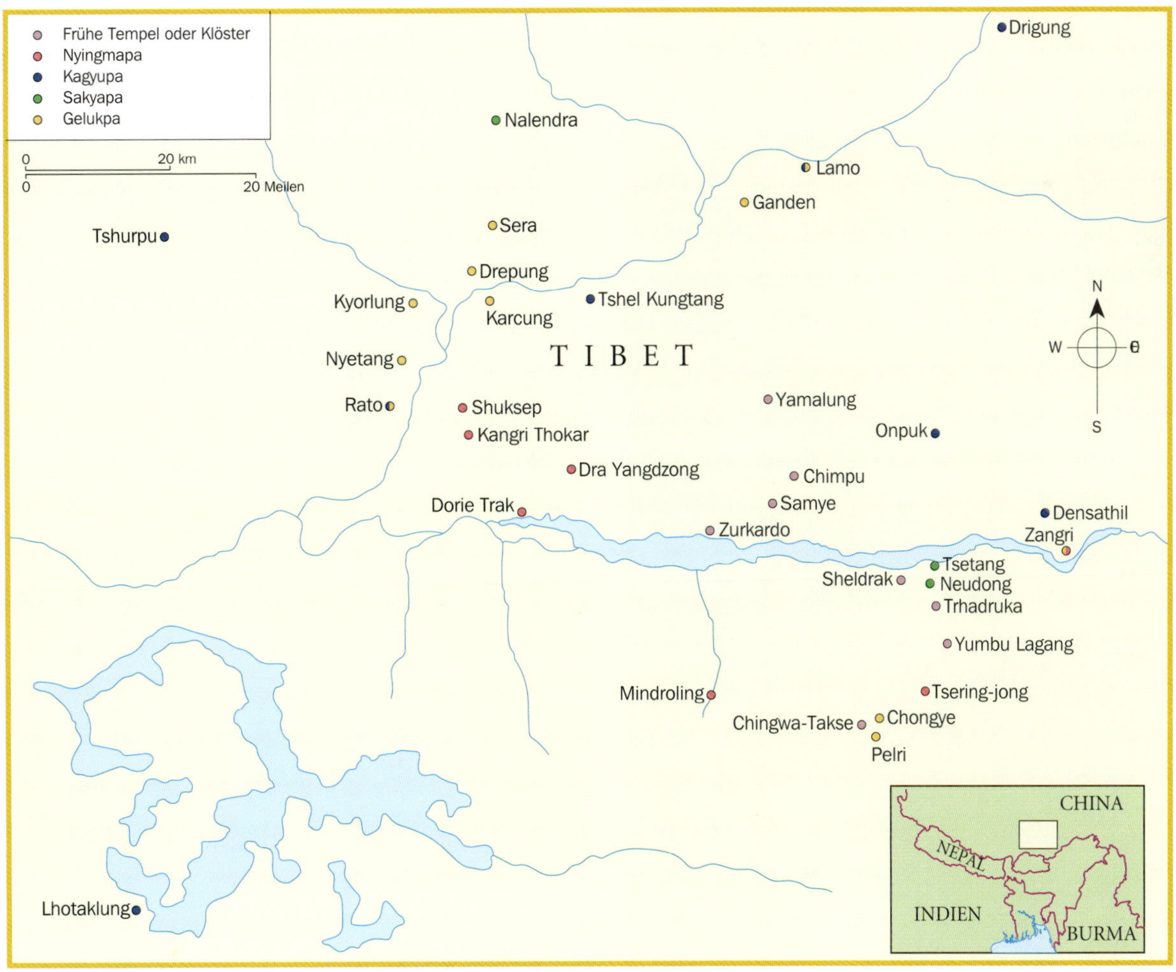

Der Dalai Lama

Der Titel Dalai Lama wurde zuerst Sonam Gyatso (1543 bis 1588) verliehen, der ihn jedoch auch zweien seiner Vorgänger zuschrieb. Somit gilt Gedun Truppa (1391 bis 1475) als erster Dalai Lama. Der jetzige Dalai Lama ist der 14. Die Tibeter halten den Dalai Lama für die Inkarnation des *boddhisattva* Avalokitesvara, der bewusst in menschlicher Gestalt wiedergeboren wird, um den leidenden Wesen zu helfen. Wenn ein Dalai Lama stirbt, beginnt die Suche nach einem Kleinkind, in dem sein Wesen wieder Gestalt annimmt. Man erkennt ihn anhand verschiedener Zeichen. So kann er z. B. alte Freunde aus einem früheren Leben oder Besitztümer wie Gebetsperlen wiedererkennen. Das Kind wird daraufhin in die tibetische Hauptstadt Lhasa gebracht, wo es erzogen wird.

Im 17. Jh. stieg der fünfte Dalai Lama zum religiösen und politischen Führer Tibets auf. Er ließ den berühmten Potala-Palast in Lhasa errichten. In den folgenden Jahrhunderten wurden die Dalai Lamas zunehmend in politische Ränkespiele hineingezogen, vor allem hinsichtlich der chinesischen Ansprüche auf Tibet. Die Dalai Lamas waren daher gezwungen, einen Teil ihres Einflusses an die Chinesen abzutreten. Diese Situation änderte sich erst wieder, als der 13. Dalai Lama (1875–1933) den vollen Machtanspruch erhob und Tibet bis zu seinem Tod regierte.

Chinesische Invasion

1951 marschierten chinesische Truppen in Tibet ein. Zunächst bemühte man sich darum, den Kommunismus ohne Beschneidung der Religionsfreiheit einzuführen. Allerdings waren die Kommunisten gegen viele buddhistische Bräuche, und viele Tibeter verweigerten sich der chinesischen Herrschaft. Daraufhin wurden mehrere tausend Mönche getötet oder eingesperrt und die Lehre Buddhas verboten. 1959, nach einem erfolglosen Aufstand der Tibeter, floh der 14. Dalai Lama verkleidet ins Exil. Er ging nach Indien, wo sich ihm etwa 100 000 Tibeter anschlossen. Die Zurückgebliebenen mussten schwere

Der 14. Dalai Lama

Der jetzige Dalai Lama Tenzin Gyatso (geb. 1935) ist der 14. Er wurde im Alter von fünf Jahren nach Lhasa gebracht und als 16-Jähriger zum Staatsoberhaupt ernannt. Der Dalai Lama bereist von Indien aus die ganze Welt, um für die Rechte seines tibetischen Volkes einzutreten. Wegen seiner Wärme, Weisheit und seines Mitgefühls ist er sehr beliebt und wird überall respektiert. 1989 wurde ihm der Friedensnobelpreis verliehen.

Tenzin Gyatso, der 14. Dalai Lama, vor seinem Haus in Dharamsala, Indien.

Repressalien erleiden. Noch schlimmer sollte die Situation während der Kulturrevolution der 1960er Jahre werden. Innerhalb von nur 20 Jahren wurde eine jahrhundertealte Tradition zerstört.

Tibetischer Buddhismus im Exil

Der Dalai Lama und viele buddhistische Mönche leben noch heute in Dharamsala in Indien. Dort haben sie für die aufblühende tibetische Gemeinde eine Exilregierung eingerichtet. In der Stadt gibt es mehrere buddhistische Klöster und Tempel, eine Schule für Tibetstudien und Werkstätten, in denen buddhistische Kunstgegenstände hergestellt werden. Seit 1980 gewähren die Chinesen den Tibetern größeren religiösen Freiraum, aber der Dalai Lama durfte bis heute nicht nach Tibet zurückkehren, und die Zukunft des Buddhismus ist ungewiss.

Auf dieser Karte ist die Lage Dharamsalas in Indien verzeichnet, wo der Dalai Lama seit 1959 im Exil lebt.

KAPITEL 18:

BUDDHISMUS IN DER MODERNEN WELT

Buddhistische Mönche protestieren im thailändischen Bangkok gegen ein Spirituosenunternehmen.

Der Buddhismus steht zu Beginn des 21. Jhs. vor einigen Herausforderungen. In seiner Herkunftsregion Asien hat sich das 20. Jh. als sehr wechselhaft erwiesen. In manchen Ländern wurden Buddhisten verfolgt und brutal unterdrückt. In anderen wird er durch Krieg und nationale Unruhen bedroht. In letzter Zeit beginnt der Buddhismus in Ländern wie Indien und Indonesien sich zu erholen. Außerdem gewinnt er ständig neue Anhänger, vor allem in Europa, Nordamerika und Australien.

Der Buddhismus in der Gesellschaft

In asiatischen Ländern wie Thailand und Sri Lanka ist der Buddhismus noch immer die wichtigste Religion und hat großen gesellschaftlichen Einfluss. Mehrere Jahrhunderte lang hat die Sangha für die Gesellschaft eine entscheidende Rolle gespielt. Mönche engagieren sich in den Bereichen Ausbildung, Krankenbetreuung, Sozialfürsorge sowie Naturschutz. Sie dienen Gemeinderäten als Berater und unterstützen die Menschen bei der Lebensführung gemäß den buddhistischen Prinzipien.

Engagierter Buddhismus

Heute wenden sich viele Buddhisten in- und außerhalb Asiens dem „engagierten Buddhismus“ zu. Das bedeutet, dass sie sich sozial, in der Friedensbewegung, politisch und gesellschaftlich engagieren. So haben Buddhisten Krankenhäuser und AIDS-Stationen eingerichtet und Protestbewegungen z. B. gegen internationale Konzerne des Waffenhandels angestrengt. Ein bekanntes Beispiel für engagierten Buddhismus ist das Kloster Wat Tham Krabok in Thailand. Seit 50 Jahren führen die Mönche und Nonnen dort ein strenges, aber erfolgreiches Hilfsprogramm für Drogenabhängige durch. Das Programm basiert auf buddhistischen Prinzipien.

Buddhismus in Indien

Die zahlenmäßig größten Religionen Asiens sind heute zwar Hinduismus und Islam, der Buddhismus scheint sich jedoch allmählich zu erholen. Zu verdanken ist dies auch der Arbeit von Dr. B. R. Ambedkar (1891–1956), einem indischen Anwalt und Politiker. Er wurde als Sohn einer Paria- oder Dalit-Familie und damit in die unterste Kaste der indischen Gesellschaft hineingeboren und tritt für die Gleichberechtigung der Dalits ein.

Auf dieser Karte sind die unterschiedlichen Strömungen des Buddhismus in Asien verzeichnet.

Buddhismus und Politik

In vielen asiatischen Ländern hat der Buddhismus unter kommunistischen oder Militärregimes sehr gelitten. Vietnam steht seit den 1950er Jahren unter kommunistischer Herrschaft. Dennoch hat der Buddhismus unter dem Kommunismus überlebt, wenn die *sangha* auch von der Regierung überwacht wird. In Kambodscha wurde der Buddhismus dagegen fast vollständig ausgelöscht. Verantwortlich sind die von 1975–1979 herrschenden Roten Khmer. Ihr Anführer Pol Pot ließ Klöster zerstören und tausende Mönche foltern und hinrichten. 1979 wurde eine Delegation von Mönchen von Vietnam aus nach Kambodscha gesandt, um die *sangha* wieder aufzurichten. Heute ist der Buddhismus in Kambodscha offizielle Staatsreligion, doch er erholt sich nur langsam, und seine Zukunft ist keineswegs gesichert.

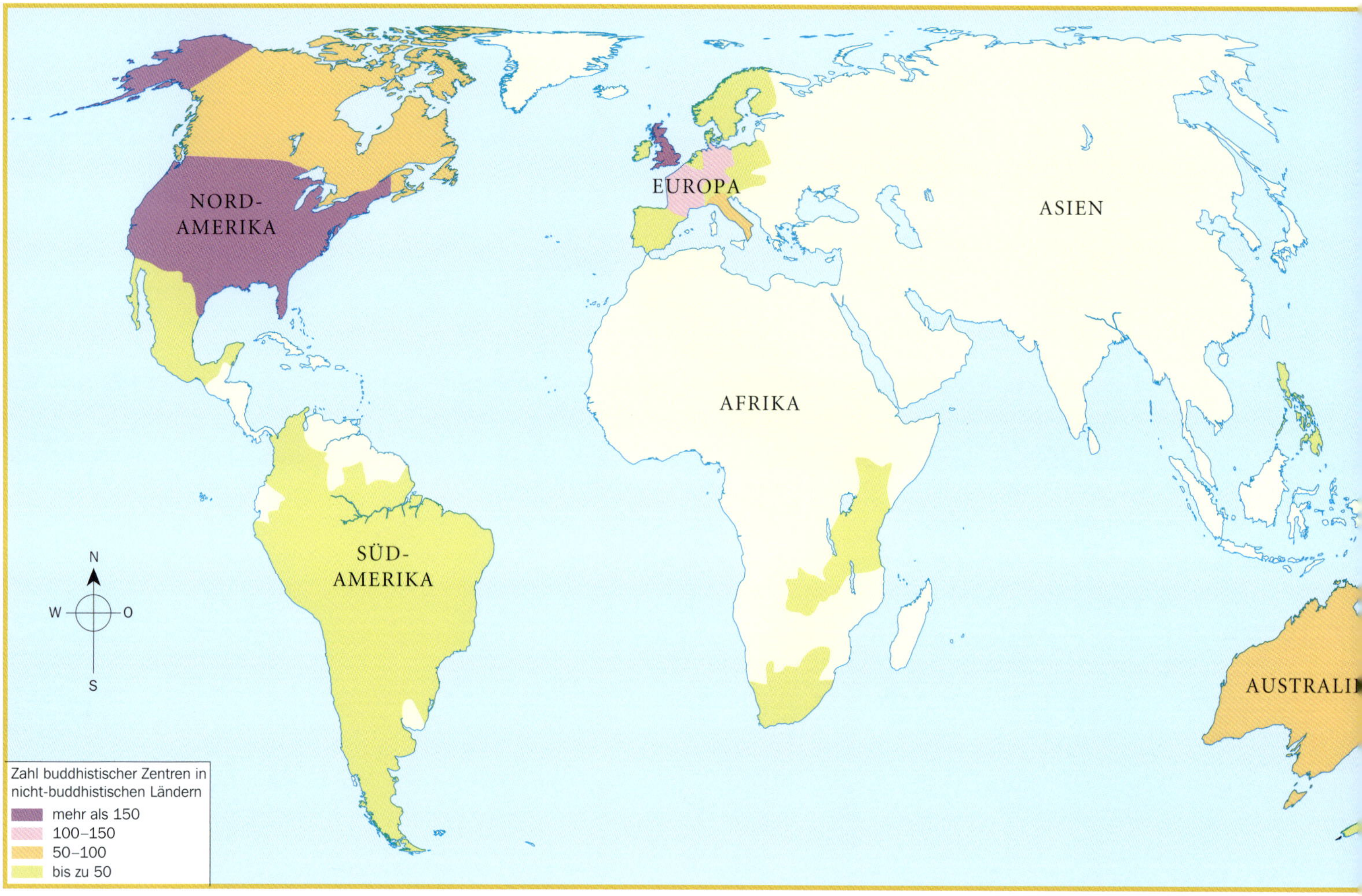

Auf dieser Karte sind die buddhistischen Zentren nicht-buddhistischer Länder außerhalb Asiens verzeichnet.

Der Buddhismus im Westen

Bis vor etwa 100 Jahren war der Buddhismus nur wenigen Menschen in der westlichen Welt bekannt. Im letzten Jahrhundert ist der Kontakt jedoch sehr viel intensiver geworden. Der Buddhismus ist schnell gewachsen und hat Tausende von Anhängern gefunden. Heute ist er in Großbritannien, den USA, Australien und den meisten europäischen Ländern fest verankert und hat auch in Südamerika und Afrika Zulauf.

Buddhistische Gelehrte

Die Briten kamen im 18. und 19. Jh. mit dem Buddhismus in Kontakt, als das Britische Kolonialreich sich ausdehnte und sich bis Myanmar und Sri Lanka erstreckte. Zu den ersten Europäern, die sich mit dem Buddhismus beschäftigten, gehörten britische Verwaltungsangestellte, die in diesen Ländern arbeiteten. Andere buddhistische Länder wie Vietnam und Kambodscha gerieten unter französische Herrschaft, und auch französische Gelehrte versuchten, den Buddhismus besser kennenzulernen.

1879 veröffentlichte Edward Arnold, ein englischer Lehrer, der in Indien lebte, das Gedicht „The Light of Asia“, das auf dem Leben Buddhas basierte. Damit begann sich das Bewusstsein für den Buddhismus zu entwickeln, aber ernsthafte Forschungsarbeit wurde in Großbritannien erst 1881 aufgenommen, als der britische Gelehrte T. W. Rhy Davids (1843–1922) die Pali Text Society gründete. Er war als Verwaltungsangestellter in Sri Lanka erstmals dem Buddhismus begegnet. Seine Gesellschaft sammelte Texte des Theravada und übersetzte sie, sodass sie damit deutlich mehr Menschen im Westen zugänglich wurden.

Buddhistische Gesellschaften

Anfang des 20. Jhs. gab es die ersten buddhistischen Mönche in der westlichen Welt. Einer von ihnen war der Brite Alan Bennett (1873–1923). Er wurde in Myanmar ordiniert und nahm den buddhistischen Namen Ananda Maitreya an. 1908 gehörte er zu den Gründern der ersten buddhistischen Gesellschaft in Großbritannien. 1926 errichtete Anagarika Dharmapala (1874–1933) ein buddhistisches Zentrum in London. Es war das erste außerhalb Asiens. Buddhistische Gesellschaften bildeten sich auch in Deutschland (1903 und 1924) und Frankreich (1929). Die Buddhist Society of America entstand 1930 in New York City.

Seitdem ist das Interesse am Buddhismus stark gestiegen, und jedes Jahr entstehen neue Zentren und Gesellschaften. Heute sind es bereits mehr als 100 in Großbritannien und noch viel mehr in den USA. Manche wenden sich vorzugsweise an asiatische Auswanderer, andere stehen Europäern und Nordamerikanern offen, die nach den Regeln des Buddhismus leben wollen.

Helena Petrovna Blavatsky (1831–1891).

Die Theosophische Gesellschaft

Die Theosophische Gesellschaft war eine weitere Institution, die den Buddhismus dem Westen näherbrachte. Sie wurde 1875 in New York von den Amerikanern Oberst Henry Steel Olcott (1832–1907) und Helena Blavatsky (1831–1891) gegründet und stützte ihre Philosophie auf alte Traditionen des Hinduismus und Buddhismus. Olcott und Blavatsky waren möglicherweise die ersten Buddhisten des Westens. Während einer Reise nach Sri Lanka besuchten sie im Jahr 1880 einen Tempel und verschrieben sich im Beisein eines Mönchs dem Buddhismus.

Buddhisten aus dem Westen nehmen an einer tibetischen Zeremonie in Dharamsala teil.

Buddhistische Traditionen im Westen

Bis zu den 1950er Jahren war im Westen fast ausschließlich der Theravada-Buddhismus bekannt. 1954 wurde in London ein buddhistischer Tempel (*vihara*) im Stil Sri Lankas eröffnet, 1966 folgte ein thailändischer. Mitte der 1950er gewann japanischer Zen-Buddhismus auch in Großbritannien, den USA, Europa und Australien an Beliebtheit. Der tibetische Mönch Chogyam Trungpa errichtete das Kloster Samye Ling in Schottland und ein buddhistisches Zentrum in den USA. Etwa die Hälfte der Buddhisten in der westlichen Welt hat sich dem tibetischen Buddhismus angeschlossen, aber auch kleinere Gruppierungen haben sich fest etabliert, z. B. das Reine Land und Shingon aus Japan. Daneben haben sich auch moderne Strömungen entwickelt wie etwa Soka-Gakkai aus dem Nichiren-Buddhismus. Die Lehre basiert auf täglichem Gesang als Voraussetzung für geistige wie auch materielle Belohnung. Dieses Prinzip ist unter Buddhisten allerdings umstritten.

Die Neue Kadampa-Tradition

Eine der am schnellsten wachsenden Gruppierungen im Westen ist die Neue Kadampa-Tradition. Sie wurde von dem tibetischen Mönch Geshe Kelsang Gyatso Rinpoche gegründet und zählt heute über 900 Meditationszentren in 37 Ländern. Das Neue Kadampa basiert auf dem tibetischen Kadampa-Buddhismus des 11. Jhs. Es legt großen Wert auf moralische Disziplin, das Textstudium und Meditation als Wege zu Frieden und Glückseligkeit. Die Anhänger des Neuen Kadampa verehren außerdem eine Gottheit namens Dorje Shugden. 1998 wurde im britischen Cumbria der erste Kadampa-Tempel eröffnet. Ein zweiter entsteht in New York.

Freunde des Westlichen Buddhistischen Ordens

Die Freunde des Westlichen Buddhistischen Ordens (FWBO) wurden 1967 von dem bedeutenden englischen Buddhistenmönch Sangharakshita (geboren als Denis Lingwood) ins Leben gerufen. Während des Zweiten Weltkriegs war er in Indien und Sri Lanka stationiert. Er blieb auch nach dem Krieg in Asien und ließ sich zum Theravada-Mönch ausbilden. Außerdem studierte er die Lehren des tibetischen und des Chan-Buddhismus. Er beschloss, eine Bewegung zu gründen, die traditionelle Elemente des Buddhismus mit dem modernen Leben des Westens verband. So gibt es bei den FWBO weder Mönche noch Nonnen. Wer sich der Bewegung ernsthaft anschließen will, legt einen Eid ab und wird zum „Mitglied“ ernannt.

Die Zukunft des Buddhismus

In einigen traditionell buddhistischen Ländern wie Thailand oder Sri Lanka sind die buddhistischen Lehren und Werte wie Toleranz, Mitgefühl und Moral durch das Bedürfnis nach materiellem Wohlstand zunehmend untergraben worden. In anderen Regionen, die den Buddhismus erst seit jüngerer Zeit kennen, sind es gerade diese Werte, die neue Anhänger anziehen. Welche Perspektiven hat der Buddhismus? Indem er sich an verschiedene Kulturen und Lebensweisen angepasst hat, konnte er sich als eine der großen Weltreligionen etablieren und sieht einer vielversprechenden, hoffnungsvollen Zukunft entgegen.

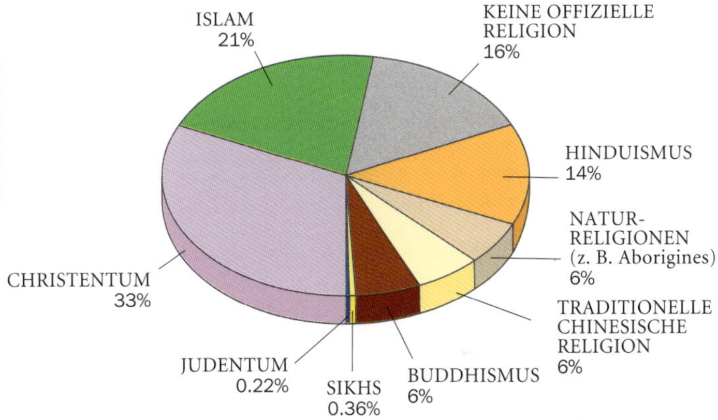

Das Diagramm zeigt die Anteile der größten Religionen an der Weltbevölkerung.

Diese Karte zeigt, in welchen Regionen die einzelnen Religionen dominieren.

GROSSE PERSÖNLICHKEITEN

Siddhartha Gautama (ca. 563–483 v. Chr.)

Buddha wurde als Sohn eines indischen Adligen in Lumbini, Nepal, geboren und lebte im Palast seines Vaters ein sorgloses Leben. Nachdem er erstmals Menschen leiden gesehen hatte, beschloss er, als Mönch zu leben und die Wahrheit zu suchen, die dem Leben zugrunde liegt. Nachdem er die Erleuchtung erfahren hatte, verbrachte er den Rest seines Lebens damit, zu lehren, wie Leid gemildert und die Lebensführung verbessert werden kann.

Ashoka (regierte ca. 265–238 v. Chr.)

Ashoka war ein Herrscher des indischen Maurya-Reichs. Er konvertierte zum Buddhismus und trat wirkungsvoll für ihn ein, indem er Felsen und Säulen mit eingravierten Lehrsätzen überall in seinem Reich errichten ließ. Außerdem sandte er viele Missionare aus, darunter auch seinen Sohn und seine Tochter, die Buddhas Lehre auch außerhalb Indiens verbreiten sollten.

Asvaghosa (1. Jh. n. Chr.)

Asvaghosa war Dichter am Hof von König Kanishka in Kushan. Er schrieb viele buddhistische Texte auf Sanksrit, darunter auch die erste Biografie des Buddha mit dem Titel *Buddhacarita* (Handlungen des Buddha). Das Werk im Stil eines Heldengedichts ist teilweise noch erhalten. Übersetzungen existieren auf Tibetisch und Chinesisch.

Nagarjuna (150–ca. 250)

Nagarjuna war der Gründer der Madhyamaka-Schule und der bedeutendste buddhistische Philosoph. Er wurde als Hindu geboren, konvertierte aber als junger Mann zum Buddhismus. Angeblich erhielt er eine Sammlung heiliger Schriften vom König der Nagas (Schlangenwesen aus der indischen Mythologie mit magischen Kräften).

Bodhidharma (ca. 5. Jh.)

Der indische Mönch Bodhidharma reiste nach China und gründete den Chan-(Zen-)Buddhismus. Angeblich saß er neun Jahre lang still und meditierte, um dann seine Anhänger seine Meditationstechnik zu lehren. Der Legende nach wollte er nach Indien zurückkehren, starb jedoch, bevor er aufbrechen konnte.

Atisha (982–1054)

Der indische Mönch und Lehrmeister Atisha hatte großen Einfluss auf die Entwicklung des Buddhismus in Tibet. Er studierte den Buddhismus in Indonesien und wurde dann Abt der buddhistischen Universität im indischen Vikramasila. Im Jahr 1042 lud ihn der Herrscher von Tibet an seinen Hof, wo er die Mönche in Buddhas Lehren unterwies.

Dogen (1200–1253)

Dogen war der Gründer der Soto-Zen-Schule in Japan und eine bedeutende Gestalt des japanischen Buddhismus. Er wuchs in einer verarmten Aristokratenfamilie auf. Im Alter von 13 Jahren trat er in das Tendai-Kloster auf dem Berg Hiei ein, wo er den Gläubigen als Lehrmeister des Zen-Buddhismus diente.

Nichiren (1222–1282)

Der japanische Mönch gründete die gleichnamige Schule des Buddhismus. Als Sohn eines Fischers geboren, trat er als 12-Jähriger in ein Tendai-Kloster ein. Viele Jahre lang reiste er von Tempel zu Tempel und suchte nach der „wahren“ Lehre des Buddhismus. Er wurde wegen seiner offen ausgesprochenen Ansichten beinahe hingerichtet und schließlich ins Exil geschickt.

Thich Nhat Hanh (geb. 1926)

Der Zenmeister aus Vietnam wurde im Alter von 16 Jahren ordiniert. Während des Vietnamkriegs in den 1960er Jahren engagierte er sich intensiv für zerstörte Gemeinden und in der Friedensarbeit. Er führte diese Arbeit auch fort, nachdem er Vietnam verlassen hatte, und gründete ein Zentrum in Frankreich, wo Gläubige aller Religionen einen Ort finden, an den sie sich zurückziehen können.

Tenzin Gyatso (geb. 1935)

Der jetzige Dalai Lama wurde im Nordosten Tibets geboren. Er wurde nach Lhasa gebracht und 1940 als 5-Jähriger inthronisiert. Im Alter von 16 Jahren wurde er Staatsoberhaupt. 1959 musste er mit einigen Mönchen ins indische Dharamsala fliehen. Bis heute reist er durch die Welt und tritt für die Rechte des tibetischen Volks ein. 1989 wurde ihm der Friedensnobelpreis verliehen.

DER BUDDHISMUS IM ÜBERBLICK

Zahl der Anhänger einzelner Schulen des Buddhismus (2004)

Mahayana	56 %	ca. 185 000 000
Theravada	38 %	ca. 124 000 000
Tibetisch	6 %	ca. 20 000 000

Länder mit dem größten buddhistischen Bevölkerungsanteil (2004)

Thailand	95 %
Kambodscha	90 %
Myanmar	88 %
Bhutan	75 %
Sri Lanka	70 %
Tibet	65 %
Laos	60 %
Vietnam	55 %
Japan	50 %
Macao	45 %
Taiwan	43 %

Zahl der Buddhisten in folgenden Ländern (2004)

China	102 000 000
Thailand	55 480 000
Vietnam	49 690 000
Myanmar	41 610 000
Sri Lanka	12 540 000
Südkorea	10 920 000
Taiwan	9 150 000
Kambodscha	9 130 000
Japan	8 965 000

(Quelle: Buddha Dharma Education Association und BuddhaNet)

Kalender der Feste und Feiertage

Monat des Festes	Ereignis	Bedeutung
April	Hana-Matsuri (Mahayana, Japan)	Blumenfest zu Buddhas Geburtstag und zum Frühlingsbeginn.
April / Mai	Wesak (Theravada)	Gebete und Gaben zu Buddhas Geburtstag, Erleuchtung und Tod.
Juni / Juli	Chokhor (Vajrayana)	Sommerfeier in Tibet und Nepal zum Gedenken an Buddhas erste Lehrrede über die Vier Edlen Wahrheiten.
Juni / Juli	Poson (Theravada)	Feier auf Sri Lanka zur Erinnerung an das erste Auftreten des Buddhismus auf der Insel. Die Geschichte wird mit großen Straßenumzügen dargestellt.
Juli / August	O-Bon (Mahayana, Japan)	Totengedenkfeier mit Festmahl und Volkstanz.
Juli / August	Asala (Theravada)	Feier in Kandy, Sri Lanka, bei der ein Elefant im Rahmen eines großen Straßenumzugs eine heilige Reliquie durch die Stadt trägt, bei der es sich um einen Zahn Buddhas handeln soll.
August	Feier der „hungrigen Geister" (Mahayana, China)	Gedenkfeier zu Ehren eines Buddhisten, der seine Mutter vor der Hölle rettete, indem er alle „hungrigen Geister" zu einem Festmahl einlud.
Oktober / November	Kathina (Theravada)	Laien besuchen die Tempel, um den Mönchen Gaben in Form neuer Gewänder zu überreichen.
November	Loi Kratong (Theravada)	Lichterfest in Thailand; unzählige Schwimmkerzen werden in die Flüsse gesetzt, um an die Großzügigkeit und Freundlichkeit Buddhas zu erinnern.
November	Tag der *sangha* (FWBO)	Die Liebe und Freundschaft innerhalb der *sangha* wird gefeiert. Die Buddhisten sprechen ein besonderes Gebet und erneuern ihr Bekenntnis zum Buddhismus.
Februar	Losar (Vajrayana)	Das Neujahrsfest in Tibet. Die Gebetsfahnen werden abgenommen und durch neue ersetzt.

ZEITTAFEL

	v. Chr.
ca. 563	Siddhartha wird in Lumbini, Nepal, geboren.
ca. 483	Buddha stirbt in Kushinagara, Indien.
ca. 482	In Rajagrha findet das erste Konzil statt.
ca. 373	In Vesali findet das zweite Konzil statt.
326	Das Heer von Alexander dem Großen erreicht Indien.
265–232	Regierungszeit von Kaiser Ashoka.
ca. 250	Der Buddhismus erreicht Sri Lanka.
250	In Pataliputra findet das dritte Konzil statt.
155–130	Regierungszeit von König Milinda (Menandros).
1. Jh.	Der Tipitaka wird erstmals niedergeschrieben.
	n. Chr.
1. Jh.	In Gandhara entstehen die ersten Buddha-Bildnisse; der Buddhismus erreicht China und etabliert sich in Indonesien.
100	In Kashmir findet das vierte Konzil statt.
4. Jh.	Der Buddhismus erreicht Korea.
5. Jh.	Die Universität von Kalanda erreicht ihren Höhepunkt; der Buddhismus etabliert sich in Myanmar.
6. Jh.	Der Buddhismus etabliert sich in Vietnam und erreicht Japan von Korea aus.
7. Jh.	Der Buddhismus gelangt nach Tibet.
ca. 800	Auf Java wird der Tempel Borobudur errichtet.
12. Jh.	Buddhismus wird Staatsreligion in Kambodscha, verschwindet aber fast vollständig aus Indien; Muslime zerstören Nalanda.
1350	Buddhismus wird Staatsreligion in Thailand.
1391–1475	Erster Dalai Lama in Tibet.
1881	Gründung der Pali Text Society.
1908	Erste buddhistische Gesellschaft in Großbritannien.
1930	Gründung der ersten buddhistischen Gesellschaft in den USA.
1935	Geburt des 14. Dalai Lama.
1956	Dr. Ambedkar in Indien bringt vor seinem Tod viele zum Buddhismus.
1959	Der Dalai Lama flieht aus Tibet.
1967	Gründung der FWBO.
1989	Der Dalai Lama erhält den Friedensnobelpreis.

KAPITEL 19:
WURZELN DES HINDUISMUS (3000–1500 V. CHR.)

Der Hinduismus ist vermutlich die älteste noch bestehende Religion der Welt. Seine Ursprünge sind heute kaum noch zu ergründen. Anders als die meisten anderen Glaubensrichtungen ist der Hinduismus keine Stifterreligion, besitzt keine einzelne heilige Schrift und keine einheitliche Lehre. In seiner langen Geschichte gab es viele Führer, die unterschiedliche Philosophien verfolgten und Tausende von heiligen Büchern geschrieben haben. Der Hinduismus wird deshalb auch häufig als „Religionsfamilie" oder als „Lebensart" bezeichnet. Entstanden ist er in Indien vor etwa 4000 Jahren. Heute lebt ein Großteil der Hindus allerdings außerhalb Indiens. Viele sind nicht einmal indischer Abstammung, leben aber dennoch gemäß hinduistischer Lehren und Riten. Der Einfluss des Hinduismus beschränkt sich also bei Weitem nicht nur auf Indien.

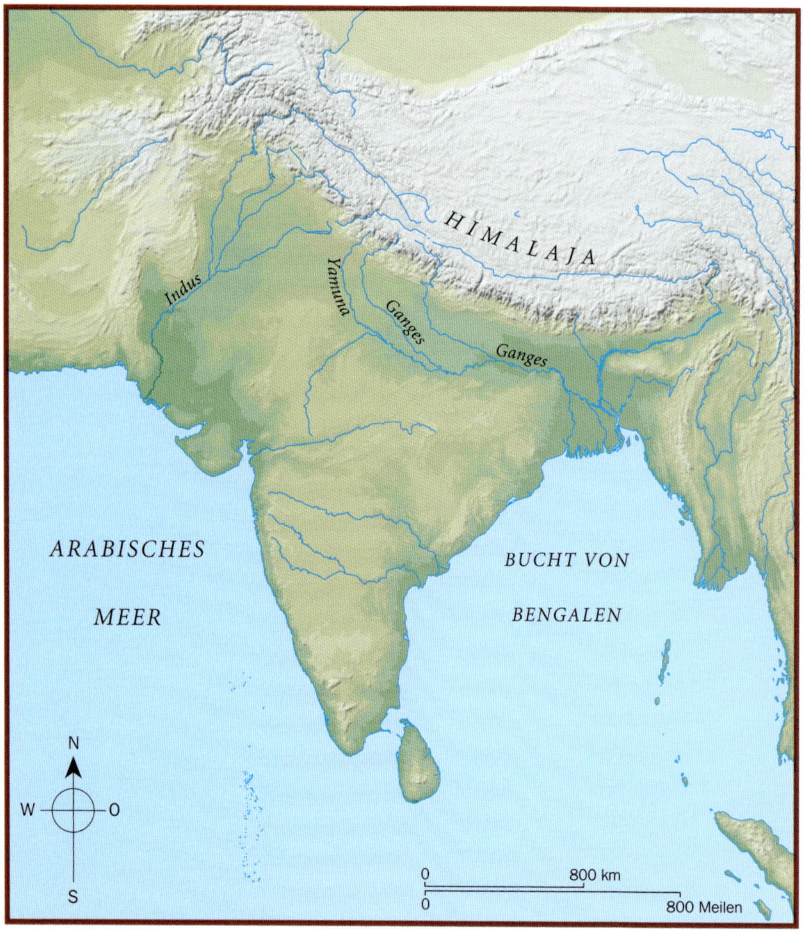

Die Karte zeigt die geografischen Besonderheiten der indischen Halbinsel, häufig auch als Subkontinent bezeichnet. Sie grenzt im Norden an den Himalaja, im Westen an das Arabische Meer und im Osten an die Bucht von Bengalen. Für Angriffe ist sie im Nordwesten am anfälligsten.

Altindische Weisheit

Viele Anhänger geben die Veden als heilige Schriften des Hinduismus an. Das alte Wort Veda stammt aus dem Sanskrit und bedeutet schlicht „Wissen". Der Hinduismus ist allerdings nicht auf eine einzelne Glaubensrichtung oder ein Glaubensbekenntnis beschränkt, sondern legt großen Wert auf die Flexibilität des Geistes. Für Hindus ist entscheidend, ob jemand ein guter Mensch ist, und nicht, woran er glaubt.

Alte Lehren wie diese wurden mündlich weitergegeben. Viele Gelehrte vermuten, dass die erste Textsammlung, der Rigveda, etwa um 1000 v. Chr. entstanden ist.

Die ewige Religion

In den Veden taucht der Begriff Hinduismus nicht auf. In ihnen wird vielmehr das *dharma* erwähnt, das so viel wie „religiöse Pflicht" bedeutet. Genauer gesagt, bezeichnet es die „Pflichten, die uns zu dem machen, was wir sind".

Ein Gemälde über die spirituellen und materiellen Welten. Hindus glauben an die Unendlichkeit des Geistigen. Für sie wird die materielle Welt in einem ewigen Kreislauf geschaffen, zerstört und wieder erschaffen.

Es gibt zwei Hauptebenen des *dharma*:

1. Sanatana Dharma: die ewige Beziehung zwischen *atman* (der Seele) und Gott und die darauf basierenden Handlungen.
2. Varnashrama Dharma: die Pflichten des Körpers, in dem wir gerade leben, bestimmt durch die vier *varnas* (gesellschaftliche Schichten) und die vier *ashramas* (Lebensstadien).

Viele Hindus bezeichnen ihre Religion als Sanatana Dharma – die ewige Religion.

Die Erschaffung der materiellen Welt

Nach hinduistischen Schriften wie dem Rigveda geht die ewige Welt aus dem Brahman (Geist) hervor. Außerdem sprechen sie von einer mehrfach zerstörten und wiedererschaffenen Welt. Danach wird auch das jetzige Universum nach seiner Zerstörung im Rahmen eines ewigen Kreislaufs wiedererschaffen.

Nach den Veden ist die Erde nur einer von vielen Planeten, die an verschiedenen Orten und in verschiedenen Dimensionen existieren. Die Hindus sehen Indien außerdem als heiliges Land an, in dem viele Heilige und Avatare (Inkarnationen Gottes) gelebt haben.

Gebet aus dem Rigveda

Om. Oh Gott, die vergangenen, gegenwärtigen und zukünftigen Universen sind Zeichen Deiner Macht, doch Du bist noch viel größer. Die materielle Schöpfung ist nur ein Viertel des gesamten Kosmos. Der ewige geistige Himmel ist viel größer, er füllt die anderen drei Viertel aus.

Rigveda, Kap. 10, Hymne 190

Krishna und Arjuna blasen vor der Schlacht von Kurukshetra auf ihren Muschelhörnern. 36 Jahre später verließ Krishna die Welt, und das jetzige Zeitalter Kali Yuga (Eisernes Zeitalter) begann.

Traditionelle Geschichtsschreibung

Die Frühgeschichte des Hinduismus ist vielschichtig, mit einer Reihe unterschiedlicher Darstellungen. Dafür gibt es drei Gründe. Zunächst einmal ist der Hinduismus keine einheitliche Lehre, sondern besteht aus mehreren Strömungen. Außerdem kann man den Ursprung des Hinduismus nicht zeitlich bestimmen. Er ist mindestens 4000 Jahre alt, möglicherweise viel älter. Um den Hinduismus zu verstehen, muss man seine Einstellung zur Zeit und seine lange Geschichte studieren.

Hindus glauben, dass die Zeit seit der Schöpfung des Universums sich kreisförmig durch vier Zeitalter bewegt, die sich wie die vier Jahreszeiten ständig wiederholen. Während des ersten, des Goldenen Zeitalters waren die Menschen tugendhaft und religiös. Die guten Eigenschaften nahmen während des Silbernen und Kupfernen Zeitalters immer mehr ab, bis schließlich das jetzige Eiserne Zeitalter (Kali Yuga) erreicht wurde. *Kali Yuga* bedeutet wörtlich übersetzt „Zeitalter des Niedergangs".

Die beiden hinduistischen Epen berichten über die Geschichte Indiens, sie werden aber von vielen Wissenschaftlern als Fiktion bewertet. Das erste Epos – Ramayana – erzählt die berühmte Geschichte von Rama und Sita, die sich vermutlich während des Silbernen Zeitalters zugetragen hat. Das zweite ist das Mahabharata, was so viel heißt wie „die Geschichte des größeren Indien".

Die Geschehnisse des Mahabharata trugen sich gegen Ende des Kupfernen Zeitalters zu, es erzählt die Geschichte von fünf Prinzen bzw. Pandavas. Sie waren Söhne des König Pandu und Nachfahren des König Bharat, nach dem Indien „Bharatavarsha" (Land des Bharat) benannt

Wichtige hinduistische Begriffe aus der Bhagavad Gita

atman – das wahre, ewige Selbst, es ist weder Geist noch Körper.
brahman – der ewige Geist, er unterscheidet sich von der temporären Materie (*prakriti*).
samsara – der Zyklus von Geburt, Tod und Wiedergeburt (Reinkarnation).
karma – das Gesetz von Aktion und Reaktion: Gute Taten führen zu einem guten nächsten Leben und umgekehrt.
moksha – Befreiung von *samsara* und dem damit einhergehenden Leid.
Gott – wird an drei Orten erfahren: überall (als Weltseele), im Herzen (bei Menschen als Gewissen) und jenseits der Welt (als höheres Wesen).
dharma – religiöse Pflichten; Pflicht in Übereinstimmung mit den zeitlosen Gesetzen von Gott und Natur.

wurde. Die Kauravas waren die Cousins der Pandavas, sie versuchten, den Thron des gewaltigen Indischen Reichs an sich zu reißen. Trotz der Versuche, zu einer friedlichen Regelung zu gelangen, weigerten sich die Kauravas, das Land zurückzugeben. Die Könige der gesamten bekannten Welt bereiteten sich entweder auf Seiten der Pandavas oder der Kauravas auf die Schlacht in den Ebenen von Kurukshetra nördlich des heutigen Neu-Dehli vor.

Kurz vor der Schlacht sprach Krishna – eine der wichtigsten Gottheiten des Hinduismus – die Bhagavad Gita (Gesang des Erhabenen) zu Arjuna, einem der fünf Pandavas.

Krishna erklärte ihm alle wichtigen Prinzipien der Veden, er begann damit, dass das wahre Selbst (*atman*) nicht der Körper sei. Nachdem er Krishnas Worte gehört hatte, gewann Arjuna seinen Mut zurück und stellte sich dem Kampf. Er ging mit seinen Brüdern siegreich aus der Schlacht hervor und sicherte so den Thron des Indischen Reichs. 36 Jahre später verließ er die Erde, und das jetzige Zeitalter brach an.

Die sieben heiligen Flüsse Indiens, die sieben alten Städte und weitere Stätten, die in den beiden Hindu-Epen Ramayana und Mahabharata erwähnt werden.

Auf dieser Karte sind die Ausgrabungsstätten in den Tälern von Indus und Sarasvati verzeichnet. Der Verlauf des legendären Flusses Sarasvati ist unbekannt, stimmt aber vermutlich mit dem des Ghaggar-Hakra überein.

Die Theorie der arischen Invasion

Als die ersten Europäer nach Indien kamen, wussten sie nur wenig über die Ursprünge des Hinduismus. Natürlich studierten sie die historischen Schriften, glaubten jedoch, diese seien größtenteils mythologischer Herkunft und daher nicht verlässlich. Allerdings bemerkten sie, dass in den Schriften mehrfach der Begriff „Arier“ auftauchte. Das Sanskritwort *Arier* bedeutet wörtlich übersetzt „edler Mensch“, aber die Gelehrten vermuteten, dass damit ein bestimmtes Volk gemeint war. Der deutsche Sprachwissenschaftler Max Müller nahm an, dass die Arier aus dem Westen nach Indien gekommen waren und das Sanskrit sowie den frühen Hinduismus mitgebracht hatten.

In den 1920er Jahren entdeckten Archäologen dann die Überreste zweier Städte: Mohenjo-Daro und Harappa (beide im heutigen Pakistan gelegen).

Es gab Hinweise auf eine genaue Stadtplanung mit einem Straßennetz und einem fortschrittlichen Kanalisationssystem. Die Bewohner schienen sogar eine Art Schriftsprache entwickelt und damit einzelne Kanaldeckel beschriftet zu haben. Einer von ihnen zeigte das Porträt von Shiva, heute eine der wichtigsten Gottheiten des Hinduismus. Bisher ist es allerdings nicht gelungen, die Schrift zu entziffern. Dennoch zeigte sich die Wissenschaft davon beeindruckt, wie zivilisiert die Stadtbevölkerung gewesen sein muss. Noch überraschender war die Entdeckung, dass sie hier schon lange vor dem Eintreffen der Arier gelebt haben musste.

Die Ruinen von Mohenjo-Daro im heutigen Pakistan. Die Ausgrabungen fanden wie die in Harappa in den 1920er Jahren statt.

Überarbeitete Theorien

Statt die Theorie der Arierinvasion zu verwerfen, verlegten sich die Forscher darauf, sie zu überarbeiten. Sie vermuteten nun, dass die Arier die Städte der alten Zivilisation im Industal erobert und zerstört hatten. Daraufhin vermischten sich Glaube und Riten der Arier mit denen der einheimischen Völker, und daraus entstand schließlich der Hinduismus.

Neuere Funde zeigen, dass die Zivilisation im Indus-Tal ein größeres Gebiet umfasste als ursprünglich angenommen, was die frühere Existenz des legendären Flusses Sarasvati untermauerte (der inzwischen ausgetrocknet ist). Möglicherweise war der Fluss doch kein Mythos, wie man vermutet hatte, sodass auch die hinduistischen Schriften ernster genommen werden mussten. In diesen Texten ist jedoch keine Rede von einer arischen Invasion.

Kontroversen

Heute gilt als wahrscheinlicher, dass der Hinduismus doch in Indien entstanden ist und nicht außerhalb. Hinduistische Gelehrte und einige Wissenschaftler aus der westlichen Welt behaupten sogar, dass Indien die „Wiege der Zivilisation" sei und nicht, wie bisher angenommen, Europa oder Zentralasien. Indische Nationalisten sind von dieser Theorie natürlich begeistert. In wissenschaftlichen Kreisen werden die bestehenden Theorien daher heute infrage gestellt. Trotzdem ist es sehr unwahrscheinlich, dass der Ursprung des Hinduismus jemals zeitlich genau bestimmt werden kann.

Sanskrit in europäischen Sprachen

Sprachwissenschaftler haben in europäischen Sprachen zahlreiche Wörter aus dem Sanskrit entdeckt. Es könnte jedoch auch sein, dass die Ähnlichkeit daher rührt, dass Sanskrit und die europäischen Sprachfamilien sich aus derselben indo-europäischen Sprache entwickelt haben. Die folgende Liste zeigt englische Wörter und ihre Gemeinsamkeit mit Sanskrit:

Mata – mother
Pita (Vater) – paternal
Duhita – daughter
Agni (Gott des Feuers) – ignite
Sama – same
Sarpa – serpent

KAPITEL 20:

DIE LEHRE WIRD NIEDERGESCHRIEBEN (1500–500 V. CHR)

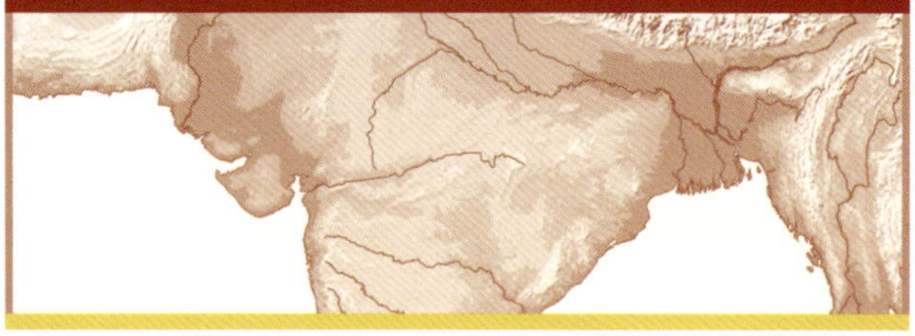

Über die Frühgeschichte Indiens weiß man nichts. Immerhin ist bekannt, dass die alten Weisheiten zunächst mündlich weitergegeben wurden. Der Legende nach hielt vor etwa 5000 Jahren ein weiser Mann namens Vyasa die ersten Lehren auf Palmblättern fest. Nach Gelehrtenmeinung sind die vier Veden, die ersten heiligen Bücher, jüngeren Datums und etwa 1000 v. Chr. entstanden. Der Zeitraum zwischen 1500 und 500 v. Chr. wird daher auch „Vedisches Zeitalter" genannt.

Die Veden bestehen aus vier Büchern, aber es gibt Hunderte von Texten, die auf ihnen basieren. Diese Schriften teilt man in zwei Hauptgruppen ein, die *shruti* und die *smriti*. Dieser Komplex wird zusammengenommen als „Vedisches Schrifttum" bezeichnet.

In den Veden finden sich Hymnen und Gesänge für religiöse Rituale, aber auch philosophische Texte.

Die vier Haupttexte sind:

- Rigveda – Hymnen an verschiedene Gottheiten.
- Yajurveda – Dieses Buch verwenden die Priester während der *yajna* (Opferrituale)
- Samaveda – Gesänge und Melodien
- Artharva Veda – Hymnen und Mantras.

Wichtigste Übung im Vedischen Zeitalter waren ausgedehnte *yajnas*. Ihr Ziel war, die Verstorbenen im Himmel zusammenzuführen. Das bekannteste *yajna* war das *havan* (heilige Feuerzeremonie), währenddessen die Priester Korn ins Feuer warfen, um den verschiedenen Göttern zu huldigen.

Während des *havan* wurden Mantras gesungen. Ein Mantra besteht aus mehreren heiligen Silben. Damit ein Opfer erfolgreich war, mussten die Mantras unbedingt richtig ausgesprochen werden.

Darstellung eines *havan* mit Teilnehmern, die hauptsächlich aus den *varnas* (Kasten) der Krieger und Priester stammten.

Die wichtigsten vedischen Texte im Hinduismus

Shruti – „das Gehörte"

- die Veden (Gebete und Philosophie)
- die Uphanishaden (Philosophie)

Smriti – „das Erinnerte"

- das Vedanta Sutra (Aphorismen)
- die Puranas (Erzählungen und Geschichten)
- die Epen: (1) das Ramayana
(2) das Mahabharata
- die Bhagavad Gita (Philosophie)
- das Dharma Sastra (Gesetzbuch)

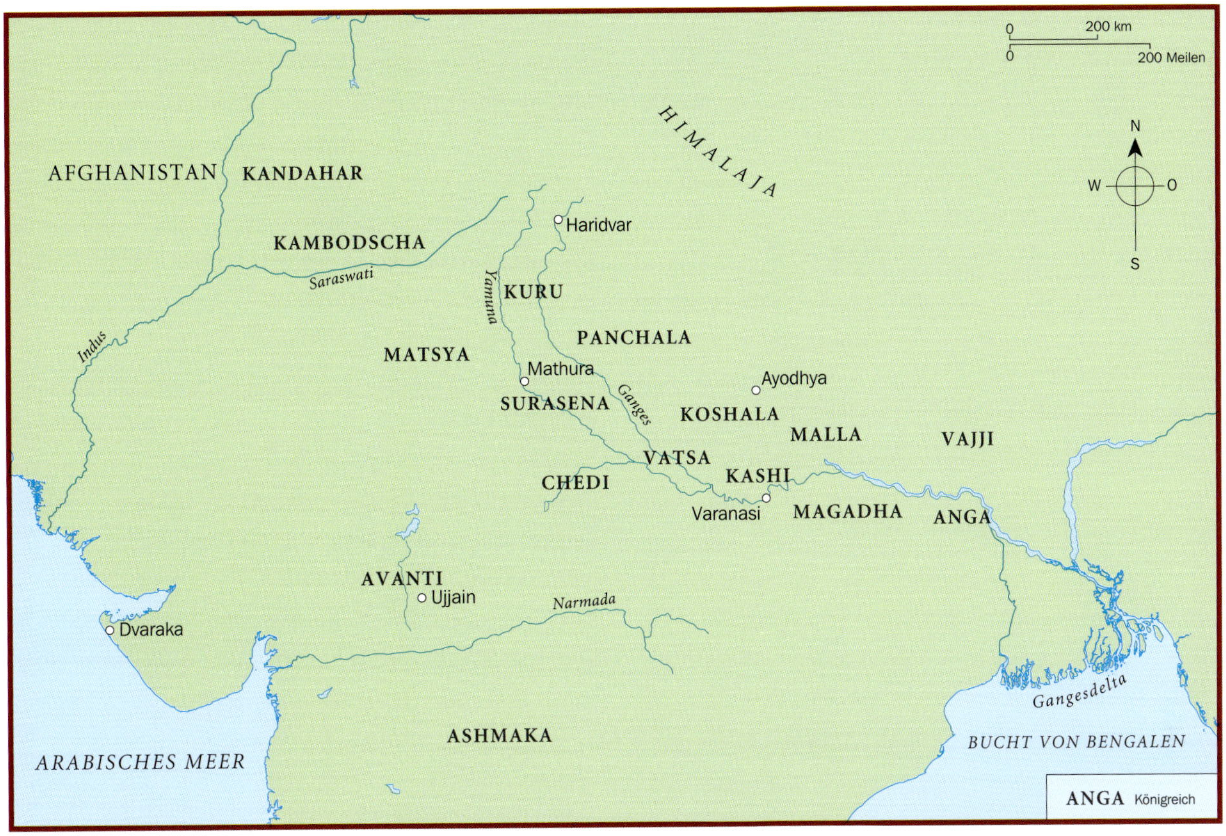

Die 16 alten Königreiche erstreckten sich vom Gebiet des heutigen Afghanistan im Westen bis zum Gangesdelta im Osten. Die meisten lagen um den Doab, ein fruchtbares Gebiet zwischen Ganges und Yamuna, oder weiter flussabwärts am Ganges jenseits des Zusammenflusses bei Prayag.

Die Gottheiten

Die wichtigsten Götter waren Naturgottheiten, vermutlich weil die Veden die Bedeutung eines Lebens im Einklang mit dem Rhythmus der Natur (*rita*) hervorhoben. Die oberste Gottheit war Indra, der Regengott. Agni war ebenso von großer Bedeutung, denn er regierte über das heilige Feuer, das alle Opfergaben empfing.

Die wichtigsten vedischen Gottheiten waren:

- Indra – Regengott
- Agni – Gott des Feuers
- Varuna –Gott des Wassers
- Vayu – Gott des Windes
- Rudra – Gott der Stürme
- Usha – Göttin der Dämmerung
- Sarasvati – eine Flussgottheit
- Kuvera – Gott des Wohlstands
- Soma – Mondgott
- Surya – Sonnengott

Philosophische Bücher

Im Lauf der Zeit wurde die Philosophie wichtiger als die Rituale. Die wichtigsten Uphanishaden, einzelne Abschnitte der Veden, wurden gesammelt und in einem Buch zusammengefasst, das man „Vedanta Sutra“ oder „Brahma Sutra“ nannte.

Hinduistische Königreiche

Die Gelehrten, die aus den heiligen Büchern zitierten, gehörten der Priesterkaste an und führten ein spirituelles Leben. Sie erhielten keinen Lohn, sondern waren finanziell von frommen Königen abhängig, die zur Kriegerkaste gehörten.

Krieger- und Priesterkaste waren traditionell miteinander verbunden und sorgten für die Sicherheit und die Bildung der Allgemeinbevölkerung. Um 600 v. Chr. erstreckten sich 16 hinduistische Königreiche über die Ebenen Indiens, vom Gebiet des heutigen Afghanistan bis jenseits des Gangesdeltas.

Das Maurya-Reich (ca. 321–184 v. Chr.)

Gegen Ende des Vedischen Zeitalters kam das im Mahabharat erwähnte Magadha-Reich an die Macht. Ab 350 v. Chr. wurde das östliche Gebiet (heute Bangladesch und Bihar) von der Nanda-Dynastie regiert. Im Jahr 326 v. Chr. eroberte Alexander der Große von Mazedonien (einem Königreich in Griechenland) den Nordwesten Indiens, besiegte König Porus von Pandschab und versetzte andere Hindu-Könige in Alarmzustand. Alexander marschierte dann auf das berühmte Königreich Maghada zu, darauf meuterte jedoch sein Heer; Alexander und seine Männer kehrten teils auf dem See-, teils auf dem Landweg nach Persien zurück.

Chandragupta nutzte Alexanders Rückzug, um die Nandas zu besiegen und den Thron von Maghada zu besteigen. Er schlug eine Invasion der unter dem Befehl des Seleucus zurückgelassenen Griechen. Chandragupta ging eine lange währende, freundschaftliche Beziehung zu den Griechen ein, vergrößerte sein Territorium und schuf das Maurya-Reich, das mächtigste Imperium des alten Indien. Einer der Nachfolger Chandraguptas namens Ashoka (273–232 v. Chr.) dehnte die Grenzen des Reichs weiter aus. Ashoka konvertierte später zum Buddhismus, was den Beginn einer langen Friedensperiode markierte. Er verbreitete buddhistische Ideale in ganz Indien und darüber hinaus bis zum Mittelmeer.

Schriften

Während der Maurya-Periode entstanden zahlreiche bedeutende Texte. Chandraguptas enger Berater Chanakya schrieb das Artha Shastra, ein Werk über Krieg, Ökonomie und politische Philosophie. Außerdem verfasste er das Niti Shastra, eine Sammlung von Sinnsprüchen, die noch heute weit verbreitet ist. Auch das Manu Smriti wurde in dieser Zeit niedergeschrieben.

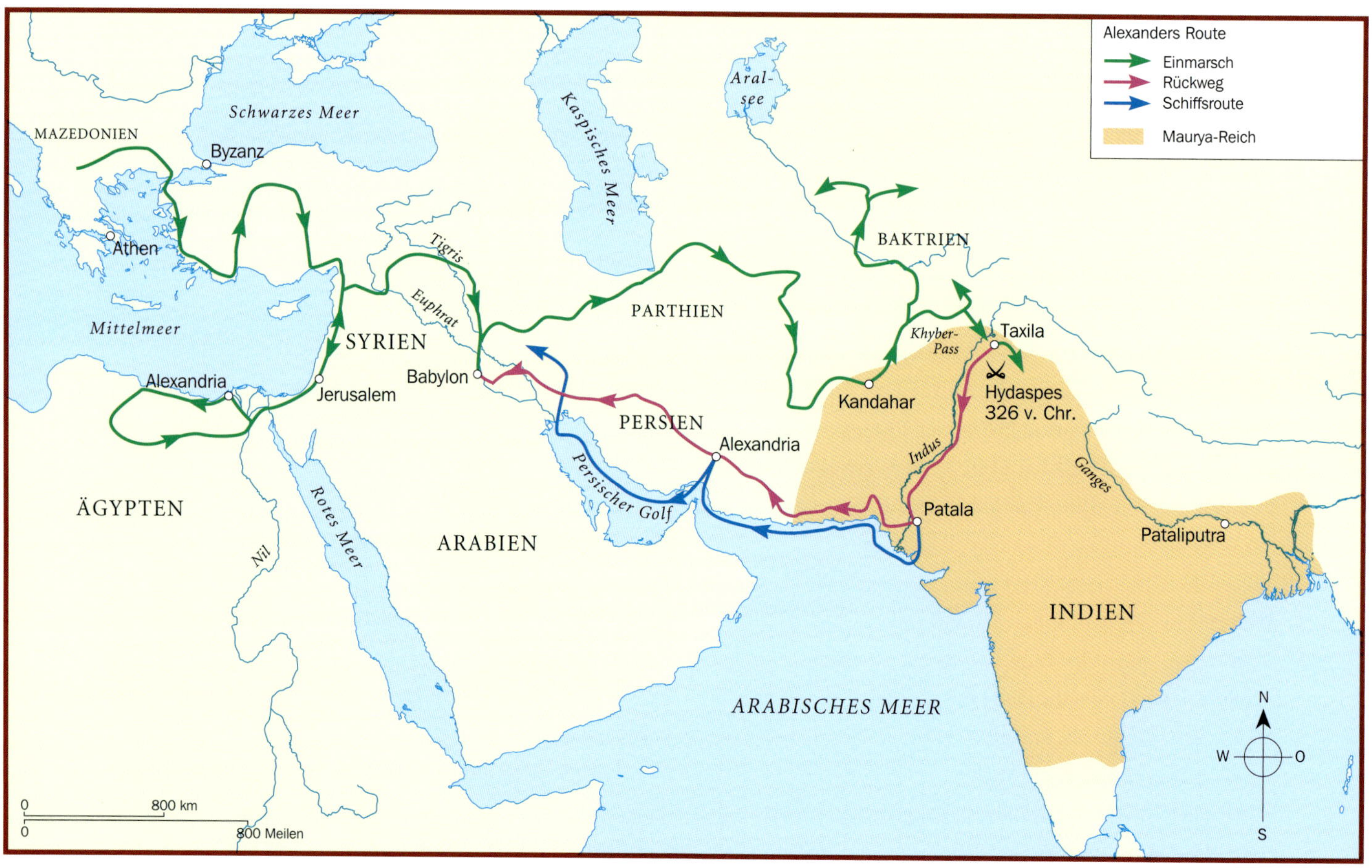

Alexanders Route von Mazedonien nach Indien. Dort besiegte er König Porus in der Schlacht von Hydaspes. Kurz darauf lehnte sich Alexanders Heer gegen ihn auf; er musste sich vom Subkontinent zurückziehen, sodass König Chandragupta das Maurya-Reich gründen konnte.

Die Tempelmurtis von Sita und Rama, begleitet von Ramas Bruder Lakshama (links) und dem Affenkrieger Hanuman (kniend). Zwischen 500 v. Chr. und 500 n. Chr. löste *puja* das *yajna* (Opfer) als bedeutendster Ritus des Gottesdienstes ab.

Etwa zur selben Zeit wurden die beiden Epen des Hinduismus niedergeschrieben: das Ramayana von Valmiki und das Mahabharata von Vyasa. Beide Werke befassen sich mit der Ausübung des *dharma* (religiöse Pflicht) und der Schlüsselrolle der Ritterkönige und ihrer gelehrten Berater, der *Bramahnen* (Priester).

Puja

Ab 500 v. Chr. wurden Rituale und Opferzeremonien wie der *havan* von *puja* abgelöst, der Anbetung heiliger Statuen (*murtis*, siehe Illustration).

Zur selben Zeit rückten statt Indra und der anderen vedischen Götter drei andere Hauptgottheiten ins Zentrum des Gottesdiensts: Vishnu, Shiva und Shakti (auch Devi genannte Göttin). Während der späteren Gupta-Periode wurden diesen drei Gottheiten viele prächtige Tempel gewidmet.

Murti

Die *murti* (heilige Statue) ist ein wichtiger Bestandteil hinduistischer Gottesverehrung. Tempelmurtis werden mit Hochachtung behandelt, so als ob sie große Könige oder Königinnen wären. Jeden Tag werden sie von den Priestern gewaschen, angekleidet, mit Blumen geschmückt und mit Opfergaben, etwa vegetarischem Essen oder Ähnlichem, bedacht. Hinduistische Familien besitzen häufig kleine *murtis*, die sie in ihrem Haus aufstellen und verehren. In den heiligen Schriften steht, dass der für die meisten von uns unsichtbare Gott sich durch die *murti* offenbart und die Hingabe der Gläubigen anerkennt.

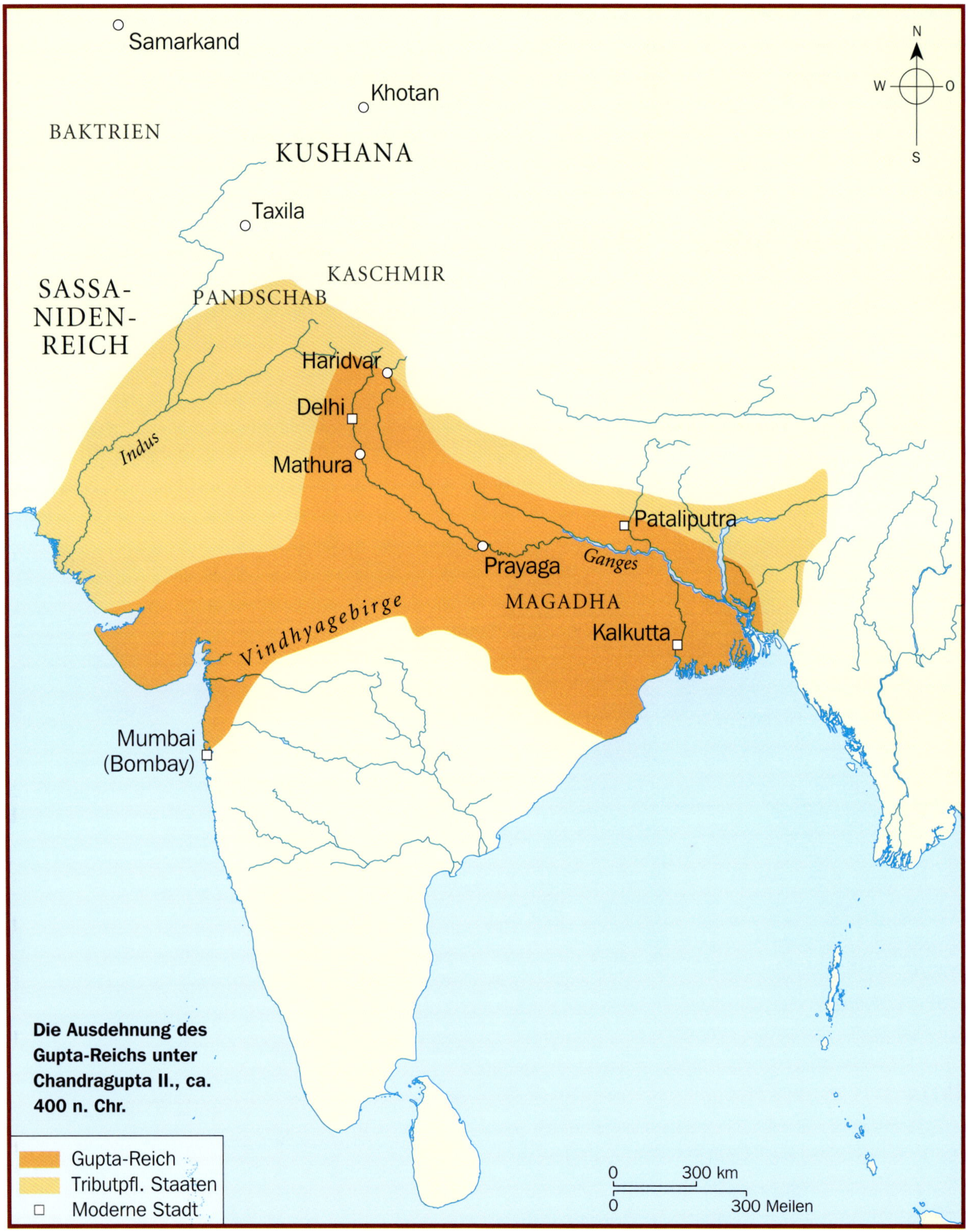

Die Ausdehnung des Gupta-Reichs unter Chandragupta II., ca. 400 n. Chr.

Die Gupta-Dynastie

Auf Ashoka folgten einige schwächere Könige, die schließlich den Zusammenbruch des Maurya-Reichs verschuldeten. Die Kushanen marschierten aus dem Nordwesten ein und brachten Nordindien eine relativ instabile Phase. Die Gupta-Dynastie (320–550 n. Chr.) vertrieb die Kushanen und regierte zwei Jahrhunderte lang das Land nördlich des Vindhya-Gebirges.

Münzen, Denkmäler und Dokumente haben viele Hinweise auf seine Geschichte geliefert. Reisende schrieben von prächtigen Städten, gut ausgestatteten Krankenhäusern, lebendigen Universitäten und einem zufriedenen, wohlhabenden Volk. Der Hinduismus erlebte eine Phase kultureller und wirtschaftlicher Ausdehnung.

Kunst und Religion der Guptas

Heute gilt die Gupta-Periode als Goldenes Zeitalter des Hinduismus, in dem Kunst, Musik, Literatur, Philosophie und Architektur große Fortschritte machten. Sie alle standen im Dienst der Religion. Die ersten Tänze dienten z. B. nicht der Zerstreuung, sondern wurden in Tempeln aufgeführt, um die Götter zu erfreuen. Dank der wachsenden Bedeutung des *puja* wurden zahlreiche eindrucksvolle Tempel errichtet. Es gibt Hinweise darauf, dass sich der Einfluss der hinduistischen Architektur bis weit nach Südostasien erstreckte, so wurden beispielsweise die Tempel von Angkor Wat in Kambodscha Vishnu und Shiva geweiht. Die Gupta-Gesellschaft war gemäß der hinduistischen Lehre in verschiedene *varnas* (Kasten) eingeteilt.

Der aufstrebende Tempelgottesdienst brachte drei Hauptströmungen hervor, die sich auf die Verehrung von Vishnu, Shiva und Shakti konzentrierten. Zur selben Zeit entstand die Vorstellung der Trimurti (drei Hauptgottheiten). Brahma galt als Schöpfer, Vishnu als Erhalter und Schützer und Shiva (zuvor Rudra genannt) als Zerstörer.

Shakti, auch Devi, Durga oder Parvati genannt, ist Shivas Gemahlin. Die Shaktas (Anhänger Shaktis) verehren auch die anderen beiden Gemahlinnen der Trimurti – Lakshmi (Gattin von Vishnu und Glücksgöttin) und Sarasvati (Gattin von Brahma und Göttin des Lernens).

Die Puranas

Puranas – „die alten Geschichten" – wurden zur Gupta-Zeit verfasst. Die 18 Haupt-Puranas waren Brahma, Vishnu und Shiva, mitunter auch Shakti gewidmet. Am berühmtesten sind diejenigen, die die Taten Krishnas, einer Inkarnation Vishnus, schildern. Krishna ist für die Streiche bekannt, die er in seiner Jugend in seinem Dorf Vrindavana vollführte, unter anderem Butter zu stehlen und an die Affen zu verfüttern.

Ein ebenso bekanntes Werk ist das Devi Bhagavatapurana, das die Geschichte der Göttin Durga erzählt. Sie erschlug einen Dämon und nahm die Gestalt eines Büffels an. Durga siegte ohne Mühe, und ihre Macht überstieg die aller anderen Götter zusammen.

Die wichtigsten Strömungen

Die drei wichtigsten Strömungen, die während der Gupta-Periode entstanden, sind:

- **Vishnuismus** – die Verehrung Vishnus
- **Shivaismus** – die Verehrung Shivas
- **Shaktismus** – die Verehrung Shaktis

Später, etwa im 9. Jh., entwickelte sich eine weitere Strömung. Ihre Anhänger nennt man Smartas, sie verehren fünf Gottheiten: Vishnu, Shiva, Devi, Surya (den Sonnengott) und Ganesha (den Gott mit dem Elefantenkopf). Brahma gehört zwar zur Trimurti, wird aber selten verehrt, außer in der indischen Stadt Pushkar in Rajasthan und einigen Gebieten in Südostasien.

Indische Tänzer tanzen die Geschichte von Durga, eine kämpferische Inkarnation der Göttin Shakti. Durga hat zehn Arme und kämpft mit mehreren Waffen.

KAPITEL 21:

KÖNIGE, DICHTER, GELEHRTE (500–1200)

Um das Jahr 550 zerbrach das Gupta-Reich, hauptsächlich unter dem Druck der Hunas oder „weißen Hunnen“ aus Afghanistan. In der kurzen Phase zwischen 535 und 700 vereinte das Harsha-Reich mit der Hauptstadt Kanauj am Ganges einen Großteil Nordindiens und half bei der Abwehr der plündernden Hunas. König Harsha (regierte 606–647) war ein Anhänger des Buddhismus, und sein Königreich wurde mehrfach von buddhistischen Pilgern wie dem chinesischen Reisenden und Schriftgelehrten Hsuan Tsang besucht. Harsha wurde von den Chalukyas besiegt.

Das Chola-Reich (850–1279)

Nach dem Ende des Harsha-Reichs im Jahr 700 und dem kurzfristigen Aufstieg der Chalukyas verlagerte sich das Zentrum der Macht ins südliche Indien. Die Chola-Dynastie, die seit dem 1. Jh. n. Chr. bestanden hatte, überflügelte die Chalukyas.

Der Einfluss der Chola-Dynastie in Südostasien. Die großen Heiligtümer von Angkor Wat im heutigen Kambodscha entstanden zwischen dem 9. und dem 14. Jh., zur Blütezeit der Chola-Dynastie.

Statue von Nataraja aus Südindien.

Zwischen dem 9. und dem 13. Jh., auf dem Höhepunkt ihrer Macht, griffen die Cholas die buddhistischen Herrscher über Bengalen an, die mächtige Pala-Dynastie. Chola war das erste indische Reich, das mithilfe einer Flotte versuchte, sein Territorium auch außerhalb des indischen Subkontinents auszuweiten.

Die Cholas verehrten mehrheitlich Shiva, aber auch Vishnuismus und Shaktismus waren verbreitet. Sie errichteten viele imposante Tempel, vor allem in Thanjavur und in ihrer Hauptstadt Chidambaram. Wahrzeichen dieser Tempel waren die *gopurams*, hohe Tore, die mit Bildnissen verschiedener Götter und Göttinnen verziert waren. Shiva blieb der meistverehrte Gott, vor allem in Gestalt von Nataraja, dem „König der Tänzer“.

Hinduismus in Südostasien

Vermutlich hat der Hinduismus schon im 1. Jh. n. Chr. Regionen wie das heutige Kambodscha erreicht. Das Chola-Reich unterwarf mithilfe seiner Flotte weitere Länder im Süden und Südosten wie die Malediven, Sri Lanka und Gebiete des hauptsächlich buddhistisch geprägten Reichs Srivijaya in Indonesien (darunter die Inseln Malaya, Java und Sumatra). Die Chola-Heere forderten Tribut (Steuern) von den indonesischen Herrschern, insbesondere von Siam (heute Thailand) und dem Reich der Khmer in Kambodscha.

Etwa zur selben Zeit erreichte der Hinduismus die Insel Bali und stieg dort zur Hauptreligion auf. Hinduismus und Buddhismus sind in ganz Südostasien miteinander und mit einheimischen Traditionen verflochten. Die Mischkultur existiert auch heute noch in vielen Teilen Indochinas und Indonesiens, was sich noch immer im Gebrauch der langen Sanskritnamen zeigt.

Die Rolle des Tempels

Im Hinduismus gilt der Tempel (*mandir*) als Heimstatt Gottes oder der Gottheit, deren Abbild im zentralen Schrein untergebracht ist. Der Gottesdienst, *arti* genannt, wird bis zu sechs oder siebenmal pro Tag durchgeführt. Während der Willkommenszeremonie bieten die Priester den Gottheiten angenehme Gaben wie Düfte, Wasser, Blumen und eine Lampe als Opfer dar.

Im Westen des Landes dienen die Tempel auch als Gemeindezentren. Einige spezielle Tempelkomplexe wurden in modernem Stil errichtet, andere dagegen sind in traditioneller Architektur gehalten, zumeist in einem der beiden Hauptstile des Nordens bzw. Südens. Die Tempel des Nordens zeichnen sich durch einen Schrein im Zentrum, einen Hauptturm (häufig durch mehrere kleinere Türme ergänzt) und Rundbogen aus. Südliche Tempel sind oft in große Komplexe integriert und von mehreren konzentrischen Mauern umgeben. Zum zentralen Schrein gelangt man durch die gewaltigen mit Schnitzereien reich verzierten *gopurams*.

Außenansicht des Brihadisvara-Tempels bei Thanvajur.

Die vier südindischen Staaten und die Orte der Dichter-Heiligen.

Die Dichter-Heiligen in Südindien

Zwischen dem 6. und dem 10. Jh. förderten die Dichter-Heiligen Südindiens die Befreiung des Hinduismus von den strikten Zwängen des brahmanisch geprägten Vedischen Zeitalters. Ihre Konzentration auf den einen personalisierten Gott legte schließlich den Grundstein für den modernen Hinduismus. Die Dichter-Heiligen schrieben auf Tamilisch, das dadurch eine ähnlich große religiöse Bedeutung erhielt wie das Sanskrit im Norden.

Unter den Dichter-Heiligen waren 63 Nayanar-Heilige. Sie waren ergebene Diener Shivas und befassten sich kaum mit philosophischen Studien. Stattdessen widmeten sie sich praktischen Arbeiten. Sie fegten den Tempelboden, entzündeten die Lichter, fertigten Blumengirlanden, versorgten die Gläubigen mit Nahrung und führten andere niedrige Arbeiten in der Umgebung des Tempels aus. Die Nayanar-Heiligen förderten die Begründung der Shaiva-Siddhanta-Tradition, die heute für den Hinduismus von großer Bedeutung ist.

Im Vishnuismus fanden die Nayanar-Heiligen ihre Entsprechung in den zwölf Alvars. Die berühmteste unter ihnen war Andal, die als junges Mädchen beschloss, nur Krishna als Ehemann anzuerkennen. Sie wurde rituell mit einem Bildnis Krishnas verheiratet. Der Legende nach verschwand sie plötzlich ins *murti*, sobald die Zeremonie abgeschlossen war. Andals Leben und poetische Schriften werden noch heute an einem Festtag gefeiert.

Die Hymnen der zwölf Alvars wurden im „Divya Prabhandham“ gesammelt. Darin wird Vishnu in Gestalt eines vierhändigen Nayanar gehuldigt.

Vier Ziele und vier Pfade

Der Hinduismus nennt vier Ziele des Lebens:

- *dharma* – die Erfüllung religiöser Pflichten
- *artha* – der Aufbau von Wohlstand und Erfolg
- *kama* – der Genuss ethisch einwandfreier Sinnesfreuden
- *moksha* – die Befreiung aus dem Zyklus von Leben und Tod

Es gibt vier *margs* (Pfade) zu *moksha*, auch Yogas oder „Verbindungen zu Gott" genannt. Sie heißen:

- *karma-yoga* – der Pfad der selbstlosen Arbeit
- *jnana-yoga* – der Pfad der Philosophie und Weisheit
- *astanga-yoga* – der Pfad der Übungen und Meditation
- *bhakti-yoga* – der Pfad der religiösen Hingabe; dieser heute wichtigste Pfad wird von den anderen drei Yogas beeinflusst.

In dem bekannten Tempel Shri Rangam am Kaveri (einem der sieben heiligen Flüsse Indiens) wird noch heute jeden Tag daraus rezitiert.

Bhakti-Bewegung

Die Dichter-Heiligen kamen aus allen Gesellschaftsschichten und kümmerten sich kaum um die hinduistische Gesellschaftsstruktur und das indische Kastensystem. Sie akzeptierten Schüler aus allen Schichten und griffen damit die Autorität der kastenbewussten Bramahnen (Priester) an.

Dank der Dichter-Heiligen gewannen die Bewegungen der Bhakti (Hingabe an Gott) große Popularität, die sich im Lauf der Zeit auch nach Norden ausbreitete. Der Gelehrte Basavanna war im 12. Jh. einer der Ersten, die eine Bhakti-Bewegung gründeten. Ihre Mitglieder nannten sich Lingayats nach dem kleinen Lingam, das sie stets bei sich tragen. Der heilige Lingam ist ein zylindrisch geformter, schwarzer Stein, der Shiva repräsentiert. Die Lingayats glaubten an Gott und lehnten die Veden ab, die sie als Beispiele für Polytheismus (Vielgötterei) ansahen. Sie lehrten, dass alle Lebewesen von gleicher Bedeutung sind und akzeptierten auch Priesterinnen.

Religiöse Rituale in einem indischen Tempel. Die Frauen beten und bringen einem großen Lingam – dem Symbol Shivas – Opfer dar, während der Priester aus einem heiligen Text liest.

Ein traditionelles Gemälde von Adi Shankara.

Darshan bedeutet wörtlich übersetzt „das Sehen“. Jede einzelne *darshan* steht für verschiedene Glaubensrichtungen oder Riten.

1. **Vaisheshika** – die Theorie, dass alles aus Atomen besteht.
2. **Nyaya** – die Anwendung logischer und philosophischer Argumente.
3. **Sankhya** – eine Philosophie, die die Welt in ihre einzelnen Elemente einteilt.
4. **Yoga** – körperliche Übungen, Atemtechniken und Meditation.
5. **Mimamsa** – Rituale wie *havan* und *puja*.
6. **Vedanta** – die Philosophie von Seele, Gott und Materie.

Im modernen Hinduismus wird vor allem der Vedanta gepflegt, man bezieht sich jedoch auch auf die anderen fünf *darshans*.

Gelehrte und Philosophen

Zur Zeit der Dichter-Heiligen lebten mehrere bedeutende Philosophen, genannt *acharyas*, die den Grundstein für das moderne hinduistische Denken legten. Jeder *acharya* begründete seine eigene Philosophie. Um ihre Thesen zu verbreiten, errichteten sie *sampradayas*, eine ununterbrochene Abfolge von Lehrern und Schülern, die später wiederum zu Lehrern wurden. Die *acharyas* legten großen Wert auf die Beziehung zwischen Guru (geistigem Lehrer) und Schüler. Wissen war für sie nicht nur gesammelte Information, sondern das Ergebnis von Charakterbildung und tiefem Verständnis, die auf einwandfreiem Lebensstil und geistiger Disziplin beruhten.

Vedanta-Philosophie

Die *acharyas* lehrten eine Form der Vedanta-Philosophie. Vedanta bedeutet „Vollendung des Veda“ und ist eine der sechs *darshans* (orthodoxe Schulen) des Hinduismus. Die *darshans* sind nicht voneinander getrennt, sondern repräsentieren gewissermaßen verschiedene Sichtweisen auf eine einzige Wahrheit. Im Vedanta gibt es zwei Theorien über Gott: Einerseits ist er gestaltlos, die ewig existierende Weltseele, andererseits ist er letztendlich eine Gestalt, die jenseits der materiellen Welt lebt. In vielen Traditionen werden beide Sichtweisen miteinander kombiniert.

Shankara

Shankara (ca. 780–812) wurde auf dem Gebiet des heutigen südlichen Staates Kerala geboren. Der Sage nach schwor er im Alter von acht Jahren der Welt ab, um ein *sannyasi* (Wandermönch) zu werden.

Zu Shankaras Zeit hatte der Hinduismus durch das Aufkommen von Buddhismus und Jainismus einen Teil seines Einflusses verloren. Die Hindus sahen in Buddha einen Avatar bzw. eine Inkarnation Vishnus. Da sie die Veden nicht anerkannten, galten Buddhisten und Jainisten vielen Hindus als Ungläubige. Shankara reiste durch Indien, stellte die Autorität der vedischen Literatur wieder her und entkräftete die gegnerischen Argumente.

Er gründete die *advaita*-Schule des Vedanta, die lehrte, dass die Seele und Gott identisch seien. Außerdem gründete er eine vierte Strömung des Hinduismus: die *smarta*-Schule, die sich von den bereits existierenden Schulen Vishnus, Shivas und Shaktis unterschied.

Die Städte und heiligen Stätten der wichtigsten Philosophen und Gelehrten des Hinduismus.

Außerdem errichtete er Mönchsklöster an vier verschiedenen Orten im Norden, Süden, Westen und Osten Indiens, die die vier Himmelsrichtungen repräsentierten.

Ramanuja und Madhva

Ramanuja (1017–1137) war der wichtigste *acharya* in der *sampradaya* des Shri Vaishnava. Er erweiterte Shankaras Lehre, denn für Ramanuja war Gott nicht nur als gestaltloses Energiewesen überall gegenwärtig (was Shankaras Lehre entsprach), sondern ebenso eine Gestalt mit spirituellem Körper. Man erfährt die Erlösung hauptsächlich durch die Gnade Gottes, sodass die Seele (*atman*) Vishnus Reich betreten kann, um dort in geistiger Form auf ewig zu existieren. Heute sind Tirupati und Shri Rangam in Südindien Zentren des Shri-Vishnuismus.

Noch stärker als Ramunaja vor ihm betonte Madhva (1238–1317) die materielle Gestalt Gottes (als Krishna) und die ewige Trennung zwischen Gott und der Seele (*atman*). Das Zentrum der Madhva-Tradition befindet sich in Udupi im Bundesstaat Karnataka.

Ramunaja und Madhva waren Anhänger Vishnus. Es gab allerdings auch einige Shiva verehrende *acharyas* – z. B. Abhinavagupta, Srikantha und Bhojadeva –, die ihre eigenen Lehren verbreiteten.

KAPITEL 22:

INDIEN UNTER DEM ISLAM (1200–1750)

Im 11. Jh. blühten die hinduistischen Reiche des Südens auf, während das religiöse Leben im Norden in Gefahr geriet. Der relativ junge Islam hatte Indien zunächst über Händler erreicht, die im 7. Jh. über das Arabische Meer nach Indien gelangt waren. Im 8. Jh. besetzten irakische Araber den Staat Sind im Nordwesten.

Die Übergriffe des afghanischen Herrschers Mahmud von Ghazni (971–1030) zeichneten sich durch besondere Brutalität aus. Er marschierte in den Norden Indiens ein, plünderte die Tempel und raubte Gold, Juwelen und Sklaven. Im Jahr 1025 zerstörte er den Shiva-Tempel in Somnatha und ließ alle Einwohner töten. Angeblich hat Mahmud das vergoldete Gottesbildnis persönlich in Stücke gehackt und dann die Fragmente in seine Hauptstadt Ghazni geschickt, wo sie in die Stufen einer neuen Moschee eingesetzt wurden.

Mahmud beherrschte den Großteil Nordindiens einschließlich der heutigen Gebiete von Pakistan und dem Pandschab. Nach seinem Tod im Jahr 1030 begann sein Reich zu zerfallen, und der Pandschab wurde von den Hindu-Herrschern zurückerobert. Im Westen übernahmen Türken und Afghanen die Macht. Sie wählten die Stadt Ghor als Zentrum, von wo aus sie ihre Raubzüge nach Nordindien unternahmen.

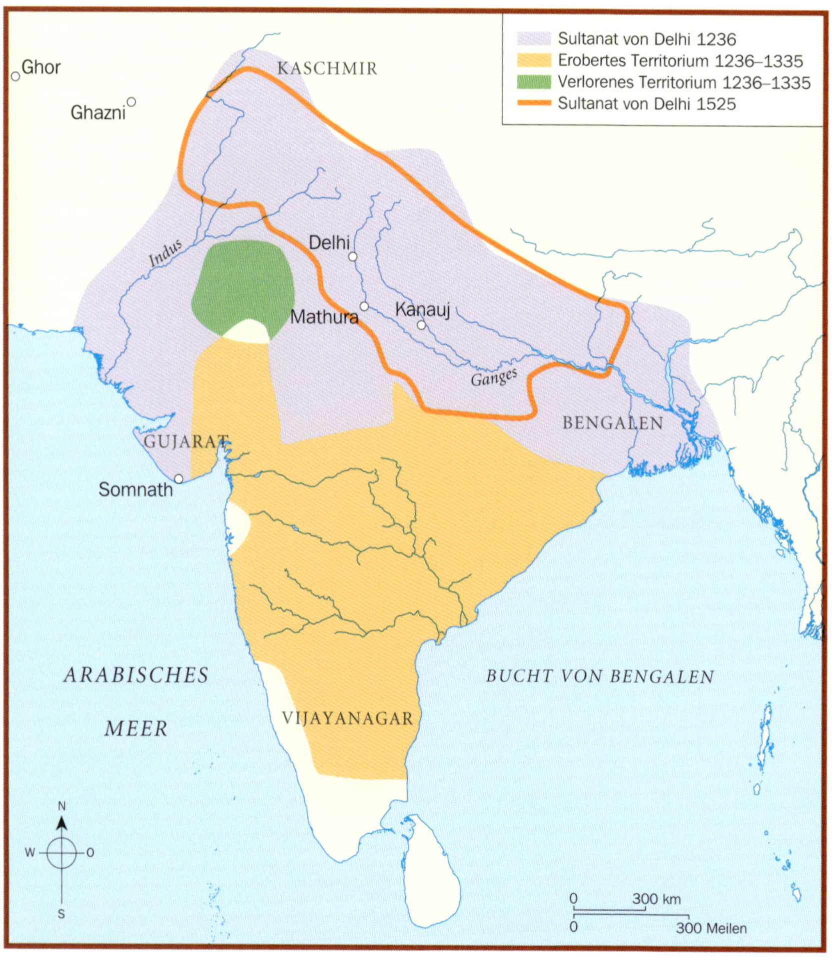

Aufstieg und Niedergang des Sultanats von Dehli zwischen 1236 und 1525, dem Jahr vor der Invasion der von Babur geführten Mongolen.

Das Sultanat Dehli

Im Jahr 1192 besiegte Mohammed von Ghor den Hindu-König Pritviraj und besetzte die Stadt Dehli. Nachdem Mohammed im Jahr 1206 ermordet worden war, errichtete sein Nachfolger Qutb du-Din das erste muslimische Königreich in Indien. Dem Sultanat von Dehli entstammten mehrere muslimische Dynastien, die bis 1526 in Indien herrschten. Eine Reihe von Sultanen unterdrückte ganz Indien mit Ausnahme von Kaschmir im Norden und dem Hindu-Reich Vijayanagar im Süden.

Traditionelle *sannyasis* in Safrangewändern. Die persönliche Geisteshaltung sorgte für den Fortbestand vieler ähnlicher Bräuche trotz Jahrhunderte langer Fremdherrschaft und gesellschaftlicher Veränderungen.

Der Fall von Dehli im Jahr 1192 markierte den Beginn einer über fünf Jahrhunderte andauernden muslimischen Herrschaft in Indien, die sich auf die Entwicklung des Hinduismus nachhaltig auswirkte. Der Islam verhielt sich dem Hinduismus gegenüber manchmal feindselig, insbesondere was die Verehrung von heiligen Bildnissen betraf. Die alte Tradition des Sanatana Dharma (wie der Hinduismus ursprünglich genannt worden war) galt als aufgeschlossen und tolerant, war aber nun gezwungen, sich neu zu definieren. Der Begriff *Hindu* wurde im 7. Jh. von den Persern geprägt und bezeichnete die Menschen, die auf der gegenüberliegenden Seite des Indus lebten.

Das Gesellschaftssystem des Hinduismus

Als die Muslime in das Land kamen, hatte sich bereits ein festes System aus vier *varnas* eingebürgert (es entsprach dem heutigen Kastensystem). Wer in eine Familie aus der oberen Kaste hineingeboren wurde, konnte auch ohne Qualifikation mit einem gut bezahlten Posten rechnen. Wer in eine der niederen Kasten geboren wurde, musste minderwertige Arbeit verrichten, selbst wenn er besondere Talente oder Fähigkeiten besaß. Unter muslimischer Herrschaft entwickelte sich eine Elite, die die Kastenunterschiede noch stärker betonte und das Kastensystem letztlich förderte.

Die vier *varnas* und das Kastensystem

Der Rigveda beschreibt vier Varnas (Gesellschaftsschichten):

- *brahmanen* – Priester und Geistliche
- *kshatriyas* – Soldaten, Polizei und Verwaltungsangestellte
- *vaishyas* – Händler und Geschäftsleute
- *sudras* – Arbeiter

Ursprünglich wurden die Menschen gemäß ihrer beruflichen Neigungen in die einzelnen *varnas* eingeteilt. Später entschied die Erbfolge.

Ein Gemälde von Krishna und seiner Gefährtin Radha. Zu Akbars Regierungszeit blühten hinduistische Kunst, Musik und Architektur auf. Vieles wurde jedoch später durch den skrupellosen Aurangzeb zerstört.

Das Mogul-Reich

Aufgrund der tiefen Gräben, die sich zwischen den einzelnen Regierungsfraktionen auftaten, trieb das Sultanat Dehli langsam auf einen Bürgerkrieg zu. Die Hauptstadt Dehli wurde 1398 von dem muslimischen Eroberer Timur-Leng dem Erdboden gleichgemacht. Das Sultanat sollte sich davon nicht mehr erholen, und 1526 fiel Dehli an Babur, einen muslimischen Nachfahren von Timur-Leng aus Zentralasien. Babur errichtete daraufhin die Mogul-Dynastie, die einen Großteil Indiens die folgenden drei Jahrhunderte beherrschen sollte.

Das Mogul-Reich erreichte seine Glanzzeit unter Akbar, dem Enkel Baburs. Er wurde in Indien geboren und wuchs auch dort auf, weshalb er alle Religionen tolerierte. Er beging hinduistische Feiern und eröffnete religiöse Debatten, in die er nicht nur Muslime, sondern auch Hindus, Sikhs und Christen einbezog. Außerdem sorgte er dafür, dass auch Anhänger anderer Religionen in seiner Regierung vertreten waren. Während seiner langen Regierungszeit (1542–1605) erweiterte Akbar das Königreich und hinterließ viele großartige Gebäude und Kunstwerke. Er gilt noch heute als der größte der Mogul-Kaiser.

Die Geschichten von Birbal

Der Hindu Birbal war einer der „neun Edelsteine" an Akbars Hof. Er war Premierminister und für seinen ausgeprägten Humor bekannt. Zahlreiche Anekdoten ranken sich um Birbal und seine Fähigkeit, sich den Intrigen am Hof zu entziehen. Diese Geschichten erfreuen sich noch heute großer Beliebtheit. Sie sind Teil der Tradition, Wissen mithilfe von Geschichten weiterzugeben.

Die Expansion des Mogul-Reiches von Akbars Tod im Jahr 1605 bis zum Jahr 1700. Gegen Ende des 17. Jhs. hatten Händler aus Europa einige bedeutende Außenposten eingerichtet, die die Vorherrschaft der Moguln bedrohten.

Auf Akbar folgte sein Sohn Jahangir und danach dessen Sohn Shah Jahan (1592–1666), der den berühmten Tadsch Mahal (in Agra) und das Rote Fort (in Dehli) errichten ließ. Shah Jahans Sohn Aurangzeb war ein Tyrann, der seine Brüder ermorden und seinen Vater einsperren ließ, um sich selbst zum König krönen zu können. Während seiner langen Regierungszeit (1668–1707) diskriminierte er die Hindus, erlegte ihnen hohe Steuern auf und verunstaltete ihre heiligen Tempel und Bildnisse. Aurangzebs Regierungsstil heizte den Konflikt zwischen Hindus und Muslimen in Indien weiter an und ließ Ressentiments entstehen, die noch heute Bestand haben. Was Aurangzeb allerdings gelang, war die Expansion des Mogul-Reichs. Zum Zeitpunkt seines Todes hatte es seine größte Ausdehnung erreicht.

Das neue Hindu-Königreich

Während der muslimischen Herrschaft entstanden zwei neue hinduistische Königreiche. Im Süden widerstand das sagenhaft reiche Vijanayagar (Stadt des Sieges) dem militärischen Druck sowohl des Sultanats von Dehli als auch der Moguln, bis es schließlich 1565 erobert wurde. Dann allerdings erhob sich in den Bergen im Westen mit dem Königreich Maharathi ein neuer, ernstzunehmender Gegner der Moguln. Der König Shivaji (1630–1680) und seine Nachfolger bedrängten Aurangzeb immer wieder und beschleunigten damit das Ende der Mogul-Herrschaft. Shivaji verkörperte das alte hinduistische Ideal eines frommen und edlen Streiters. Für viele moderne Hindus ist er noch immer ein Symbol für den gerechten Kampf gegen Intoleranz und Unterdrückung.

Links: Ein Gemälde des tanzenden Chitanya. Er wandte sich gegen das auf Erblichkeit basierende Kastensystem und betonte die Bedeutung der Hingabe an einen personalisierten Gott.

Unten: Die wichtigsten Staaten und Städte des indischen Subkontinents, die noch heute von vier der einflussreichen *bhakti*-Heiligen und ihren Lehren beeinflusst werden.

Die *bhakti*-Bewegung

Die unter der Mogul-Herrschaft bestehenden Beschränkungen wurden durch die strenge Kontrolle von den Hindu-Priestern zusätzlich verschärft. Viele Brahmanen bestanden auf der strikten Einhaltung des Kastensystems und der Erblichkeit. Gewöhnliche Hindus fühlten sich zunehmend an den Rand der Gesellschaft gedrängt. Aus ihren Schichten kamen die Führer, die die Gleichheit aller Menschen auf geistiger Ebene betonten und die Möglichkeit aufzeigten, dass jeder Gläubige eine persönliche Beziehung zu Gott aufbauen konnte. So entstand in Indien eine Welle von *bhakti*-Bewegungen der religiösen Hingabe.

Bhakti-Heilige

Die Anführer der Bewegungen wurden *bhakti*-Heilige genannt. Sie bezogen sich auf die religiösen Ansichten früherer südindischer Dichter und die Vedanta-Philosophie, wie sie insbesondere Ramanuja und Madhva gelehrt hatten. Während die früheren Dichter-Heiligen Shiva und Vishnu verehrt hatten, wandten sich die hauptsächlich nördlichen Traditionen vor allem Rama und Krishna zu, den beiden Hauptavataren (Inkarnationen) Vishnus. Zu den bedeutenden Heiligen dieser Zeit gehörten:

- Chaitanya, der den bengalischen Vishnuismus gründete;
- Kabir, der lehrte, dass Gott für alle derselbe sei, unabhängig davon, welchen Weg sie gingen; zu seinen Anhängern gehörten Muslime, Sikhs und Hindus;
- Vallabha, der das Kind Krishna verehrte, eine Tradition, der noch heute Gujarati-Hindus folgen;
- Surdas, der blind geboren wurde, aber ein ausgezeichneter Musiker war und mehrere tausend Hymnen zu Ehren von Krishna schrieb;
- Tulsidas, der eine moderne Version des Ramayana verfasste: das Rama Carita Manas;
- Tukarama, der die große Gottheit Vishnu als Vitthala in Pandapur verehrte;
- Mirabai, die wahrscheinlich bekannteste weibliche Heilige des Hinduismus.

Musik, Mantra und Tanz

Durch die *bhakti*-Bewegungen wurden Mantras zunehmend populär. Sie wurden entweder laut zu Musik oder leise unter Verwendung von Gebetsperlen abgesungen. Der bengalische Heilige Chaitanya war dafür bekannt, in der Öffentlichkeit zu singen und zu tanzen. Von ihm stammt das folgende bekannte Mantra:

Hare Krishna, Hare Krishna,
Krishna Krishna, Hare Hare,
Hare Rama, Hare Rama,
Rama Rama, Hare Hare.

Im weit entfernten Rajasthan lebte die Prinzessin Mirabai, die berühmt wurde, weil sie Krishna verehrte, obwohl sie von ihrer Familie deswegen mit dem Tod bedroht wurde. Schließlich verließ sie ihre Heimat, um Wanderpriesterin zu werden. Ihre religiösen Liebesgedichte handeln oft von der Trennung und Ferne von Gott, einem Gefühl, das viele *bhakti*-Heilige teilten.

Die Entstehung der Sikh-Religion

Der Gründer des Sikhismus war der von der nördlichen Bhakti-Tradition beeinflusste Guru Nanak (1469–1539). Er lehrte die Bedeutung des Absingens von Gottes heiligen Namen, die Gleichheit der Menschen und die Stellung des Seva (Dienst für andere). Nanaks neue Glaubensrichtung war anfangs eng mit dem Hinduismus verbunden und wurde erst später eine eigenständige Religion.

Ein Gedicht der Mirabai

Während die ganze Welt schläft, mein Geliebter,
wache ich über dich aus der Ferne.
Im Palast der Freude,
sitze ich einsam und wach,
und sehe ein verlassenes Mädchen,
deren Hals von Tränen glänzt,
während sie die Stunden bis zum Glück zählt,
die Nacht hindurch zählt sie die Sterne.
Hätte ich gewusst,
dass Liebe bedeutet,
sich dem Schmerz hinzugeben,
ich hätte eine Trommel geschlagen,
um jedem mitzuteilen,
dass die Liebe für alle verboten ist!

KAPITEL 23:

INDIEN UNTER BRITISCHER HERRSCHAFT

Vasco da Gama betrat 1498 als erster Europäer indischen Boden, als er bei Kalkutta an der Westküste an Land ging. Im Jahr 1510 eroberten die Portugiesen Goa. Der Reichtum und Wohlstand des Mogulreichs erregte auch das Interesse der Händler aus Frankreich, den Niederlanden und England. 1610 wurde die erste Niederlassung der Ostindischen Kompanie in Surat errichtet, ihr folgten Außenposten in Madras (1639), Bombay (1668) und Kalkutta (1690). Die Verwalter der Kompanie schlossen Handelsverträge mit den Moguln und rekrutierten Einheimische für ihre Streitkräfte. Aufgrund des wachsenden Einflusses der Ostindischen Kompanie kam es zu Spannungen zwischen ihr und regionalen wie übergeordneten Machthabern, die schließlich eskalierten. Robert Clives Sieg in der Schlacht von Plassey (1757) in Bengalen bedeutete das Ende des Mogul-Reichs.

1857 tauchten unter den indischen Soldaten Gerüchte auf, ihre Gewehrpatronen seien mit Rinder- oder Schweinefett behandelt worden. (Zum Laden der Gewehre mussten die Patronen aufgebissen werden; im Hinduismus sind Rinder heilig, während den Muslimen das Schwein als unrein gilt.)

Die Armee erhob sich und rebellierte, sodass die britische Regierung sich 1858 gezwungen sah, die Kontrolle über Indien zu übernehmen.

Indische Truppen an der Seite von Robert Clive bei seinem Sieg in der Schlacht von Plassey (1757).

Eine Karte Indiens aus dem Jahr 1857, zur Zeit des Indischen Aufstands, der auch als Erster Unabhängigkeitskrieg bezeichnet wird.

Reformbewegungen

Die ersten Kolonialisten gewährten den Hindus freie Religionsausübung. Später versuchten Missionare, Gelehrte und Regierungsbeamte, die Hindus zum Christentum zu bekehren und sie zu „zivilisieren", insbesondere durch Bildungsangebote. Diese Anstrengungen und die sich entwickelnde Beziehung zwischen dem Hinduismus und dem Westen führten zu mehreren hinduistischen Reformbewegungen.

Zu den einflussreichsten gehörte die 1828 von Ram Mohan Roy gegründete Bewegung Brahmo Saba, später umbenannt in Brahmo Samaj. Rama Mohan war stark vom Christentum beeinflusst, er glaubte nicht an Reinkarnation und lehnte das Kastenwesen ebenso ab wie die Verehrung von Gottesbildnissen.

1875 wurde die Bewegung Arya Samaj gegründet, die den zunehmenden Einfluss des Christentums beenden und zur ursprünglichen vedischen Religion zurückkehren wollte. Arya Samaj widersetzte sich allem, was sie als spätere Hinzufügung zum Hinduismus ansah. Dazu gehörten Bilderanbetung, rituelles Baden und das Pilgerwesen. Die alte Feuerzeremonie ist heute das wichtigste religiöse Ritual der Arya Samaj.

Die Reformbewegungen hatten kaum Einfluss auf die hinduistischen Bräuche, und die Hauptströmungen konnten sich behaupten. Allerdings gelang es den Reformbewegungen, unter den Hindus das Bewusstsein für ihre Religion als eigenständige Identität zu wecken. Sie lösten außerdem die Bildung nationalistischer Bewegungen aus, die Indien von der Fremdherrschaft befreien wollten. Viele Hindus zogen auch wegen der britischen Regierung in andere Gebiete des Reichs um.

Die Bedeutung der Kuh

Der Indische Aufstand wurde hauptsächlich durch Ignoranz gegenüber dem hinduistischen und muslimischen Glauben ausgelöst. Die Hindus wollten nicht, dass ihre Gewehrpatronen mit Rinderfett eingefettet wurden. Hindus sehen ein Tier, das Milch gibt, als Symbol für die eigene Mutter. Der Ochse wurde für die schwere Feldarbeit benötigt und genoss daher ebenfalls einen relativ hohen Status. Rinder sind für Hindus also etwas Besonderes, deshalb werden sie mit Respekt behandelt. Da viele Hindus Vegetarier sind, gelten Milch und Milchprodukte als wichtige Bestandteile gesunder Ernährung. Auch Ghee findet häufig Verwendung, z. B. beim Kochen, als Lampenöl oder in religiösen Ritualen wie dem *havan* (Feueropfer).

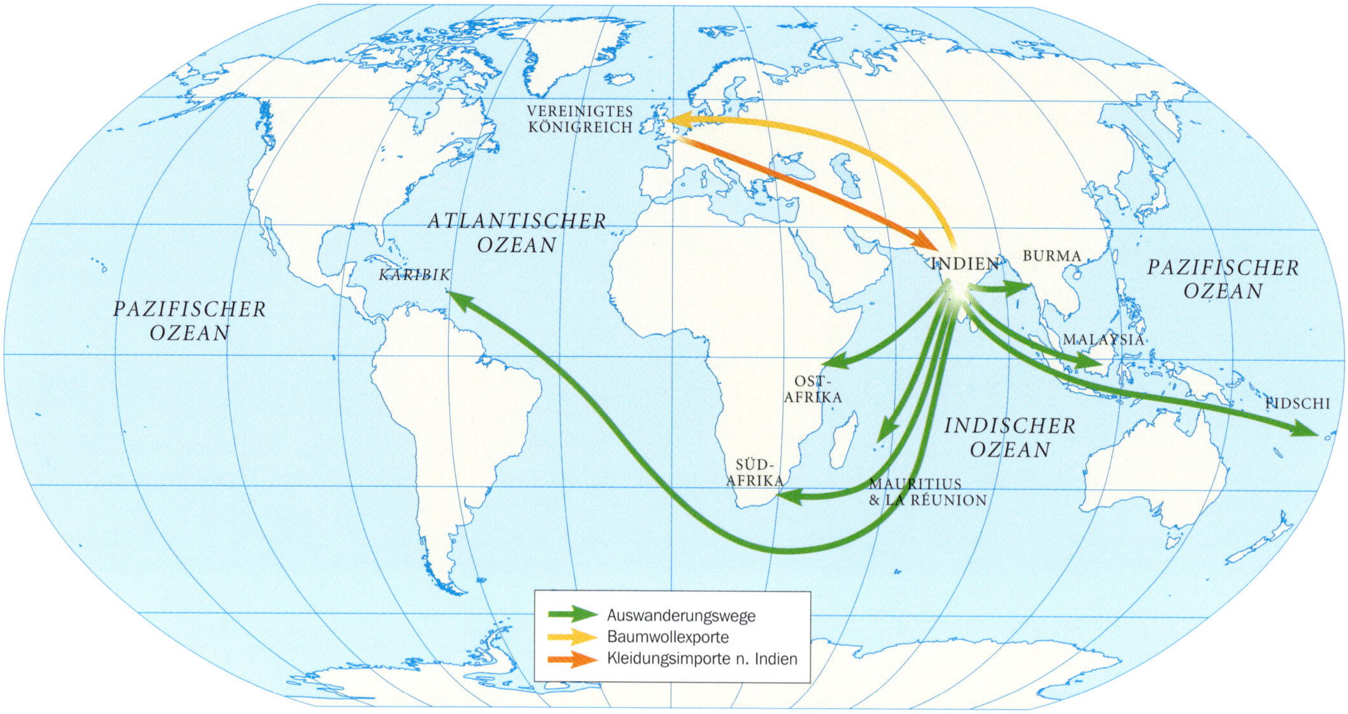

Die Migration der Hindus zwischen 1840 und dem frühen 20. Jh.

Auswanderung in die Karibik

Auch in der Zeit vor dem Kolonialismus hatte es in Indien eine ständige Emigrationsbewegung gegeben, die meist mit dem Aufbau von Handelsbeziehungen zu tun hatte. Während der Kolonialzeit wanderte man in die britischen, französischen oder niederländischen Kolonien aus, um Arbeit zu finden. Ende des 19. Jhs. war die Zahl der indischen Emigranten auf 1,6 Mio. gestiegen.

Nachdem die Sklaverei in den britischen Kolonien in der Karibik 1834 abgeschafft worden war, herrschte dort Arbeitermangel. Die Europäer schreckte das tropische Klima, also wandten sich die Kolonialregierungen auf der Suche nach Arbeitern den 250 Mio. Indern zu.

Ab den 1840er Jahren wurden Arbeitsverpflichtete (vertraglich gebundene Arbeiter) – hauptsächlich Hindi sprechende Nordinder – in die britischen Kolonien der Karibik gebracht. Man versprach ihnen gute Bezahlung und die Möglichkeit, nach einer festgelegten Arbeitszeit von einigen Jahren wieder in ihre Heimat zurückzukehren. Armut, unehrliche Arbeitgeber und Versuche, eine neue Existenz aufzubauen, führten schließlich dazu, dass nur sehr wenige nach Indien zurückkehrten. Die ersten Inder in der Karibik waren Arbeiter auf den Zuckerrohrplantagen Trinidads. Spätere gingen nach Französisch-Guyana und in das niederländische Surinam.

Südostasien und Afrika

Die Briten übernahmen 1870 die Regierungshoheit über die malaiischen Staaten im Westen. Daraufhin wurden viele Tamilen (aus Tamil Nadu in Südindien) dorthin gebracht, um in den Zinnminen, im Eisenbahnbau und auf den Kautschukplantagen zu arbeiten. Viele gingen nach Singapur und Burma (das heutige Myanmar). Ab 1879 arbeiteten die Inder zunehmend auf den Fidschi-Inseln, auf Zuckerrohr- und Baumwollplantagen. Zu Beginn des 20. Jhs. machten Inder mindestens die Hälfte der Bevölkerung auf den Fidschi-Inseln aus.

Außerdem wanderten die Inder, viele von ihnen Hindus, nach Mauritius und auf die französische Insel La Réunion vor der afrikanischen Ostküste aus. Andere, zumeist aus Gujarat, gingen nach Ostafrika, wieder andere nach Südafrika. Auch Mohandas K. Gandhi, der wohl berühmteste Hindu der Neuzeit, arbeitete in Südafrika als Anwalt. Er wurde durch die ausbeuterischen Kolonialisten alarmiert, die die einheimische Bevölkerung wie Bürger zweiter Klasse behandelten.

Auswanderung und Hindu-Kultur

Die Auswanderungswelle veränderte die hinduistischen Bräuche, denn die Migranten übernahmen die kulturellen Eigenheiten ihrer neuen Heimatländer. Ihre Essgewohnheiten änderten sich, und sie gaben oft ihre traditionelle, häufig vegetarische Ernährung auf. Manche Hindus nahmen ihre Religion und Kultur aber gerade außerhalb Indiens besonders ernst. Wie in allen Religionen war es auch für die Hindus schwierig, die Traditionen aufrechtzuerhalten und sich gleichzeitig an veränderte Gegebenheiten anzupassen.

Indischer Nationalismus

Gandhi widersetzte sich der britischen Handelspolitik, rohe indische Baumwolle ins englische Manchester zu transportieren und die fertige Kleidung dann zu reimportieren und überteuert zu verkaufen. Er boykottierte persönlich die Kleidung, die in Europa hergestellt worden war. Sein Ringen um fairen Handel war Teil einer nationalistischen Bewegung.

Eine hinduistische Hochzeit in Trinidad und Tobago. Die Braut trägt den traditionellen *sari* in Rot und Gold, der Bräutigam ist in weiße Seide gekleidet.

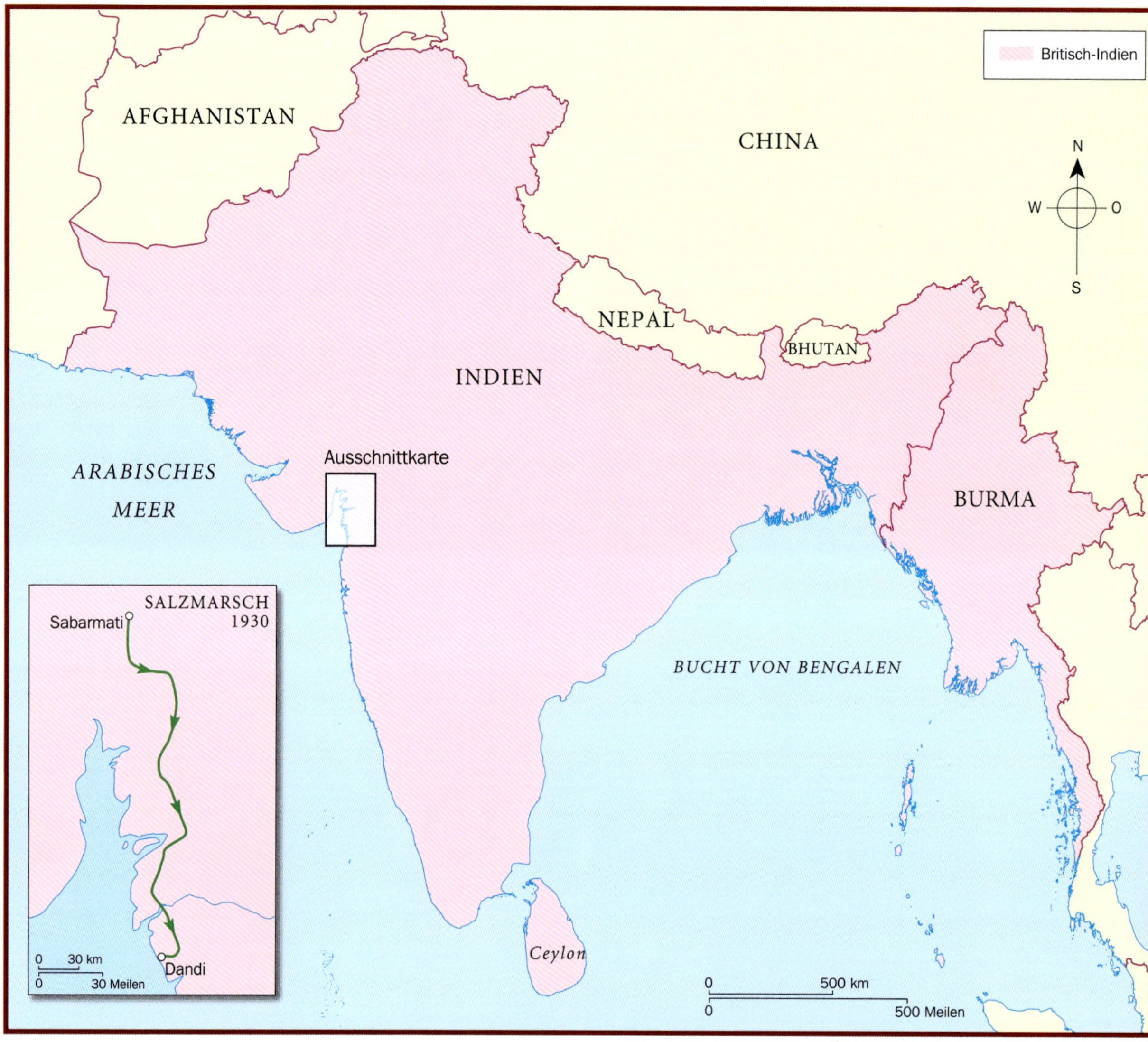

Die größte Ausdehnung Indiens unter britischer Herrschaft (1945). Die Ausschnittkarte zeigt Gandhis Route auf seinem Salzmarsch im Jahr 1930, einem entscheidenden Ereignis für die Quit-India-Bewegung.

Die Unzufriedenheit mit den britischen Kolonialherren und den entstehenden Reformbewegungen führten schließlich zur Bildung mehrerer nationalistischer Organisationen. Sie ebneten den Weg zu Indiens Unabhängigkeit, aber auch zu seiner tragischen Spaltung.

Hindutva

Im Jahr 1909 gründeten führende Mitglieder der Arya Samaj die Hindu Mahasabha (Große Hindu-Versammlung), um den Hindus eine eigene politische Stimme zu verleihen. Die Mahasabha erklärte „Hindustan" (Indien) zum „Land der Hindus" und forderten eine Regierung nach hinduistischen Maßstäben. 1923 prägte Vir Savarkar, der Führer der Mahasabha, den Begriff *hindutva*, der übersetzt etwa „Hindu sein" bedeutet. Heute wird er hauptsächlich in Verbindung mit Organisationen verwendet, die den Nationalismus der Hindus unterstützen. Dazu gehört auch die Rashtriya Swayamsevak Sangh (RSS), die 1925 gegründet wurde und mit etwa 5 Mio. Mitgliedern die mächtigste Hindu-Organisation ist.

Gandhis politische Bewegung

Das Streben nach Unabhängigkeit verschärfte die Spannungen zwischen Hindus und Muslimen. Für die muslimische Minderheit erschien die Aussicht auf eine hinduistische Regierung kaum besser als die britische Herrschaft. Im Jahr 1915 betrat Gandhi die politische Bühne und forderte die Vereinigung der beiden Volksgruppen.

Er ging mit gutem Beispiel voran. Im Jahr 1930 organisierte er einen 384 km langen Marsch zum Meer, wo seine Anhänger illegal Salz gewannen, um gegen die britische Salzsteuer zu protestieren. Dabei proklamierte Gandhi stets den gewaltfreien „passiven Widerstand", selbst angesichts gewalttätiger Übergriffe.

Hinduistisches Wertesystem

Gandhi studierte intensiv die Bhagavad Gita, in der viele wünschenswerte Verhaltensweisen des Menschen aufgelistet sind, wie etwa:

- Gewaltfreiheit (*ahimsa*)
- Respekt vor allem Leben
- Bescheidenheit
- Trennung von weltlichem Besitz
- Gottesdienst und anderer Dienste für andere (*seva*)
- Beharrlichkeit (*sattva*)
- Reinlichkeit und Wahrheitsliebe

Gandhi und das Kastensystem

Gandhi verdankte einen Großteil seiner Kraft und seiner Überzeugung den Lehren des Hinduismus. Allerdings lehnte er, wie die *bhakti*-Heiligen vor ihm, das Kastenwesen und die Erbfolge ab. Inzwischen wurden manche Inder als „Ausgestoßene" oder „Unberührbare" bezeichnet und damit noch unterhalb der vierten *varna* der *shudras* (Arbeiter), angesiedelt. Die Unberührbaren durften nur die niedrigsten Arbeiten verrichten, z. B. Straßen kehren oder Leder bearbeiten. Häufig durften sie nicht mit anderen essen, hatten keinen Zutritt zu Tempeln und durften aus dem Dorfbrunnen kein Wasser holen. Gandhi nannte die Unberührbaren Harijans, „Kinder der Götter".

Gandhi glaubte aus pragmatischen Gründen an die vier *varnas*, aber nicht an die Erblichkeit, die dem Individuum die Möglichkeit der freien Berufswahl verwehrte. Er wollte die Harijans in die *shudra varna*, die vierte Kaste, integrieren. Der Reformer Ramji Ambedkar widersprach Gandhis Einstellung zur Zukunft der Unberührbaren und trat stattdessen für eine vollständig klassenlose Gesellschaft ein. Ambedkar konvertierte später zum Buddhismus und wurde zum Idol der Harijans. Ihr Kampf um Anerkennung als vollwertige Bürger dauert bis heute an.

Mahatma Gandhi während des Salzmarsches, auf dem er 384 km zurücklegte.

KAPITEL 24:

HINDUISMUS IN DER MODERNEN WELT (1947 BIS HEUTE)

Hindus während einer religiösen Feier beim Bad im heiligen Wasser des Ganges bei Varanasi.

Gandhi führte die ersten konkreten Unabhängigkeitsverhandlungen. Sie fanden nach dem Zweiten Weltkrieg (1939–1945) statt. 1946 erklärte Muhammed Jinnah, der Präsident der Muslim League, dass ein geeintes Indien für die Muslime nicht länger vorstellbar sei, da sie nicht unter einer Hindu-Regierung leben wollten.

Teilung

Die endgültige Unabhängigkeit von der britischen Krone am 15. August 1947 wurde daher von der Errichtung eines neuen Staats begleitet: Pakistan, das aus zwei muslimisch dominierten Regionen im Westen und Osten Indiens bestand. Die Teilung wurde von bis dahin nicht gekannten Gewaltausbrüchen begleitet. Etwa eine halbe Million Menschen wurde getötet, als elf Millionen Flüchtlinge – Hindus, Muslime und Sikhs – versuchten, die neu gezogenen Grenzen zu überqueren. Gandhi wurde 1948 von einem fanatischen Hindu ermordet. Jawaharlal Nehru wurde Indiens erster Premierminister.

Bangladesch

Ost- und West-Pakistan lagen 1600 km auseinander und waren durch kulturelle und sprachliche Unterschiede geprägt. Der Osten fühlte sich von der Regierung in West-Pakistan vernachlässigt und erklärte sich 1971 zum unabhängigen Staat Bangladesch. Im darauf folgenden Unabhängigkeitskrieg wurde Bangladesch von Indien unterstützt. Es gab Berichte über Massenmorde, vor allem an Studenten und Intellektuellen aus Bangladesch. Bangladesch ging jedoch als Sieger aus dem Krieg hervor und wurde 1979 souveräner Staat.

Kaschmir

Nach der Teilung besetzte Indien unter Einsatz des Militärs kleinere Gebiete wie Hyderabad, den französischen Teil Indiens und schließlich das von Portugal verwaltete Goa. Kaschmir war zu dieser Zeit ein unabhängiger Staat, der sich trotz einer muslimischen Mehrheit für den Anschluss an Indien entschied. Pakistan widersprach, und 1948 brach der erste Indo-Pakistanische Krieg aus. Es kam zu einer Pattsituation und darauf zu einem Waffenstillstand. Letztlich wurde Kaschmir von Indien eingegliedert. Seitdem kommt es dort zu religiös und politisch motivierter Gewalt, die eine Region von natürlicher Schönheit und kultureller Vielfalt in eine düstere Zukunft blicken lässt.

Nepal

Indien und Pakistan trennten sich zwar aus religiösen Gründen, aber das neue Indien war dennoch ein säkularer Staat, der sich in religiösen Fragen neutral verhielt. Nach der Teilung war Nepal, zwischen Indien und China gelegen, das einzige Land der Welt mit dem Hinduismus als Staatsreligion. Nepal wurde 1923 unabhängig.

Indien und die Nachbarstaaten, einschließlich der umstrittenen Gebiete kurz nach der Teilung. In der jüngeren Vergangenheit wurde Indien von nationalistischen Hindus vermehrt als „heiliges Land" proklamiert.

Heiliges Land

Auf ihren Pilgerfahrten besuchen die Hindus heiliges Land – damit sind die Stätten gemeint, die mit dem Leben verschiedener Heiliger und Gottheiten assoziiert werden. Sie besuchen das *darshan* (die Audienz) der lokalen *murtis*, nehmen Mühsale auf sich (z. B. barfuß laufen) und spenden für gute Zwecke. Eine heilige Stadt wird *tirtha*, „Furt", genannt – sie ist ein Ort, an dem man auf die andere Seite (zur spirituellen Welt) gelangt.

Die Vorstellung von einem „heiligen Land" wurde auch für politische Zwecke missbraucht. Manche Hindus behaupten, dass Indien das heilige Land der Hindus sei und deshalb nach hinduistischen Maßstäben regiert werden solle. Andere erklären, Indien sei zwar an sich ein besonderer Ort, solle aber keinem einzelnen Glauben angehören. Die genaue Beziehung zwischen Indien und dem Hinduismus lässt Fragen offen, vor allem weil immer mehr Hindus außerhalb Indiens geboren werden und aufwachsen oder aus nicht-indischen Familien stammen.

Die Migrationsstruktur der Hindus in der zweiten Hälfte des 20. Jhs., nach der Unabhängigkeit Indiens.

Der Zug aus Ostafrika

Die indische Unabhängigkeit war ein Vorbote des rapiden Verfalls des britischen Kolonialreichs. Indiens Beispiel folgend versuchten auch einige weitere Kolonien erfolgreich, die Unabhängigkeit zu erlangen, insbesondere zwischen den späten 1940ern und Mitte der 1960er Jahre.

Die ostafrikanischen Länder wurden kurz nacheinander in die Unabhängigkeit entlassen: Uganda 1962, Kenia 1963 und das neu gegründete Tansania 1964. Im Rahmen der so genannten Afrikanisierung erhielten die Afrikaner ihre Besitztümer und ihre beruflichen Positionen zurück. Viele Ausländer fühlten sich daraufhin nicht mehr willkommen und wanderten aus. 1972 wurden die Hindus und andere Inder aus Uganda vertrieben. Da sie englische Pässe besaßen, gingen die meisten von ihnen in die Innenstädte des Vereinigten Königreichs. Viele nahmen schlecht bezahlte Jobs an oder machten sich mit kleinen Lebensmittel-, Zeitungs- oder Kleidergeschäften selbständig. Die kleinen, einfachen Tempel, die meist aus alten Kirchenhallen umgebaut wurden, waren die ersten Zentren der neuen hinduistischen Gemeinden. Hier begingen die Hindus ihre Feiern, vollzogen ihr *puja* und pflegten wichtige Riten wie Geburtstags-, Hochzeits- und Initiationszeremonien.

Die Hindus in Großbritannien waren anfangs sehr arm, mit der Zeit gelang es ihnen jedoch, sich gesellschaftlich und finanziell zu etablieren. Ende des 20. Jhs. waren die Hindus zu Spezialisten für Bildung und einige andere Arbeitsbereiche aufgestiegen. Die alten, umgestalteten Hallen wurden durch neue, einzelnen Göttern gewidmete Tempel ersetzt, die das wachsende Prestige und den Einfluss der hinduistischen Gemeinschaft belegen.

Indische Emigration

In der zweiten Hälfte des 20. Jhs. wanderten viele Hindus aus Indien aus, hauptsächlich in die USA, wo ihre Bevölkerungszahl inzwischen bei 1,5 Mio. liegt. Im Gegensatz zu den britischen Hindus waren viele dieser Auswanderer gut ausgebildet; darunter befanden sich Ärzte, Ingenieure und IT-Spezialisten, die ein Leben im Wohlstand führen wollten. Andere Inder, meist aus dem Süden und aus Sri Lanka, gingen nach Europa und begründeten dort eine bisher unterrepräsentierte südindische Hindutradition.

Seit 1965 sind Hindus aus wirtschaftlichen Gründen auch in die ölexportierenden Länder am Persischen Golf gezogen. Heute leben etwa eine Million in Bahrain, Kuwait, dem Jemen, Saudi-Arabien und den Vereinigten Arabischen Emiraten.

Als Krishna und seine Gefährtin Radha gekleidete Mädchen beim jährlichen Rathayatra-Fest in London. Der Ursprung lag in Puri an der indischen Ostküste, das Fest wird heute aber auf der ganzen Welt gefeiert.

Besondere Feierlichkeiten

Die Pflege besonderer Feierlichkeiten ist für Hindus ein Weg, ihre Traditionen zu erhalten und an die folgende Generation weiterzugeben. Die Hindus, die außerhalb Indiens leben, feiern die wichtigen Festtage weiter (siehe S. 173) und beachten bis zu 16 *samskaras* (Übergangsriten). Die wichtigsten sind Geburtstage, der Übergang zum Erwachsenenalter, Hochzeiten und Beerdigungen. Jedes *samskara* ist ein besonderer Moment im Leben. Schon von alters her unterschieden die Hindus vier Lebensstadien (*ashrams*):

1. *Brachmachari ashrama* – Schülerleben
2. *Grihastha ashrama* – Eheleben
3. *Vanaprastha ashrama* – Alter
4. *Sannyasa ashrama* – Dem Leben abschwören

Noch heute verlassen männliche Hindus ihr Elternhaus, um *sannyasis* (Mönche) zu werden. Manche *sannyasis* reisen mit dem Zug ins Ausland, um die dortigen Hindus zu lehren, wie sie ihre Religion innerhalb einer fremden Kultur ausüben sollen.

Weltweite Bewegungen und wichtige Führer

Swami Vivekananda war ein *sannyasi* und der erste Hindu, der den Hinduismus dem Westen näher brachte. Er erhielt großen Beifall beim ersten Weltparlament der Religionen in Chicago. Im Rahmen der Auswanderungswelle nach der Unabhängigkeit reisten noch viele Gurus nach Westen, um die dortigen Hindu-Gemeinden zu unterstützen.

Die Hippie-Bewegung der 1960er Jahre mit ihrer Ablehnung gesellschaftlicher Konventionen und dem Wunsch, ein spirituelleres Leben zu führen, war stark von Indien beeinflusst. Yoga und Meditation wurden plötzlich modern. Die Bewegung Transzendentale Meditation des Gurus Maharishi erregte auch die Aufmerksamkeit der Beatles.

Viele junge Leute fühlten sich von den Religionen aus dem fernen Osten angezogen. Zu den populärsten religiösen Gruppierungen gehörte die Divine Life Society (gegründet von Swami Shivananda), die Divine Light Mission (heute Elan Vital genannt) und die Anhänger des umstrittenen Gurus Rajneesh (heute Osho genannt). Erwähnenswert war z. B. die Hare-Krishna-Bewegung, deren männliche Mitglieder ihre Köpfe rasierten, traditionelle, safranfarbene Gewänder trugen und auf den Straßen der Städte in aller Welt sangen und tanzten.

Seit den 1960er und 1970er Jahren sind andere Hindu-Gruppierungen populärer geworden. Dazu gehört die Bewegung Swaminarayan von Gujarat, die 1995 einen gewaltigen Steintempel in der Nähe von London eröffnete. Die Himalaja-Akademie ist eine südindische Shiva-Tradition, die das Hochglanzmagazin *Hinduism Today* herausgibt. In jüngerer Zeit hat auch die Art of Living Foundation des Gurus Ravi Shankara an Einfluss gewonnen.

Manche Gruppierungen halten die Bezeichnung Hinduismus für sektiererisch, da sie von Außenstehenden stammt (und die Unterschiede religiöser Traditionen hervorhebt). Einer von ihnen ist Satya Sai Baba, der sich als Inkarnation von Shiva und Shakti sieht, und die Brahma Kumaris, der mehrheitlich Frauen angehören.

Weibliche Gurus

Von Frauen wird im Hinduismus traditionell erwartet, dass sie heiraten und treu ihren Ehegatten dienen.

Mitglieder der Hare-Krishna-Bewegung singen und tanzen in den späten 1960er Jahren in Boston.

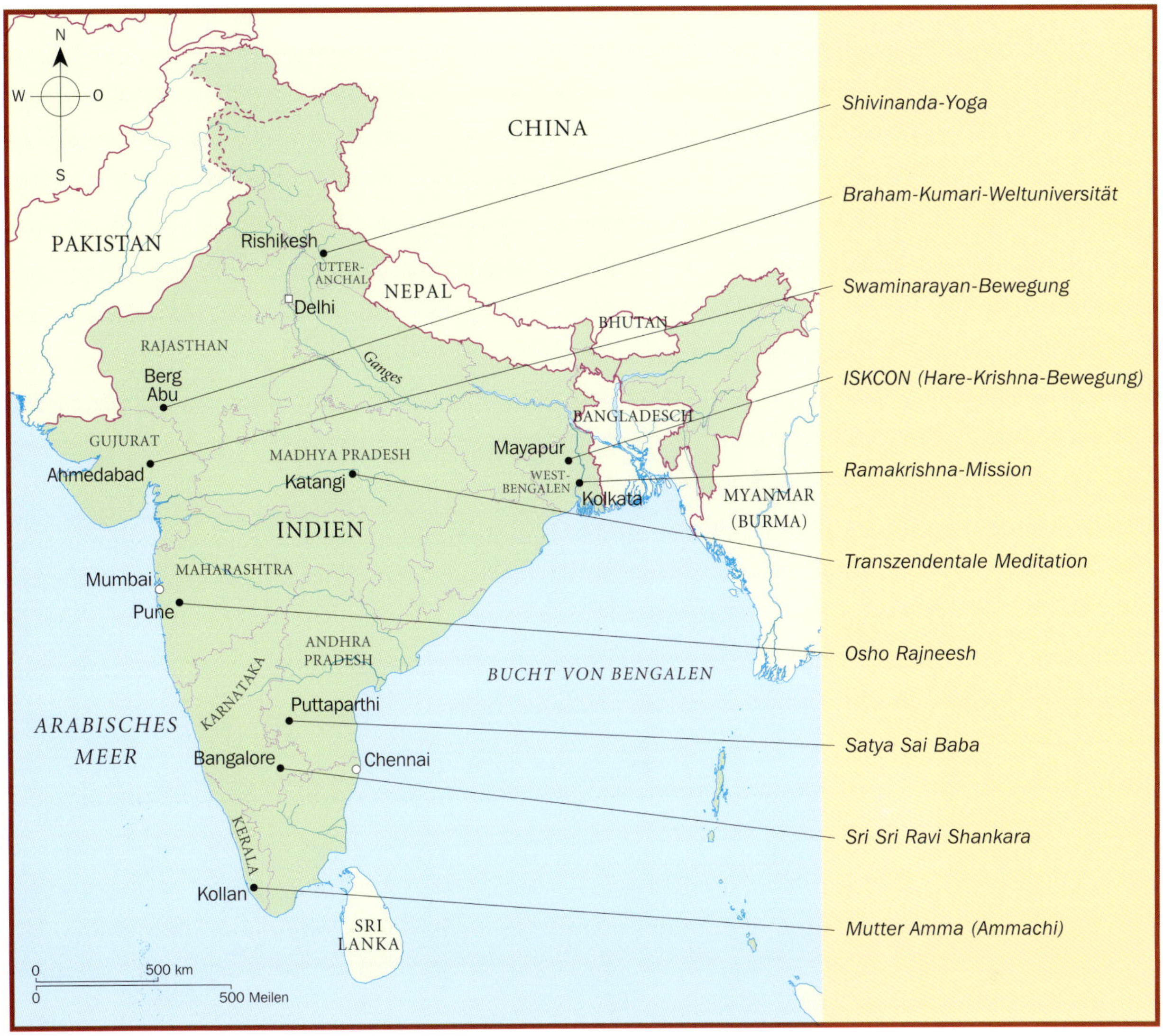

Diese Karte zeigt die Zentren der heute bedeutendsten weltweiten Hindu-Bewegungen.

Dennoch gibt es viele Beispiele für mächtige und einflussreiche Frauen im Hinduismus. Sita (Ramas Ehefrau) befolgte die hinduistischen Traditionen beispielsweise nur insofern, als sie das Verhältnis zwischen Mann und Frau betrafen. Andere, wie Mirabai, lehnten alle religiösen Konventionen mit Hinweis auf den Gleichheitsgrundsatz ab. Manche Strömungen haben Frauen als Gurus akzeptiert. Heute gibt es eine Reihe weiblicher Gurus, z. B. Ammachi, Nirmila Devi und Mutter Meera.

Hinduistische Kultur

Die Kultur der Hindus und Inder ist auf der ganzen Welt präsent. Bekannte Begriffe wie Chutney, Pyjama und Bungalow stammen aus der indischen Sprache. Der wachsende spirituelle Einfluss zeigt sich im Aufkommen von Begriffen wie Guru, Karma und Avatar.

Hinduistische und indische Kultur zeigen sich auch im westlichen Lebensstil, wie das andauernde Interesse an Yoga und Meditation beweist. Weitere Beispiele sind ayurvedische Medizin, ganzheitliche Behandlungsformen, Accessoires wie Duftlampen oder Modeartikel wie Nasenstecker und die besonders in Großbritannien überall präsente indische Küche sowie die zahllosen indischen Restaurants.

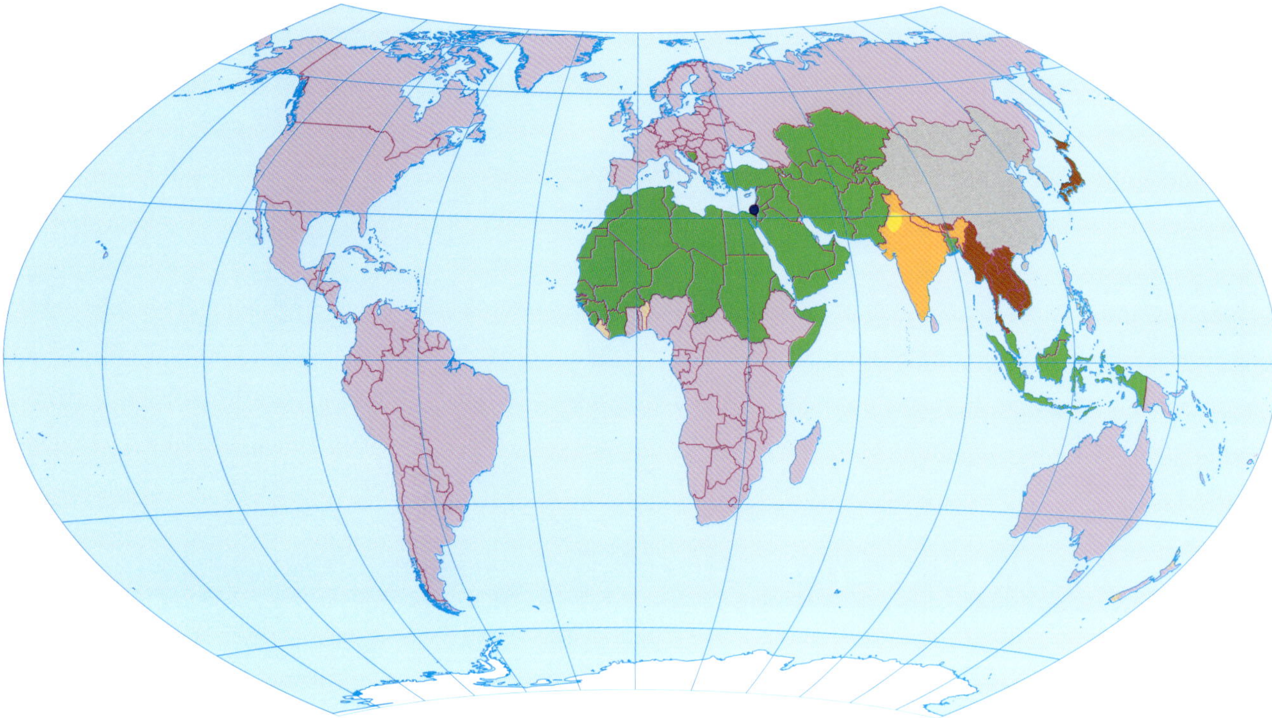

Diese Karte zeigt die Zentren der heute bedeutendsten, weltweiten Hindu-Bewegungen.

Hinduismus in der indischen Politik

Auf Indiens ersten Premierminister Jawaharlal Nehru folgten Lal Shastri und kurz darauf Nehrus Tochter Indira Gandhi. 1984, während ihrer zweiten Amtszeit, meldeten die Sikhs Ansprüche auf einen unabhängigen Staat im Pandschab an, und einige Fanatiker schlossen sich im Goldenen Tempel von Amritsar ein, dem heiligsten Tempel der Sikhs. Regierungstreue Truppen stürmten die Tempel und erregten damit die Wut der Sikh-Gemeinde. Indira Gandhi wurde kurz darauf von einem Sikh ermordet, der zu ihrer persönlichen Leibwache gehörte. Anschließend kam es zu Gewaltausbrüchen.

Hinduistische Identität

Die Wechselbeziehungen zu anderen Kulturen haben für die Hindus in Indien und im Ausland Fragen hinsichtlich der eigenen Identität aufgeworfen. Der Gedanke, dass der Hinduismus eine Religion unter anderen großen Religionen ist, ist relativ neu. Forscher behaupten, der Begriff Hinduismus sei erst im 19. Jh. geprägt worden. Hinduistische Nationalisten weisen dagegen darauf hin, dass der Hinduismus aus Indien komme und Indien daher ein hinduistisches Land sein müsse. Hinduistische Philosophen argumentieren dagegen, dass die universellen Lehren des Hinduismus sich weit über Indien hinaus erstrecken.

Die Bemühungen, alte hinduistische Lehren in das moderne Leben zu integrieren, haben für Hindus weitere entscheidende Fragen aufgeworfen. Sind die vier *varnas* heute noch relevant? Sollten Frauen in der heutigen hinduistischen Gesellschaft gleichberechtigt sein? Können Hindus moderne Wissenschaft und Medizin mit ihrem Glauben vereinbaren?

Hinduismus als spiritueller Weg

Die Tradition ist für viele Hindus vor allem eine spirituelle Inspiration. Gottesdienst und Meditation sind für sie Wege zur Selbstverbesserung und zu einer besseren Welt.

Viele Hindus engagieren sich aus religiöser Überzeugung in Umweltschutzprojekten. Sie glauben an das universelle *karma* (heutige Geschehnisse resultieren aus vergangenem Verhalten), an die Einheit allen Lebens (denn *atman* ist in jeder Lebensform präsent) und in die Abkehr von der Gier.

Aufgrund dieser Prinzipien fühlen sie sich verpflichtet, für den Schutz und die Erhaltung unseres Planeten einzutreten.

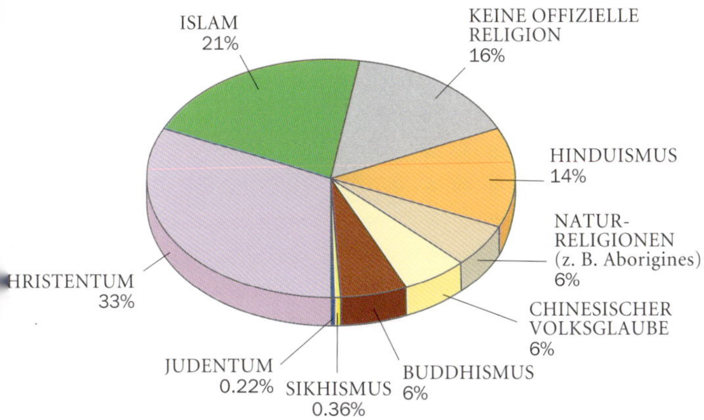

Oben: Diese Grafik zeigt den Anteil der Hindus an den Religionsgemeinschaften der Welt.

Unten: Indische Hindus bieten in Mumbai im Jahr 2004 spezielle Gebete für den Weltfrieden an. Über 15 000 Hindus rezitieren Mantras, während sie Getreidekörner in ein heiliges Feuer werfen.

Die meisten Hindus können sich im Übrigen der Vorstellung von der einen wahren Religion nicht anschließen und wenden sich entschieden gegen Intoleranz und religiös motivierte Gewalt.

Weg in eine friedliche Welt

Der Hinduismus bekennt sich stolz dazu, eine friedliche Religion zu sein. Er lehrt, dass wir ohne inneren Frieden nicht glücklich werden können, unabhängig davon, wie sehr wir versuchen, uns an die Welt um uns herum anzupassen. Seine alten Lehren an die sich heute so schnell verändernde Welt anzupassen, bedeutet für den Hinduismus eine große Herausforderung. Er bleibt jedoch eine lebendige, farbige und sich entwickelnde Tradition. Die alten Werte, wie der Dienst für andere und die Gleichheit allen Lebens, gelten auch im 21. Jh. weiter.

Gebet für den Weltfrieden

Möge das Glück das ganze Universum erfüllen und mögen die Neidischen befriedet werden. Mögen alle lebenden Kreaturen ihren Frieden im bhakti-Yoga *finden, denn wenn sie sich gegenseitig zu Diensten sind, denken sie auch an das Gemeinwohl. Lasst uns deshalb alle den ewigen Gott preisen.*

Bhagavat Purana 5, 18, 9

GROSSE PERSÖNLICHKEITEN

Krishna

Krishna ist eine der Hauptgottheiten des Hinduismus. Der Legende nach wurde er um 3000 v. Chr. in der Stadt Mathura geboren und wuchs in dem nahe gelegenen Dorf Vrindavana auf. Berühmt sind die Streiche, die er in seiner Jugend spielte, sowie seine Liebesaffären mit den Kuhhirtinnen (*gopis*). Später wurde Krishna der mächtige König von Dwaraka und rezitierte die Bhagavad Gita, die daraufhin niedergeschrieben wurde und heute einer der wichtigsten Texte des Hinduismus ist. Als er die Erde verließ, bedeutete das den Beginn des jetzigen Kali Yuga (Zeitalter des Eisens). Kali heißt wörtlich übersetzt „Streit".

Yudhisthira

Yudhisthira war ein Zeitgenosse Krishnas und einer der fünf Pandavas (Söhne des Pandu). Er war als tugendhafter und selbstloser Anführer bekannt. Seine Brüder und er wurden von ihren bösartigen Cousins verfolgt und verbrachten 13 Jahre im Exil. Nach der Schlacht von Kurukshetra wurde Yudhisthira zum Kaiser gekrönt. Als das Kali Yuga anbrach, gab Yudhisthira den Thron auf und zog sich in den Himalaja zurück.

Draupadi

Draupadi war die Gefährtin aller fünf Pandavas und ist eine zentrale Figur im Mahabharata. Yudhisthira verlor sie, als er beim Glücksspiel betrogen wurde, und die Kauravas versuchten, sie vor der vollständigen königlichen Versammlung zu entblößen. Die anwesenden Könige schritten nicht ein und legten den Grundstein für ihre Niederlage bei der Schlacht von Kurukshetra. Draupadis Geschichte illustriert das Ideal, Frauen zu schätzen und zu beschützen, und sie zeigt, welche Konsequenzen das Verletzen dieses Ideals hat.

Andal (725–755)

Andal ist die einzige Frau unter den südindischen Alvars (Dichter-Heiligen). Ein kinderloses Paar entdeckte sie unter einem heiligen Tulasi-Busch und nannte sie Kothai (aus der Erde geboren). Sie beschloss als Kind, Vishnu zu ehelichen. Der Tradition gemäß verschmolz sie mit Vishnu nach der offiziellen Hochzeitszeremonie. Ihre Lieder werden heute in Südindien noch immer gesungen, wo ihr auch eine große Zahl von Schreinen gewidmet ist.

Shankara (780–812)

Shankara ist einer der wichtigsten Hindu-Philosophen (wie Abhinavagupta, Ramanuja und Madhva). Im Alter von acht Jahren schwor er dem weltlichen Leben ab und unternahm ausgedehnte Reisen, auf denen er mit Buddhisten und Angehörigen anderer nicht-orthodoxer Bewegungen sprach. So erinnerte er an die Bedeutung der heiligen Schriften des Hinduismus. Shankara gründete die Advaita-Schule der Vedanta-Philosophie und wird deshalb Shankaracharya genannt (*acharya* bedeutet „großer Lehrer"). Er wird auch als Adi Shankara (der ursprüngliche Shankara) bezeichnet, um ihn von den späteren Führern zu unterscheiden, die auch den Titel Shankaracharya trugen.

Chaitanya (1486–1534)

Chaitanya war in seiner Jugend ein Logiker, lehrte später aber, dass *bhakti* (Hingabe) der Weg zur wahren Weisheit sei. Er wurde als 24-Jähriger zum *sannyasi* (jemand, der dem weltlichen Leben abschwört) und aufgrund seiner Spiritualität hoch geschätzt. Er inspirierte den bengalischen Vishnuismus, dessen Anhänger ihre Hingabe tanzend und singend ausdrücken. Chaitanya wurde später als Doppelavatar (Inkarnation) Krishnas und seiner Gefährtin Radha angesehen. Sein Einfluss ist heute noch in der Hare-Krishna-Bewegung zu erkennen.

Mirabai (1547–1614)

Mirabai ist wohl die bekannteste weibliche Heilige im Hinduismus. Sie war eine Rajasthani-Prinzessin, die Krishna als ihren Geliebten erkor. Sie heiratete den König von Chitor, dessen Familie ihre Hingabe an Krishna nicht tolerierte und sie schließlich verfolgte. Daraufhin verließ sie ihre Familie, um zu wandern und den Ruhm ihres Erwählten zu preisen. Ihre Lieder und Gedichte sind vor allem bei nordindischen Hindus noch heute sehr beliebt.

Lakshmi Bai (ca. 1830–1858)

Lakshmi Bai wurde als Mitglied der königlichen Familie in Varanasi geboren. Ihr Mädchenname war Manikarnika. Sie heiratete den König von Jhansi. Nach dem verfrühten Tod ihres Gatten weigerten sich die britischen Behörden, das von den beiden adoptierte Kind als rechtmäßigen Thronfolger anzuerkennen, und versuchten, das Königreich an sich zu reißen. Lakshmi Bai kämpfte tapfer während der Indischen Rebellion (auch der Erste Unabhängigkeitskrieg genannt). Sie starb 1858 während der Belagerung von Gwalior.

Vivekananda (1863–1902)

Vivekananda wurde in eine wohlhabende bengalische Familie hineingeboren und wurde der Lieblingsschüler des berühmten Mystikers Ramakrishna. Vivekananda sutdierte Shankaras Vedanta-Philosophie und beeindruckte die westliche Welt durch seinen Auftritt beim Weltparlament der Religionen im Jahr 1893. Er unternahm weite Reisen und trat für Reformen und die Modernisierung des Hinduismus ein. Er errichtete die Ramakrishna-Mission, deren Sozial- und Bildungsprogramme noch heute hohes Ansehen genießen.

Mohandas Gandhi (1869–1947)

Gandhi ist wohl der bekannteste Inder des 20. Jhs. Er wollte sein Land von der britischen Herrschaft und der ruinösen wirtschaftlichen Abhängigkeit von Großbritannien befreien, indem er *satyagraha* (Erkenntnis der Wahrheit), *ahimsa* (Gewaltfreiheit) und einen unerschütterlichen Glauben an Gott praktizierte. Er folgte vielen orthodoxen Regeln und liebte insbesondere die Bhagavad Gita. Berühmt ist er auch durch seine Unterstützung der Unberührbaren. Er starb durch die Hand eines Attentäters, der mit der Teilung Indiens unzufrieden war.

DER HINDUISMUS IM ÜBERBLICK

Kalender der Feste und Feiertage

Monat	Ereignis	Bedeutung
Januar/Februar	Sarasvati Puja	Frühlingsanfang und Anbetung von Sarasvati
Februar/März	Maha Shiva Ratri	Shivas Geburtstag
März	Holi	Frühlingsfest, bei dem farbige Pulver geworfen werden
März / April	Rama Navami	Ramas Geburtstag
April	Hanuman Jayanti	Hanumans Geburtstag
August	Raksha Bandana	Feier der Zuneigung zwischen Geschwistern
August / September	Janmashtami	Krishnas Geburtstag
August / September	Ganesh Chaturchi	Ganeshs Geburtstag (besonders beliebt in Mumbai)
September/Oktober	Navaratri / Durga Puja	Neun Nächte währende Anbetung der Göttin Devi
Oktober/November	Diwali	Neujahrsanbetung für Lakshmi, die Göttin des Wohlstands

Geschätzte Zahlen von Hindus weltweit

1900	215 000 000
1950	320 000 000
2005	950 000 000

Geschätzte Zahlen von Hindus in verschiedenen Regionen der Welt

Australien, Neuseeland und Fidschi	410 000	Mauritius	615 000
Bangladesch	14 430 000	Niederlande	165 000
Bhutan	558 000	Ostafrika	667 000
China	131 000	Pakistan	3 280 000
Guyana	268 000	Persischer Golf	1 000 000
Indien	90 000 000	Singapur	177 000
Indonesien	4 380 000	Sri Lanka	3 010 000
Kanada	330 000	Südafrika	530 000
Karibik	245 000	Surinam	118 000
Malaysia	1 510 000	USA	1 500 000
		Vereinigtes Königreich	910 000

ZEITTAFEL

ca. 3000 v. Chr.	Laut hinduistischer Tradition erscheint Krishna auf der Erde und spricht die Bhagavad Gita (das Lied Gottes). Beginn des Kali yuga (Eisernes Zeitalter).
ca. 2500 v. Chr.	Die großen Städte an Indus und Sarasvati sind auf dem Höhepunkt ihrer Macht.
ca. 1500 v. Chr.	Die Arier dringen möglicherweise in Indien ein und begründen die Frühform des Hinduismus.
ca. 1500–500 v. Chr.	Die Veden werden auf Sanskrit niedergeschrieben. Im Zentrum stehen die heilige Feuerzeremonie (*havan*) und der Kontakt mit den Vorfahren im Himmel. Die wichtigsten Gottheiten unter Indra (dem Regengott) stehen für die Naturkräfte.
ca. 500 v. Chr.–ca. 500 n. Chr.	Buddhismus und Jainismus verbreiten sich in Indien. Bei den Hindus tritt das Tempel-Puja (Verehrung der *murtis*) hervor, Vishnu, Shiva und Shakti werden zu den wichtigsten Gottheiten. Die Epen und die Puranas werden niedergeschrieben. Das Maurya-Reich eint einen großen Teil Indiens, und die Herrschaft der Guptas (320–550) ist ein Goldenes Zeitalter für die hinduistischen Künste. Der Hinduismus etabliert sich in Südost-Asien.
500–1000	Die Dichter-Heiligen aus Südindien verfassen viele fromme Gedichte.
800–1300	Die großen *acharyas* (Lehrer) begründen philosophische Schulen und die *sampradayas* (Folge von Lehrern und Schülern). Shankara (ca. 780–812) lehrt die Gestaltlosigkeit Gottes und stellt die hinduistischen Schriften wieder in den Vordergrund. Der Buddhismus nimmt in Indien ab. Abhinavagupta (ca. 975–1025) legt den Grundstein für den kaschmirischen Shivaismus, und Ramanuja (1017–1137) vertritt die Theorie, dass Gott letztendlich eine Gestalt hat.
1200–1500	Muslime regieren im Norden, das Sultanat von Dehli wird errichtet (1206). Hinduistische Königreiche erblühen dagegen im Süden, insbesondere die Chola-Dynastie, ihre Hauptströmung ist der Shivaismus.
1200–1700	In dieser Zeit leben viele der frommen Heiligen, z. B. Chaitanya, Mirabai, Vallabha und Tukarama. Der Guru Nanak (1486–1538) führt die Religion der Sikhs ein.
1526	In Indien wird das Mogul-Reich gegründet.
17./18. Jh.	Viele Europäer kommen nach Indien, um zu handeln.
1757	Nach der Schlacht von Plassey gerät Indien unter britische Kontrolle.
1828	Gründung der Brahmo Samaj, einer Reformbewegung des Hinduismus, als Reaktion auf europäische Einflussnahme.
ab 1830	Viele Hindus emigrieren nach Fidschi, Malaysia, Mauritius, in die Karibik, nach Ostafrika und Südafrika.
1858	Indien wird offiziell dem britischen Kolonialreich eingegliedert.
1869	Mahatma Gandhi wird geboren, der später Indien im Kampf um die Unabhängigkeit führen wird.
1947	Indien erreicht die Unabhängigkeit, muss aber Gebiete abtreten, insbesondere das neu gegründete Pakistan.
1950er–1970er Jahre	Viele Hindus wandern (aus Indien) nach Nordamerika, (aus Ostafrika und Indien) nach Großbritannien, in die Niederlande und nach Australien aus.
1960er Jahre	Indische Philosophie und Lehren wie z. B. Yoga werden im Westen zunehmend populär, Beispiele sind auch die Transzendentale Meditation und die Hare-Krishna-Bewegung.
seit 1990	Hinduistische Gemeinden etablieren sich in der westlichen Welt und errichten einige große Tempel.

KAPITEL 25:

DAS LEBEN JESU

Die christliche Religion begann mit dem Leben Jesu von Nazareth im ersten Jh. n. Chr. Christen glauben, Jesus sei der Sohn Gottes. Sie lehren, dass Jesus auf die Erde gekommen sei, um die Menschen von ihren Sünden zu erlösen und ihnen zu zeigen, wie sie ein heiliges Leben nach Gottes Geboten leben könnten. Jesus verbrachte sein gesamtes Leben in Palästina. Christen nennen das Gebiet, in dem Jesus lebte, oft das „Heilige Land". Der überwiegende Teil davon gehört heute zum Staat Israel.

Jesus wurde um das Jahr 4 n. Chr. im Königreich Juda geboren. Dies war das alte Land der Juden, aber zur Zeit der Geburt Jesu war es Teil des Römischen Reiches. Kaiser Augustus regierte das Reich, erlaubte aber König Herodes, einem dortigen Herrscher, Juda nach römischem Recht zu regieren. Herodes herrschte von 37 v. Chr. bis 4 n. Chr.

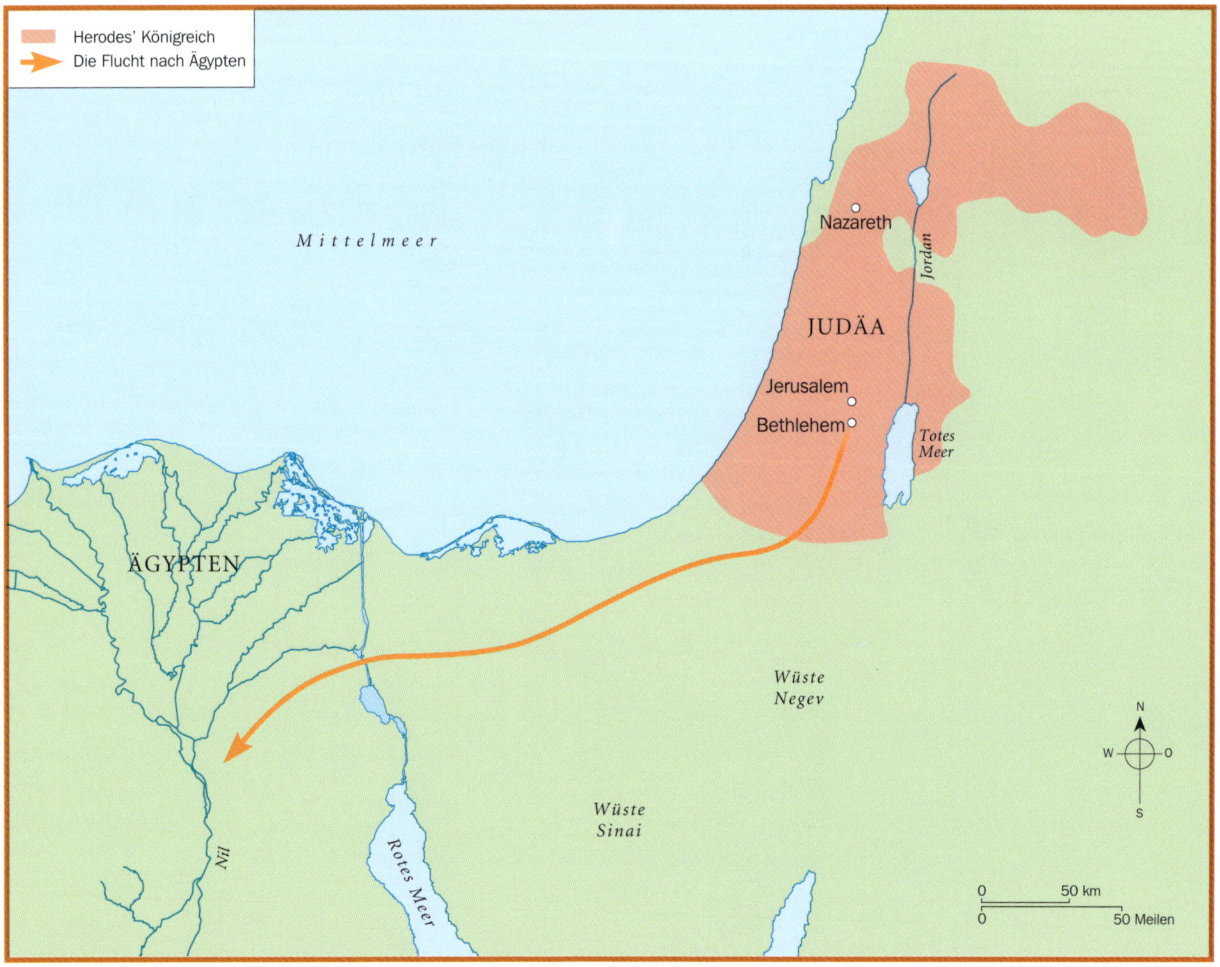

Das Königreich des Herodes zur Zeit der Geburt Jesu. Diese Karte zeigt außerdem den Weg, den die Heilige Familie bei der Flucht aus Judäa nach Ägypten einschlug.

Der Bibel zufolge waren die Ersten, die dem Jesuskind huldigten, ansässige Hirten. Sie erfuhren durch einen Engel von seiner Geburt und brachten als Geschenk ein Lamm. Dieses *Anbetung der Hirten* genannte Gemälde aus dem 17. Jh. stammt vom spanischen Künstler Bartolomé Murillo.

Jesu Geburt

Die Geschichte der Geburt Jesu wird in der Bibel erzählt. Sie beginnt mit der Verkündigung, als der Engel Gabriel einer Frau namens Maria erscheint (Christen nennen sie Jungfrau Maria), um ihr zu sagen, dass sie den Sohn Gottes zur Welt bringen wird. Die Verkündigung erfolgte in Marias Haus in der Stadt Nazareth, in einer als Galiläa bekannten, bergigen Region im Norden Palästinas.

Bevor Jesus geboren wurde, machten sich Maria und ihr Mann Josef auf den Weg in Josefs 160 Kilometer südlich gelegenen Heimatort Bethlehem. Sie mussten nach Bethlehem gehen, weil Kaiser Augustus verfügt hatte, dass sich jeder im Römischen Reich an seinem Geburtsort registrieren lassen sollte. Die Bibel berichtet, dass Jesus in einem Stall in Bethlehem geboren wurde, weil alle Herbergen im Ort belegt waren.

Die Flucht nach Ägypten

Kurz nach der Geburt Jesu kamen drei weise Männer an, die dem Säugling Jesus huldigen wollten. Der Bibel zufolge waren sie, einem sehr hellen Stern folgend, aus östlichen Ländern gekommen. Bevor sie aber Bethlehem erreichten, besuchten die drei Weisen König Herodes in Jerusalem, um nach dem neuen König zu fragen. Die Nachricht von Jesu Geburt machte Herodes sehr eifersüchtig, und er befahl, alle männlichen Säuglinge in seinem Königreich zu töten.

Herodes' Plan zur Ermordung des Säuglings Jesus schlug fehl. Josef war im Traum von einem Engel gewarnt worden, verließ deshalb Bethlehem und ging mit seiner Familie nach Ägypten. Zu diesem schwierigen Fußmarsch gehörte die Durchquerung der Wüsten Negev und Sinai.

Die Bibel

Die Bibel besteht aus zwei Teilen. Das Alte Testament erzählt die Geschichte der Juden. Das Neue Testament beschreibt das Leben Jesu und wie seine Anhänger den christlichen Glauben verbreiteten. Das Neue Testament enthält vier Bücher, genannt die Evangelien, die das Leben Jesu erzählen. Jedes Evangelium gibt eine etwas andere Version des Lebens Jesu. Die Verfasser der Evangelien sind Matthäus, Markus, Lukas und Johannes.

Jesus vollbrachte überall Wunder und gewann viele Anhänger. Hier sieht man ihn vor dem Tempel in Jerusalem, wie er einen Mann von seinen Gebrechen heilt, während die Schriftgelehrten misstrauisch zusehen.

Leben und Taten Jesu

Jesus und seine Familie blieben in Ägypten, bis Herodes starb und sie sicher nach Nazareth zurückkehren konnten. Jesus verbrachte seine Kindheit in Nazareth, wo er von Josef das Zimmermannshandwerk lernte. Zu jüdischen Festen besuchte die Familie manchmal Jerusalem.

Die meisten Ereignisse im Erwachsenenleben Jesu fanden um den See Genezareth statt, einem großen See am Fluss Jordan. In dieser gebirgigen Gegend wanderte Jesus von Ort zu Ort, lehrte, heilte die Kranken und vollbrachte Wunder. Er begann Anhänger um sich zu scharen, die man als Jünger bezeichnete.

Am Ufer des Sees Genezareth bat Jesus seine ersten Jünger, die Fischernetze zurückzulassen und ihm zu folgen. Das Matthäus-Evangelium erzählt auch, wie Jesus einem Sturm auf dem See Einhalt gebot und dass er auf dem Wasser des Sees Genezareth wandelte.

Eines der berühmtesten Wunder Jesu ereignete sich in Bethsaida an den Ufern des Sees Genezareth. Hier verwandelte Jesus fünf Brotlaibe und zwei Fische in genug Speisen, um 5000 Menschen zu sättigen. Am gegenüberliegenden Ufer, in Kafarnaum, vollbrachte Jesus mehrere Wunderheilungen, und weiter westlich, in der Stadt Kana, verwandelte er während einer Hochzeit Wasser in Wein.

Jesus predigte, wo immer er war. Bis heute berühmt ist seine Bergpredigt. Archäologen glauben, dass Jesus seine Bergpredigt auf einem Hügel nahe Kafarnaum über dem See Genezareth gehalten habe. Heute wird dieser Hügel Berg der Glückseligkeit genannt.

Eine Karte von Palästina, die einige Orte zeigt, wo Jesus predigte. Er verbrachte die meiste Zeit in der Gegend des Sees Genezareth, wanderte zu seinen Predigten aber auch nach Sidon im Norden und im Süden bis nach Betanien.

Jesus in der Wüste

Bevor Jesus als Prediger zu wirken begann, verbrachte er 40 Tage und Nächte in der kargen, steinigen Wüste Judäas südlich von Jerusalem. Dort rang er mit vielen Versuchungen. Nach dem Matthäus-Evangelium versuchte der Teufel, Jesus zu überreden, seinen heiligen Lebenswandel zugunsten eines bequemen Lebens voller Macht und Reichtum aufzugeben. Aber Jesus widerstand allen Verlockungen. Alljährlich erinnern Christen in der Fastenzeit an die Zeit, die Jesus in der Wüste zubrachte. Als Fastenzeit gelten die 40 Tage vor Ostern.

Wo Jesus lebte und lehrte

Die Bibel beschreibt mehrere Orte, wo Jesus und seine Jünger sich aufhielten. Jesus war in Tyros und Sidon im Norden und kam südlich bis nach Jerusalem. Er verbrachte auch einige Zeit in Betanien, einem Ort nahe Jerusalem. Dies war die Heimat seiner Anhängerinnen Maria Magdalena und Martha sowie ihres Bruders Lazarus. Das Johannes-Evangelium erzählt, wie Lazarus erkrankte und starb und wie Jesus ihn wunderbarerweise wieder zum Leben erweckte.

Stadtplan von Jerusalem mit einigen Stätten, an denen Jesus sich zuletzt aufhielt.

Das Letzte Abendmahl

Kurz bevor Jesus gefangen genommen wurde, hielt er ein besonderes Mahl mit allen seinen Jüngern. Dieses Mahl, das man Letztes Abendmahl nennt, wurde im oberen Saal eines Hauses in Jerusalem gehalten. Beim Letzten Abendmahl lehrte Jesus seine Jünger, Brot und Wein in seinem Angedenken zu teilen. Er sagte, dass Brot und Wein seinen Körper und sein Blut darstellten. Dies war der Beginn der Heiligen Kommunion, an der alle Christen teilnehmen. Die Heilige Kommunion wird auch als Eucharistie bezeichnet.

In seinen letzten Lebenswochen kam Jesus nach Jerusalem. Als er einen Hügel namens Ölberg in der Nähe Jerusalems erreicht hatte, sandte er zwei Jünger nach einem Esel aus, damit er auf diesem in die Stadt reiten konnte. Die Bewohner Jerusalems jubelten Jesus zu. Sie sangen und legten Palmwedel auf seinen Weg.

Lehre und Gefangennahme

In den folgenden Wochen lehrte Jesus in Jerusalem und heilte Kranke. Die Menge pries ihn als Gottes Sohn.

Dies machte die Hohen Priester zornig, vor allem dass Jesus in ihrem Tempel lehrte und predigte.

Schließlich beschlossen sie zu handeln. Sie überredeten einen der Jünger, Judas Ischariot, Jesus zu verraten. Eines Abends führte Judas eine Gruppe Soldaten in den Garten Gethsemane an den Hängen des Ölbergs. Als Jesus durch den Garten kam, ging Judas auf ihn zu und gab ihm einen Kuss. Dies war das Zeichen für die Soldaten, Jesus festzunehmen.

Kreuzigung und Auferstehung

Jesus wurde von den Priestern vor Gericht gestellt und dann Pontius Pilatus, dem römischen Statthalter in Judäa, zur Verurteilung übergeben. Die Hohen Priester wollten, dass Pilatus Jesus zum Tod verurteile. Aber Pilatus fand keinen Grund für dieses Urteil, weshalb er die Menge fragte, wer gekreuzigt werden solle – Jesus oder ein Räuber namens Barabbas.

Diesmal wandte sich die Menge gegen Jesus, und sie entschied, dass er gekreuzigt werden solle. Man setzte Jesus eine Dornenkrone auf und zwang ihn, sein schweres Holzkreuz zu einem vor den Stadtmauern gelegenen Hügel namens Kalvarienberg zu tragen. Dort wurde er zwischen zwei Räubern gekreuzigt.

Man bestattete den Leichnam Jesu in einem Felsengrab, das mit einem schweren Stein verschlossen wurde. Drei Tage später entdeckte Maria Magdalena, dass der Stein zur Seite gerollt worden und das Grab leer war. Sie hatte zunächst Angst, jemand habe den Leichnam Jesu gestohlen, aber die Bibel berichtet, dass Jesus ihr dann erschienen sei und ihr gesagt habe, er werde bald bei seinem Vater im Himmel sein. Diese Rückkehr zum Leben bezeichnen Christen als „Auferstehung von den Toten".

Die Kreuzigung wurde von vielen berühmten christlichen Künstlern gemalt. Dieses Gemälde stammt vom italienischen Maler Raffael (1483–1520). Es heißt *Der gekreuzigte Jesus mit der Jungfrau Maria, Heiligen und Engeln.*

KAPITEL 26:
VERBREITUNG DER LEHRE

Nach seinem Tod begannen die Jünger, Jesu Botschaft zu verbreiten. Sie nannten ihn Jesus Christus. Das Wort Christus stammt vom griechischen Wort *christos* und bedeutet „Retter“ oder „König“. Die Jünger lehrten, dass Christus starb, um die Menschen von ihren Sünden zu erlösen und ihnen die Möglichkeit zu geben, in den Himmel zu kommen. Sie sagten den Menschen, dass sie ihre alte Religion aufgeben, Christus folgen und ein tugendhaftes Leben nach seinen Lehren führen sollten. Die Anhänger von Christus, die das Christentum zuerst verbreiteten, heißen Apostel. Ihre Taten sind in einem Buch des Neuen Testaments beschrieben, der Apostelgeschichte.

Pfingsten

Die Apostelgeschichte erzählt, wie der Heilige Geist den Aposteln erschien und sie dazu inspirierte, die Lehre Jesu zu verbreiten. Etwa zwei Monate nach dem Tod Jesu trafen

Die Dreifaltigkeit

Christen glauben, dass die göttliche Einheit aus drei Gestalten besteht: Gottvater, Gottes Sohn und Heiliger Geist. Zusammen nennt man diese drei Gestalten Gottes die Dreifaltigkeit. Gottes Sohn ist Jesus Christus. In der christlichen Kunst wird der Heilige Geist als Flamme dargestellt und manchmal auch als weiße Taube.

Das Martyrium des Heiligen Stephanus, wie es sich ein spanischer Künstler im 16. Jh. vorstellte. Stephanus ist von Peinigern umgeben, die ihn zu Tode steinigen.

Diese Karte zeigt die wichtigsten christlichen Zentren am Ende des ersten Jhs. n. Chr. Sie zeigt auch die Gebiete, in denen Juden lebten. Zu dieser Zeit waren es meist Juden, die zum Christentum übertraten.

sich die Apostel in Jerusalem, um das als Pfingsten bezeichnete jüdische Erntefest zu feiern. Plötzlich hörten sie das Geräusch eines starken Windes. Dann sahen sie über jedem ihrer Köpfe eine Flamme lodern – das Zeichen, dass der Heilige Geist mit ihnen war. Die Apostel erkannten, dass sie in vielen verschiedenen Sprachen reden konnten, und sie begannen zu predigen. Zu dieser Zeit war Jerusalem voller Juden, die aus vielen verschiedenen Ländern gekommen waren, um Pfingsten zu feiern. Die Apostel sprachen zu jedem von ihnen in seiner eigenen Sprache und erzählten ihnen Jesu Botschaft.

Die Botschaft verbreitet sich

Die christliche Lehre verbreitete sich in allen Gebieten, in denen Juden lebten. Zur gleichen Zeit zogen die Apostel von Ort zu Ort, um das Wort Jesu zu verbreiten. Überall im Heiligen Land entstanden kleine christliche Gemeinden. Anfangs traten nur Juden zum Christentum über, aber langsam verbreitete sich das Christentum auch bei Nicht-Juden.

Sterben für den Glauben

Die Apostel machten sich viele Feinde, als sie ihre neue Religion verbreiteten. Besonders die Anführer der Juden, genannt die Ältesten, waren sehr erbost darüber, dass sich ihr Volk vom jüdischen Glauben abwandte. Manche der Apostel wurden für das Predigen des Christentums und ihren Widerstand gegen die Gebote der Ältesten zum Tod verurteilt. Stephanus wurde vor den Mauern Jerusalems gesteinigt und Petrus ins städtische Gefängnis gesperrt. Später verurteilte man ihn in Rom zum Tod.

Menschen, die für ihren Glauben sterben, nennt man Märtyrer. Stephanus und Petrus gehörten zu den Ersten von vielen christlichen Märtyrern. Nach ihrem Tod wurden sie als Heilige bekannt. Heiliger (oft abgekürzt als Hl.) ist die Bezeichnung, die heilige Menschen in der christlichen Religion erhalten.

Die Bekehrung des Saulus

Eine der wichtigsten Personen in der Frühgeschichte des Christentums ist der heilige Paulus. Paulus begann sein Leben nicht als Christ. Als junger Mann hieß er Saulus, verfolgte die Christen und nahm sogar an der Steinigung von Stephanus teil.

Die Reisen des heiligen Paulus. Er unternahm 25 Jahre lang Reisen über Land und See – verbunden mit vielen Strapazen und Gefahren.

Die Apostelgeschichte erzählt, wie Saulus auf der Straße von Jerusalem nach Damaskus zum Christentum bekehrt wurde. Als er Damaskus erreichte, erschien Saulus ein gleißendes Licht, das ihn drei Tage lang blind machte. Nachdem er seine Sehkraft wiedererlangt hatte, wurde er Christ und nannte sich fortan Paulus. Er verbrachte den Rest seines Lebens mit Reisen und der Verbreitung des christlichen Glaubens.

Die erste Paulusreise

Auf seiner ersten Reise besuchte er die Länder des östlichen Mittelmeerraums. Zuerst ging er auf die Insel Zypern und gründete eine Kirche in Salamis. Dann kehrte er auf das Festland zurück und reiste durch die Gebiete, die man heute Syrien und Türkei nennt. Manchmal, etwa in Lystra, war Paulus willkommen. An anderen Orten wurde er aber verjagt.

Die zweite und dritte Paulusreise

Auf seiner zweiten Reise brach Paulus in die Städte Tarsus, Lystra und Antiochia (in der heutigen Türkei) auf. Dann überquerte er das Meer nach Philippi (in Mazedonien), Athen und Korinth (in Griechenland) sowie nach Ephesus (in der Türkei). An all diesen Orten gründete Paulus neue christliche Gemeinden.

Auf seiner dritten Reise kam Paulus in einige von ihm schon zuvor besuchte Orte. Als er in Ephesus war, versuchte er die Leute an der Verehrung der Göttin Artemis (auch als Diana bekannt) zu hindern. Dies verärgerte die Menschen sehr.

Die letzte Paulusreise

Paulus wurde verhaftet, als er nach Jerusalem zurückkehrte, um die dortigen Christen zu besuchen. Die römischen Herrscher in Jerusalem schickten ihn nach Rom vor das kaiserliche Gericht. Paulus reiste unter Bewachung auf einem Handelsschiff, das vor der Küste Maltas Schiffbruch erlitt.

Als er schließlich Rom erreichte, wurde Paulus eingesperrt. Er bekam Hausarrest und stand dauernd unter Beobachtung. Während dieser Zeit predigte Paulus weiter und schrieb viele Briefe. Niemand weiß genau, wie er starb, aber mit großer Wahrscheinlichkeit wurde er auf Befehl des Kaisers Nero enthauptet.

Die Paulusbriefe

Auf seinen Reisen schrieb Paulus Briefe an die von ihm gegründeten Gemeinden. Diese Briefe bestärkten die neuen Christen in ihrem Glauben und lehrten sie mehr über ihre Religion. Später wurden die Briefe des Paulus in das Neue Testament aufgenommen.

Die vielleicht berühmtesten sind die an die Korinther mit einem bekannten Abschnitt über die Liebe. Darin erklärt Paulus, dass Christen einander und alle anderen Menschen lieben sollten. „Und hätte ich die Liebe nicht, so wäre ich nichts."

Das antike Theater von Ephesus in der Türkei war Schauplatz eines Aufstands gegen Paulus. Verehrer der Göttin Diana organisierten Proteste gegen die Predigten von Paulus, doch konnte Schlimmeres verhindert werden.

KAPITEL 27:

DIE FRÜHE KIRCHE

Gegen Ende des 1. Jhs. n. Chr. blühte das Christentum auf. Der neue Glaube war besonders in Rom beliebt, aber viele mächtige Römer misstrauten dem Christentum, weshalb die meisten frühen Christen ihren Glauben im Verborgenen lebten.

Die frühen Christen trafen sich heimlich in Häusern von Gläubigen. Meistens kamen sie sonntags früh am Morgen oder am Abend zusammen. Die Christen beteten gemeinsam, sangen Hymnen (Lieder, die Gott lobten) und studierten die Schriften (die Bücher des Neuen Testaments). Sie feierten auch die Heilige Kommunion als Erinnerung an das Letzte Abendmahl Christi, an seinen Tod und die Wiederauferstehung.

Schreckliche Strafen

Manche römische Kaiser sahen das Christentum als ernste Bedrohung ihrer Macht. Sie ergriffen strenge Maßnahmen, um diese neue Religion auszulöschen. Im Jahr 64 n. Chr. klagte Kaiser Nero die Christen an, Rom in Brand gesteckt zu haben. Manche Christen wurden, in Tierhäute eingewickelt, Hunden vorgeworfen, andere dienten bei den Festen des Kaisers als lebende Fackeln. Nero machte das Töten von Christen auch zu einem öffentlichen Spektakel. Christen wurden in die Arenen der Amphitheater geschickt, damit Löwen sie zerfleischten.

Andere römische Kaiser ließen Christen einsperren, foltern und töten, aber Kaiser Diokletian führte die

Gegen Ende des 3. Jhs. gab es rund um das Mittelmeer christliche Gemeinden. Das Christentum hatte entlang der großen Flüsse auch Teile Nordeuropas erreicht.

strengsten Strafen ein. Im Jahr 303 n. Chr. begann er mit der Hinrichtung tausender Christen, die sich geweigert hatten, ihren Glauben aufzugeben. Er befahl auch, alle christlichen Schriften zu verbrennen und die Häuser von Christen zu zerstören.

Zusammenkunft im Untergrund

In Rom hielten Christen oft Treffen in den Katakomben ab. Dabei handelte es sich um ein Tunnelsystem unter der Stadt, das normalerweise für Bestattungen diente. Man fand in den römischen Katakomben christliche Malereien und Altäre aus dem 4. Jh. n. Chr.

Die Überreste einer Katakombe unter der Stadt Rom, bekannt als Katakombe der Priscilla. In manchen Katakomben, in denen sich die frühen Christen trafen, sind Malereien mit Jesus an den Wänden zu sehen.

Eine Karte des konstantinischen Reichs zum Zeitpunkt seiner größten Ausdehnung. Unter Konstantin wurde das Römische Reich für Christen zu einem sicheren Lebensraum.

Bischöfe, Diakone und Priester

Ungeachtet der Verfolgungen wuchs die Zahl der Christen. Anfang des 2. Jhs. n. Chr. hatten die christlichen Gemeinden begonnen, sich selbst zu organisieren. Gruppen von Christen bauten Kirchen, wo sie sich regelmäßig zu einfachen Gottesdiensten trafen. Jede größere Stadt hatte ihren eigenen Bischof. Ihm halfen Diakone und Priester. Der Diakon kümmerte sich um praktische Dinge wie die Hilfe für die Armen, während der Priester von Kirche zu Kirche zog und Gottesdienste abhielt.

Um die christliche Kirche zusammenzuhalten, sprachen die Bischöfe möglichst viel miteinander. Im 3. Jh. residierten die wichtigsten Bischöfe in Rom, Alexandria (Ägypten) und Antiochia (Türkei).

Konstantin und die Christen

Kaiser Diokletian starb im Jahr 305, und im folgenden Jahr kam der neue, ehrgeizige Herrscher Konstantin an die Macht. Zu dieser Zeit war das Römische Reich zweigeteilt: Konstantin teilte sich die Kontrolle über das westliche Reich mit Maxentius, während zwei weitere Herrscher das östliche Reich regierten.

Im Jahr 312 kämpfte Konstantin mit seinem Heer in der Schlacht an der Milvischen Brücke nahe Roms gegen Maxentius. Kurz vor Beginn der Schlacht hatte Konstantin eine Erscheinung.

Er sah ein Kreuz aus Licht am Himmel und hörte, wie eine Stimme sagte: „In diesem Zeichen wirst du siegen.“ Konstantin befahl sofort allen seinen Soldaten, das christliche Chi-Rho-Symbol auf ihre Schilde zu malen. Seine Armee war siegreich und Konstantin überzeugt, dass er die Christen in seinem Reich unterstützen müsse.

Das Edikt von Mailand

Nach seinem Sieg über Maxentius verkündete Konstantin, dass alle Christen im westlichen Reich ihre Religion frei ausüben dürften.

Dieser Erlass aus dem Jahr 313 wurde als Edikt von Mailand berühmt. Konstantin gab den Bischöfen auch die Mittel zum Bau großer Kirchen, Basiliken genannt, darunter die berühmte Basilika von St. Peter in Rom. Konstantin verkündete, dass der Sonntag ein Tag der Ruhe sei, und finanzierte neue Abschriften der Bibel.

Im Jahr 324 besiegte Konstantin die Herrscher des östlichen Reichs und übernahm die Herrschaft über das gesamte Römische Reich. Drei Jahre später verlegte er seine Hauptstadt von Rom in die Stadt Byzanz (das heutige Istanbul) und nannte sie Konstantinopel. Konstantin machte Konstantinopel zu einer christlichen Stadt mit vielen prächtigen Kirchen.

Christliche Zeichen

Die frühen Christen benutzten geheime Zeichen für ihren Glauben. Zu diesen Symbolen gehören ein Fisch, ein Anker und eine Taube. Das Symbol, das Konstantin für die Schilde seiner Soldaten wählte, war das Chi-Rho-Zeichen. Es wird aus den ersten zwei Buchstaben des Wortes *Christus* auf Griechisch gebildet.

Das Konzil von Nicäa

Während Konstantins Herrschaft brach zwischen zwei christlichen Vordenkern ein erbitterter Streit aus. Arius, ein ägyptischer Priester, meinte, dass Jesus Christus von Gottvater erschaffen wurde, aber Athanasius, der Bischof von Alexandria meinte, dass Christus ein Teil Gottes sei und von Anbeginn der Zeit existiert hätte. Der Streit drohte die Kirche zu spalten. Deshalb griff Konstantin ein. Er versammelte alle Bischöfe seines Reichs in Nicäa (in der heutigen Türkei). Auf dem Konzil von Nicäa im Jahr 325 entschieden sich die Bischöfe, Athanasius zu unterstützen. Sie verfassten ein Bekenntnis ihres Glaubens, das man später Nicänisches Glaubensbekenntnis nannte. Dieses Bekenntnis sprechen Christen noch heute. Danach ist der Sohn Gottes „eines Wesens mit dem Vater".

Diese römische Münze zeigt Kaiser Konstantin mit einem Olivenkranz. Sie wurde um das Jahr 306 in Frankreich geprägt.

Der heilige Augustinus von Hippo

Der heilige Augustinus war von 396 bis 430 Bischof von Hippo in Nordafrika. Er war ein großer Denker, der viele Bücher über den christlichen Glauben schrieb. Augustinus erklärte, dass Sündern durch Gottes Gnade vergeben werden könne. Augustinus' Aussagen hatten großen Einfluss auf die christliche Lehre. Er zählt zu den Kirchenvätern. Augustinus erlebte den Zusammenbruch des Römischen Reichs 410 und schrieb ein berühmtes Buch namens „*Gottesstaat*". Darin betont er die Bedeutung einer geeinten christlichen Gemeinde, die getrennt vom Staat sein solle.

Ausschnitt aus einem italienischen Gemälde, das den heiligen Augustinus zeigt.

Eine Staatsreligion

Etwa 25 Jahre nach Konstantins Tod versuchte Kaiser Julian, die römischen Götter und Göttinnen wieder einzuführen. Aber es war zu spät, um das Anwachsen des Christentums aufzuhalten. Alle Kaiser nach Julian unterstützten die Christen, und im Jahr 391 n. Chr. erklärte Kaiser Theodosius das Christentum zur Staatsreligion. Zu dieser Zeit war die christliche Kirche wohlhabend und mächtig geworden. Christen bauten prächtige Kirchen und hielten feierliche Gottesdienste mit Choralgesang ab.

Rom wird Zentrum

Im 4. Jh. hielten die Bischöfe mehrere Konzile ab, um die Art der Gottesdienste und den Zeitpunkt der großen Feste des christlichen Jahrs festzulegen. Bei diesen Konzilen spielte der römische Bischof eine führende Rolle. Nach und nach wurde der römische Bischof zum Oberhaupt der Kirche und erhielt den neuen Titel eines Papstes.

Einsiedler, Mönche und Nonnen

Manche Christen entschieden sich, ihr Leben als Einsiedler allein in Höhlen in der Wüste zu verbringen. Ein berühmter Einsiedler war der heilige Simeon Stylites, der 30 Jahre auf einer Säule sitzend verbrachte! Aber nicht jeder wollte als Einsiedler leben. Im 4. Jh. begannen Männer und Frauen, von der Gesellschaft abgeschiedene, nach Geschlechtern getrennte Gemeinschaften zu gründen. Diese Gemeinschaften nannte man Klöster. Die dort lebenden Männer heißen Mönche, die Frauen Nonnen.

Der Fall des Römischen Reichs

Mitte des 4. Jhs. wurde das Römische Reich von barbarischen Stämmen bedroht. Das waren große Gruppen wilder Krieger, viele von ihnen Heiden, die ihre eigenen Götter verehrten. Im Jahr 401 griff ein Heer der Westgoten die norditalienische Stadt Mailand an, 410 fielen sie in Rom ein. Die Römer schlugen sie zurück, aber gleichzeitig drangen die Vandalen und andere Stämme auf das Gebiet des heutigen Deutschlands und Frankreichs vor. Die Vandalen fielen 409 in Spanien ein, 20 Jahre später eroberten sie Nordafrika. Von dort aus nahmen sie 455 Rom ein, das sie systematisch plünderten, aber nicht zerstörten. Das Weströmische Reich brach unter dieser so genannten Völkerwanderung schließlich 476 zusammen.

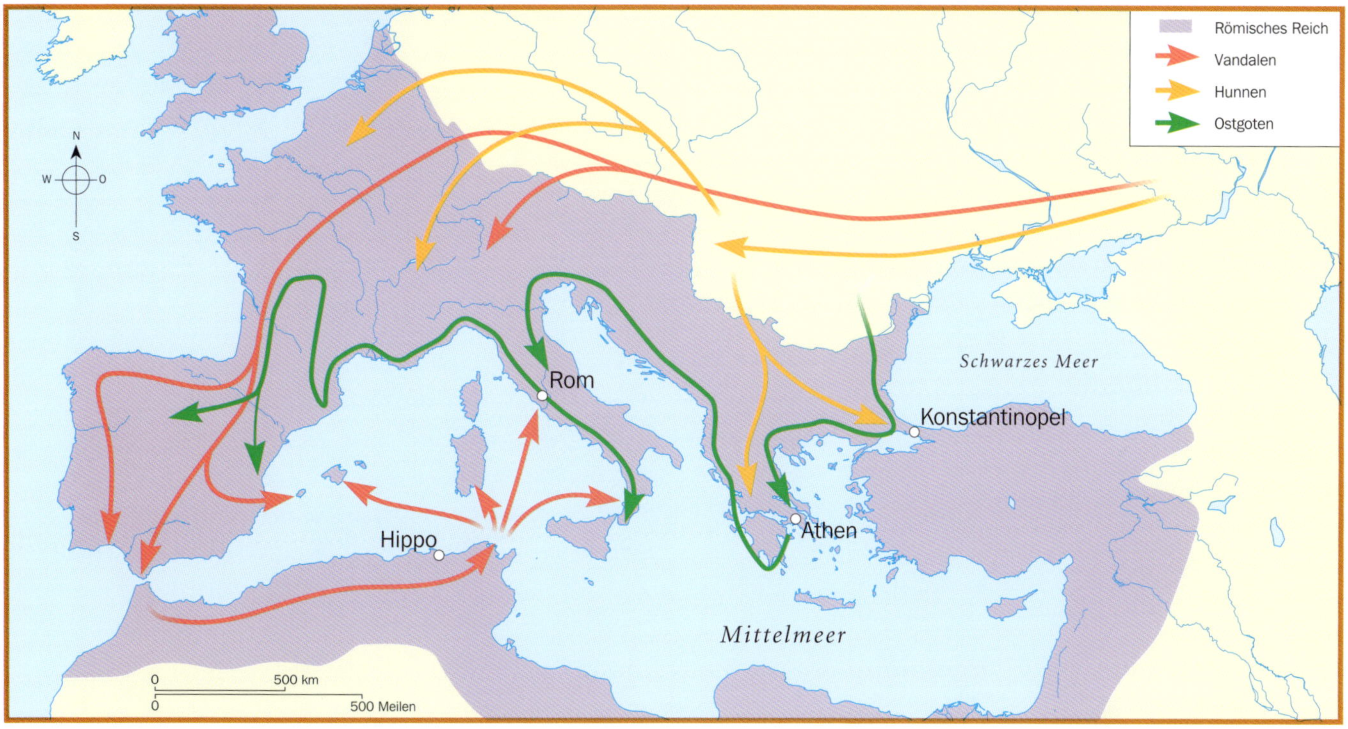

Eine Karte des Römischen Reichs zeigt die von den barbarischen Angreifern gewählten Routen. Das westliche Reich brach 476 zusammen, aber das östliche Reich mit seiner Hauptstadt Konstantinopel konnte den Angreifern widerstehen und überdauerte weitere 1000 Jahre.

KAPITEL 28:
DIE KIRCHE IM MITTELALTER

Nach dem Fall von Rom im Jahr 476 teilte sich das westliche Reich. Das Christentum starb völlig aus, aber in Rom überlebte die Kirche. Auch einige Klöster überlebten, und die Mönche hielten das christliche Studium durch Abschriften heiliger Texte lebendig.

Die Verbreitung der Botschaft

Nach und nach begannen christliche Mönche, ihren Glauben in Europa zu verbreiten. Eines der ersten bekehrten Gebiete war Irland. In der ersten Hälfte des 5. Jhs. gründete der heilige Patrick in vielen Teilen Irlands christliche Klöster. Diese Klöster waren Zentren für andere Missionare, die die christliche Botschaft nach Großbritannien, Frankreich und Deutschland brachten.

Im Jahr 596 sandte Papst Gregor der Große einen Mönch namens Augustinus nach Südengland, um den Angeln zu predigen.

Diese Karte zeigt die Kirchen des Ostens und des Westens nach der Teilung im Jahr 1054. Die Karte zeigt auch die Ausbreitung des Islam (die Religion der Muslime) in dieser Zeit.

Zwei Jahrhunderte später bekehrte der englische Mönch Bonifatius die Stämme des heutigen Deutschlands. Das Volk der Wikinger in Skandinavien brauchte länger, bis es das Christentum annahm, aber im 11. Jh. gab es Kirchen in Dänemark, Schweden und Norwegen.

Die Ostkirche

Während sich die Kirche im Westen langsam wieder aufbaute, gedieh die Kirche im östlichen Teil des Römischen Reichs. Die Hauptstadt des östlichen oder Byzantinischen Reichs war Konstantinopel. Sie wurde zu einem wichtigen Zentrum des Christentums. Missionare der Ostkirche trugen die Religion ostwärts. Im 9. Jh. brachten Cyrillus und Methodius die christliche Botschaft zu den Slawen in Osteuropa, und im Jahr 988 verfügte Großfürst Wladimir von Russland, dass alle Russen als Christen getauft werden sollten.

Der Nahe Osten

Das Christentum verbreitete sich über Syrien und Persien, aber viele Christen dort lehnten sich gegen die Einheitslehre der Kirche auf. In Syrien nannte man die Aufständischen Monophysiten, in Persien Nestorianer. Keine dieser beiden Gruppen wurde von Rom anerkannt.

Im 7. Jh. entstand in Arabien die neue Religion des Islam. Innerhalb von 100 Jahren hatte sich der Islam stark ausgebreitet und weite Teile des Nahen Ostens, Nordafrikas und Südspaniens erreicht. Einige christliche Gemeinden überlebten in diesen Gebieten, aber die Anzahl der Christen wurde bei weitem von den Muslimen übertroffen.

Die Ost-West-Trennung

Nach und nach wurde die Ostkirche immer unabhängiger von der Westkirche. Nach vielen Streitereien entschieden die Kirchen sich 1054 für die Trennung. Die Ostkirche wurde vom Patriarchen von Konstantinopel und die Westkirche vom Papst in Rom geführt. Später wurde die Ostkirche als orthodoxe Kirche und die Westkirche als römisch-katholische Kirche bezeichnet.

Christentum in Äthiopien

Im 4. Jh. erlitt der christliche Missionar Frumentius an der äthiopischen Küste in Nordafrika Schiffbruch. Er bekehrte den König des alten äthiopischen Königreichs Aksum. Zwei Jahrhunderte später wurde auch das heute als Sudan bekannte Gebiet christlich. Sogar nach der Einnahme Nordafrikas durch muslimische Herrscher bestand in Äthiopien weiter ein großes christliches Königreich.

Die Stadt Konstantinopel (später Istanbul genannt) war das Herz der Ostkirche und voller prächtiger Kirchenbauten. Dieses Foto zeigt die Kuppel der Kirche Hagia Sophia in Istanbul.

Diese Karte zeigt einige der bedeutendsten christlichen Klöster des Mittelalters. Sie zeigt auch die Orte, an denen religiöse Orden gegründet wurden.

Die Ausbreitung der Klöster

Im 4. und 5. Jh. wurden die Klöster organisierter. Dies verdankten sie vor allem zwei Männern – im Osten Basilius und im Westen dem hl. Bernhard.

Die Regel des heiligen Benedikt

Benedikt von Nursia wurde im Jahr 480 in Norditalien geboren. Er begann sein religiöses Leben als Einsiedler, aber entschied bald, dass es für Mönche besser sei, wenn sie in einer Gemeinschaft zusammenlebten. Er gründete in Monte Cassino ein berühmtes Kloster und legte schriftlich fest, wie seine Mönche zu leben hatten.

Nach der Regel Benedikts sollten die Mönche ihre Zeit in Gebet, Studium und körperliche Arbeit, z. B. Landwirtschaft, aufteilen. Seine Anhänger sollten sich zu bestimmten Tageszeiten zum Gottesdienst treffen. Außerdem verfügte er, dass Mönche schlichte Speisen essen, einfache Kleidung tragen sowie sich um die Kranken und Armen kümmern sollten. Nach Benedikts Tod wurden in ganz Westeuropa Benediktinerklöster gegründet.

Cluniazenser und Zisterzienser

Im 10. Jh. wurde Abt Odilo das neue Oberhaupt des Benediktinerklosters Cluny in der Mitte Frankreichs. Er gründete eine neue Art von Kloster, das sich auf Lernen, Musik und Kunst konzentrierte. Bald verbreiteten sich Cluniazenserklöster in ganz Frankreich. Ihre Gebäude waren wundervoll verziert, und die Cluniazensermönche hielten besonders feierliche Gottesdienste ab. Ein anderer französischer Abt jedoch, Bernhard von Clairvaux, widersetzte sich der Pracht der Cluniazenserklöster. Er gründete einen neuen, als Zisterzienser bezeichneten Mönchsorden, der ein einfaches Leben im Gebet in viel schlichteren Gebäuden führte. Die Zisterzienserbewegung war im 12. und 13. Jh. sehr beliebt.

Franziskaner und Dominikaner

Im frühen 13. Jh. wurden einige neue religiöse Orden gegründet. Dies waren Bettelorden, die ein einfaches mönchisches Leben führten, predigten und sich in besonderer Weise um die Armen und Kranken kümmerten.

Zwei Männer waren für das Anwachsen dieser Orden verantwortlich: Dominikus und Franz von Assisi. Dominikus war ein spanischer Missionar, der versuchte, Ketzer (Menschen mit einem Glauben, der den Lehren der Kirche widersprach) zu belehren. Im Jahr 1215 gründete Dominikus einen Predigerorden, der sich auf die Lehre spezialisierte. Dieser Orden hieß später Dominikanerorden. Die erste Dominikaner-Gemeinschaft entstand nahe Carcassonne in Südfrankreich.

Franziskus stammte aus der italienischen Stadt Assisi. Er führte ein heiligmäßiges Leben der Lehre und Armenpflege. Im Jahr 1209 gründete er den Franziskanerorden. Drei Jahre später gründete die heilige Klara, eine Freundin des Franziskus, den Frauenorden der Klarissinnen. Wie die Franziskaner lebten auch die Klarissinnen in einfachen Häusern und sahen in der Armenhilfe ihre vorrangige Aufgabe.

Orthodoxe Klöster

Mitte des 4. Jhs. gründete Basilius der Große in Pontus (südlich des Schwarzen Meers) ein Kloster. Er verfasste eine Regel für seine Mönche, rief sie zum Beten auf und dazu, gute Werke zu vollbringen, den Armen und Kranken zu helfen und die Heilige Schrift zu studieren. In den folgenden Jahrhunderten wurden viele weitere Klöster in der Türkei und in Griechenland gegründet.

Ein mittelalterliches Gemälde zeigt den heiligen Benedikt, wie er seine Ordensbrüder segnet.

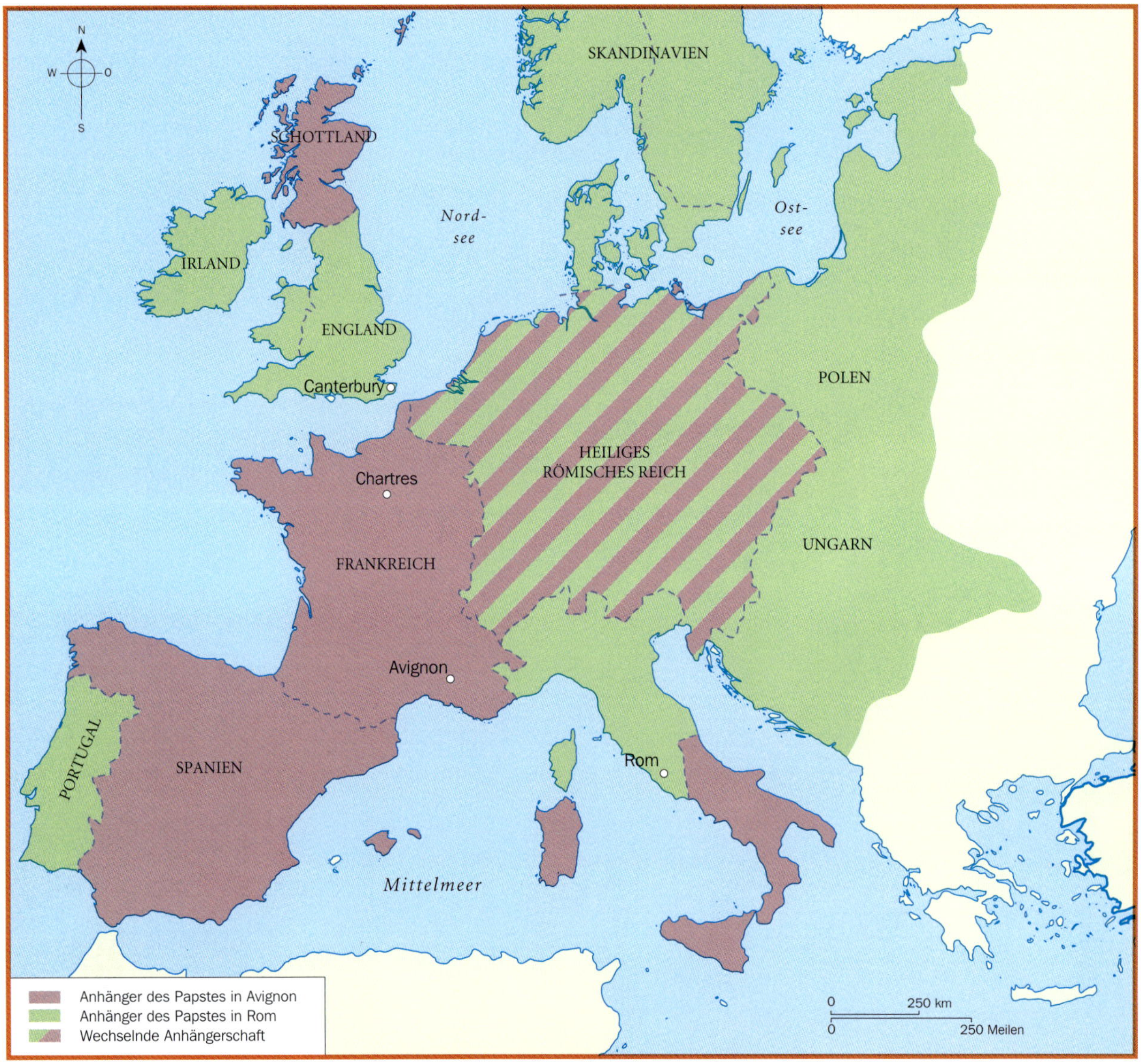

Eine Karte des mittelalterlichen Europa zeigt die Anhänger der rivalisierenden Päpste mit Sitz in Avignon und Rom. Die Kaiser des Heiligen Römischen Reichs unterstützten mal den einen, mal den anderen Papst.

Kirche und Staat

Der Papst war das Oberhaupt der Westkirche, brauchte aber auch die Hilfe der weltlichen Herrscher, des Kaisers und der Könige. Im Mittelalter gab es Zeiten, in denen sich Päpste und Herrscher gegenseitig unterstützten. Dennoch gab es oft dramatische Machtkämpfe.

Das Reich Karls des Großen

Einer der großen Förderer der Kirche war Kaiser Karl der Große. Er wurde im Jahr 768 Herrscher der Franken und errichtete ein großes christliches Reich, das den größten Teil des heutigen Deutschland und Frankreich umfasste. Im Jahr 800 krönte Papst Leo III. Karl den Großen zum römischen Kaiser, der daraufhin versprach, die Kirche zu unterstützen. Der Bund mit Karl dem Großen gab der Kirche viel Macht. Nach dem Tod Karls des Großen wurde sein Reich jedoch geteilt.

Das Heilige Römische Reich

Im Jahr 955 errang der deutsche König Otto I. einen großen Sieg über die Ungarn, die bislang immer wieder das Land bedroht hatten. 962 ließ er sich in Rom vom Papst zum Kaiser des bald so genannten Heiligen Römischen Reichs krönen. Die meisten seiner Nachfolger auf dem

Königsthron trugen ebenfalls den Kaisertitel. Da im Reich die Bischöfe nicht nur die geistliche, sondern auch weltliche Herrschaft ausübten, gab es zwischen König und Papst Streit um das Recht zu ihrer Investitur (Einsetzung). Diese Auseinandersetzung wurde erst 1122 mit dem Wormser Konkordat beendet.

Die Päpste in Frankreich

Im Jahr 1309 konkurrierten zwei Männer um das Papsttum. Einer von ihnen bat den französischen König um Hilfe und zog ins südfranzösische Avignon, während der rivalisierende Papst in Rom blieb. In den folgenden hundert Jahren residierten die offiziellen Päpste in Frankreich, und einen Teil dieser Zeit regierten rivalisierende Päpste in Rom. Manche Länder folgten dem Papst in Avignon, während andere den Papst in Rom unterstützten. Die Situation wurde noch komplizierter, weil die Kaiser des Heiligen Römischen Reichs die Seiten wechselten. Diese tiefe Spaltung der Kirche wird auch als großes Abendländisches Schisma bezeichnet. Es schwächte die Macht der römisch-katholischen Päpste und Bischöfe enorm.

Pilgerreisen

Im Mittelalter machten viele Christen Pilgerreisen. Sie zogen über weite Strecken an Orte, wo Heilige begraben oder heilige Gegenstände (Reliquien) aufbewahrt wurden. Die Pilger unternahmen diese Reisen in der Hoffnung, dass Gott ihnen ihre Sünden vergebe und ihre Leiden heile.

Viele Menschen pilgerten nach Jerusalem oder Rom. In Deutschland besuchten die Pilger das Grab Karls des Großen, der heiliggesprochen wurde und noch heute in besonderer Weise verehrt wird.

Dieses Gemälde zeigt englische Pilger und stammt aus einer bebilderten Ausgabe der *Canterbury Tales* von Geoffrey Chaucer. Die im 14. Jh. geschriebenen *Canterbury Tales* handeln von einer Pilgergruppe, die eine Pilgerfahrt von London nach Canterbury unternimmt und auf dem Weg Geschichten erzählt.

Diese Karte zeigt die Routen verschiedener Kreuzzüge und das von den Kreuzrittern eroberte Land.

Muslime und Christen

Gegen Ende des 11. Jhs. sorgten sich viele Christen um das Heilige Land. Muslimische Türken hatten Palästina 400 Jahre lang regiert und christlichen Pilgern die Reise nach Jerusalem erlaubt. In den 1090er Jahren verschlechterten sich die Beziehungen zwischen Türken und Christen jedoch, und einige Pilger wurden angegriffen.

Besonders die Christen der Ostkirche fühlten sich durch die Türken bedroht. Die türkischen Länder lagen neben dem christlichen Byzantinischen Reich, und nach und nach gewannen die Türken immer mehr byzantinisches Land.

Der Beginn der Kreuzzüge

Papst Urban II. rief 1095 in einer Predigt alle Christen zum „Heiligen Krieg“ oder Kreuzzug auf, um die Muslime aus dem Heiligen Land zu vertreiben. Edelleute aus Frankreich, Deutschland und Italien sammelten ihre Streitkräfte und machten sich auf den langen Weg ins Heilige Land. Dies war der Beginn des ersten Kreuzzugs.

Die Kreuzritter eroberten 1099 Jerusalem und das umgebende Land. Im Jahr 1144 nahm eine muslimische Armee die Stadt Edessa (in der heutigen Türkei) ein. Der zweite Kreuzzug konnte sie nicht zurückgewinnen. Die Muslime, angeführt von Saladin, eroberten 1187 Jerusalem zurück.

Spätere Kreuzzüge

Der dritte Kreuzzug wurde von den Herrschern Frankreichs, Englands und Deutschlands geführt. Sie gewannen viele Schlachten und nahmen die Stadt Acre ein, konnten aber Jerusalem nicht zurückzuerobern.

Kreuzritter

Während der Kreuzzüge bildeten sich neue, als Kreuzritter bezeichnete Orden von Kriegermönchen. Diese Männer lebten wie Mönche, widmeten ihr Leben Gott, aber sie waren auch wilde Krieger. Der Hauptorden der Kreuzritter waren die Ritter des Templerordens, die Johanniter und der Deutsche Orden.

Die Vorstellung eines mittelalterlichen Künstlers von der Einnahme der Stadt Antiochia. Die Kreuzritter rangen Antiochia den muslimischen Türken während des ersten Kreuzzugs ab.

Der vierte Kreuzzug kam nur bis Konstantinopel. Dort wandten sich die Kreuzritter gegen die Byzantiner und übernahmen deren Stadt. Für die folgenden 60 Jahre herrschten westeuropäische Kreuzritter über Konstantinopel. Sie ließen viele byzantinische Schätze nach Europa bringen. Diese schmachvolle Periode verursachte eine tiefe Kluft zwischen der östlichen und der westlichen Kirche.

Nach drei weiteren Kreuzzügen willigten die Muslime im Jahr 1229 ein, Jerusalem an die Christen zurückzugeben. Doch diese Vereinbarung wurde nicht eingehalten. Eine muslimische Armee eroberte Jerusalem 1244 zurück, und 1291 nahmen die Muslime schließlich Acre ein, die letzte Stadt der Kreuzritter. Dies bedeutete das Ende der Kreuzzüge.

KAPITEL 29:

REFORMATOREN UND MISSIONARE

Im frühen 16. Jh. begannen einige entschlossene Menschen, die römisch-katholische Kirche öffentlich zu kritisieren. Anfangs zielten diese Proteste auf eine Reform der Kirche, aber schließlich führten diese Proteste zur Schaffung einiger völlig neuer christlicher Gruppen. Die spektakuläre Neuordnung der Westkirche im 16. Jh. wird auch als Reformation bezeichnet. Die Mitglieder der neuen Kirchen nannte man Protestanten oder Nonkonformisten.

Probleme in der Kirche

Kurz nach 1500 waren viele Menschen in Westeuropa unzufrieden mit der römisch-katholischen Kirche. Zu viele Kirchenfürsten schienen nur an Macht und Reichtum interessiert, und die Menschen beklagten, dass die Gemeindepriester schlecht ausgebildet und faul seien. Besonders warfen die Menschen der Kirche den Verkauf von Ablässen vor (die Vergebung der Sünden). Reiche Leute zahlten hohe Geldsummen für diese Ablässe, während die Armen sich eine solche Vergebung nicht leisten konnten.

Martin Luther

Im Jahr 1517 fertigte ein deutscher Mönch namens Martin Luther eine Liste von 95 Vorschlägen an, wie die katholische Kirche reformiert werden könne. Er nagelte diese Liste an die Kirchentür im ostdeutschen Wittenberg. Seine Auffassungen verbreiteten sich rasch. Dies missfiel den Kirchenführern, und im Jahr 1520 exkommunizierte der Papst Luther (verbannte ihn für immer aus der Kirche).

Luther tauchte unter und arbeitete an seiner Vorstellung, wie die Kirche sein sollte. Er glaubte, dass die Gottesdienste schlicht gehalten werden und die Menschen die Bibel selbst lesen sollten, statt dass ihnen ein Priester dabei hilft. Luther machte dies möglich, indem er das Neue Testament aus dem Griechischen ins Deutsche übersetzte.

Eine der frühesten Ausgaben der Lutherbibel, der Heiligen Schrift auf Deutsch. Das Exemplar gehörte Luther selbst, es enthält von ihm gemachte Notizen und Verbesserungen.

Ein schlichterer Stil

Protestantische Kirchen sind meist viel schlichter ausgestaltet als römisch-katholische. Anders als in katholischen Kirchen gibt es dort keine Statuen der Jungfrau Maria oder von Heiligen, weil Protestanten glauben, sie sollten direkt mit Gott und Jesus sprechen, statt zu Maria und den Heiligen zu beten. Die einzige Ausnahme von dieser Praxis ist die anglikanische Kirche. Dies ist eine protestantische Kirche, aber sie übernahm die Gebäude der römisch-katholischen Kirche (siehe S. 201–202) ohne viel zu verändern. In vielen anglikanischen Kirchen gibt es Heiligenfiguren.

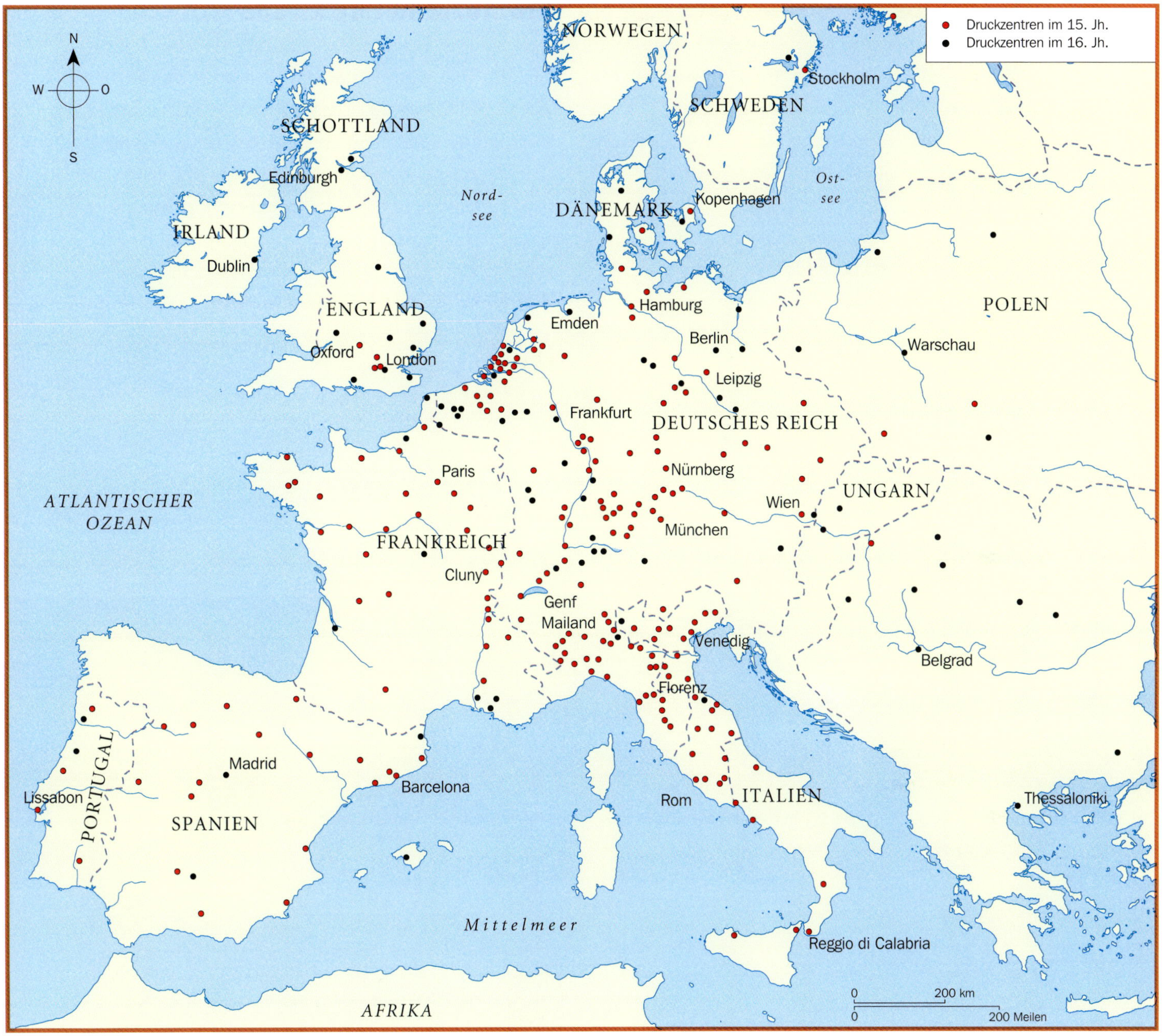

Eine Karte Europas mit den Standorten der größten Druckerpressen im 15. und 16. Jh.

Luther hatte beabsichtigt, die katholische Kirche von innen heraus zu reformieren, aber in den 1520er Jahren wurde klar, dass dies unmöglich war. Nach und nach begannen die Menschen in ganz Deutschland schlichte Gottesdienste nach Luthers Vorstellungen abzuhalten. Die lutherische Kirche war geboren. Mitte des 16. Jhs. hatte sich das Luthertum bis nach Dänemark, Norwegen und Schweden ausgebreitet. Andere protestantische Kirchen folgten dem Beispiel der Lutheraner.

Die Druckerpresse

Die Erfindung des Buchdrucks spielte eine Schlüsselrolle bei der raschen Verbreitung von Luthers Auffassung. Johannes Gutenberg hatte 1436 in Mainz den Buchdruck mit beweglichen Lettern erfunden, und um 1500 gab es überall in Europa Druckereien, vor allem aber in Deutschland (siehe Karte). Luther war ein begabter und beliebter Autor; viele Schriften von ihm wurden gedruckt und weit verbreitet.

Calvinismus

Johannes Calvin war ein französischer Priester, der mit der römisch-katholischen Kirche brach. Er gründete 1541 im schweizerischen Genf eine protestantische Gruppe. Wie Luther legte er beim christlichen Gottesdienst großen Wert auf die Bibel. Er verkündete auch, dass einige auserwählte Menschen in den Himmel kämen, während andere zur Hölle fahren würden. Calvin schrieb mehrere Bücher über die Bibel. Besonders verbreitet war der Calvinismus in der Schweiz.

Der Aufstand Heinrichs VIII.

Der englische protestantische Aufruhr begann, als König Heinrich VIII. sich mit dem Papst stritt. Heinrich wollte die Scheidung von seiner ersten Frau, Katharina von Aragon, und die Heirat mit seiner Geliebten Anna Boleyn. Der Papst verweigerte ihm jedoch die Scheidung. Das machte Heinrich so wütend, dass er beschloss, mit der katholischen Kirche zu brechen. Im Jahr 1534 ernannte Heinrich sich selbst zum Oberhaupt der Kirche von England. So entstand die anglikanische Kirche.

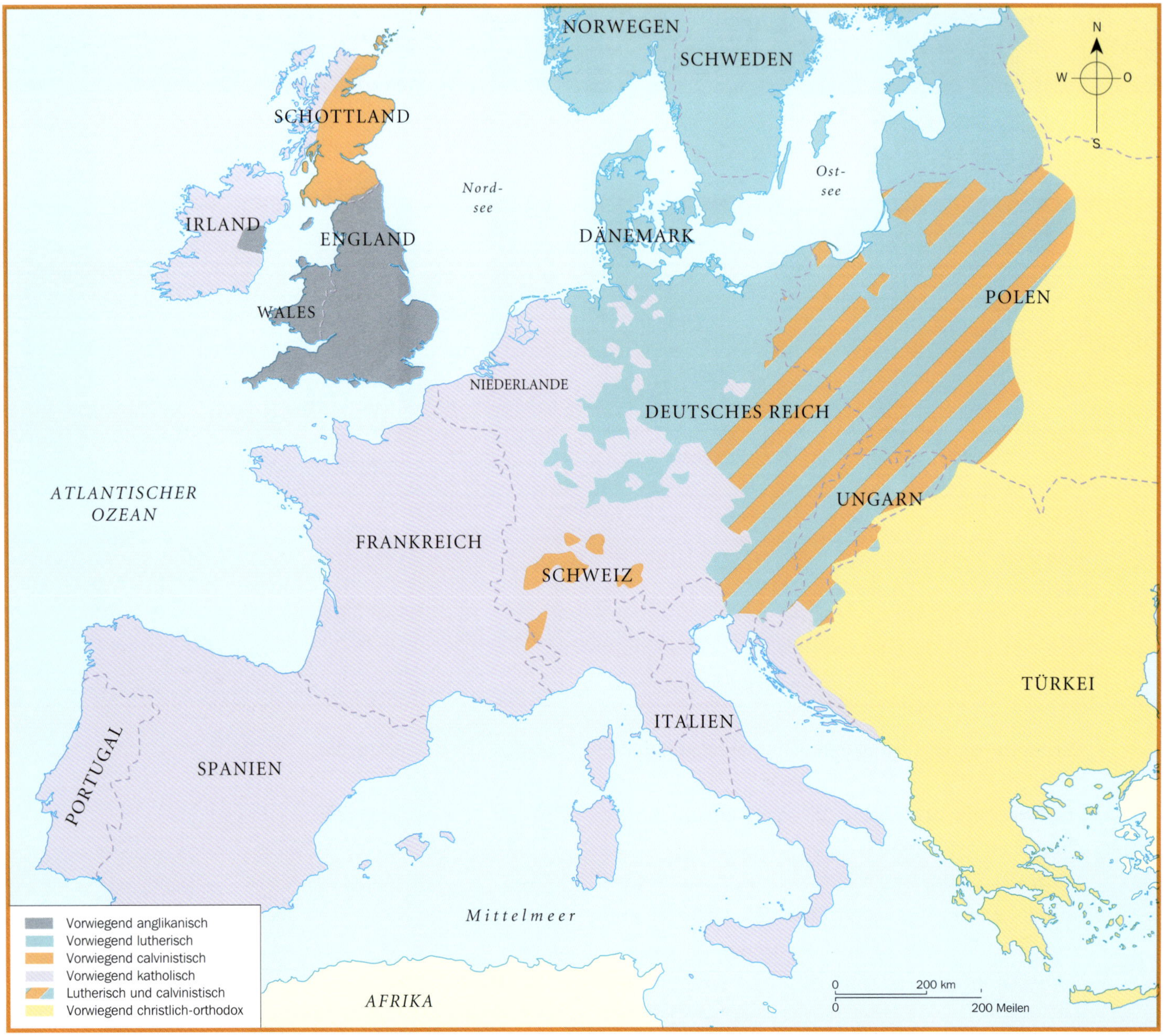

Eine Karte der religiösen Gruppierungen in Europa am Ende der Reformationszeit um 1560.

Die Auflösung der Klöster durch Heinrich VIII. führte dazu, dass viele schöne Gebäude zu Ruinen wurden. Eines der vielen verfallenen Klöster ist die Abtei von Rielvaux im englischen Yorkshire.

Die anglikanische Kirche übernahm in manchen Dingen die Praxis der römisch-katholischen Kirche. Sie hatte immer noch Bischöfe und Gemeindepriester, und sie übernahm alle katholischen Gotteshäuser.

Dennoch gab es Unterschiede. In anglikanischen Kirchen lagen Bibeln zur allgemeinen Lektüre aus, und man hielt die Messen auf Englisch und nicht auf Latein. Im Jahr 1549 veröffentlichte der Erzbischof von Canterbury, Thomas Cranmer, das *Book of Common Prayer*, das eine Übersicht über alle Messen der anglikanischen Kirche gibt.

Heinrich VIII. begann 1538 damit, die katholischen Klöster in seinem Königreich aufzulösen. Man wusste nur zu gut, dass viele Mönche und Nonnen kein heiligmäßiges Leben führten, aber Heinrich wollte auch die Macht und den Reichtum der katholischen Kirche in England zerstören. Manche der Klostergebäude wurden an reiche Adlige verkauft, aber viele verfielen auch.

Die Presbyterianer

Die Kirche der Presbyterianer entstand in den 1560er Jahren in Schottland. Sie wurde von John Knox gegründet, der einige Jahre als Prediger in einer calvinistischen Kirche im schweizerischen Genf verbracht hatte. In der presbyterianischen Kirche gibt es keine festgelegten Gottesdienste, und jede Gemeinde wird von einer Gruppe von Presbytern oder Ältesten geleitet, die alle gleichrangig sind.

Als Jakob I. im Jahr 1603 König von England wurde, erkannte er den Presbyterianismus als schottische Staatsreligion an. Später breitete sich der Presbyterianismus nach England, Wales, Irland und Nordamerika aus.

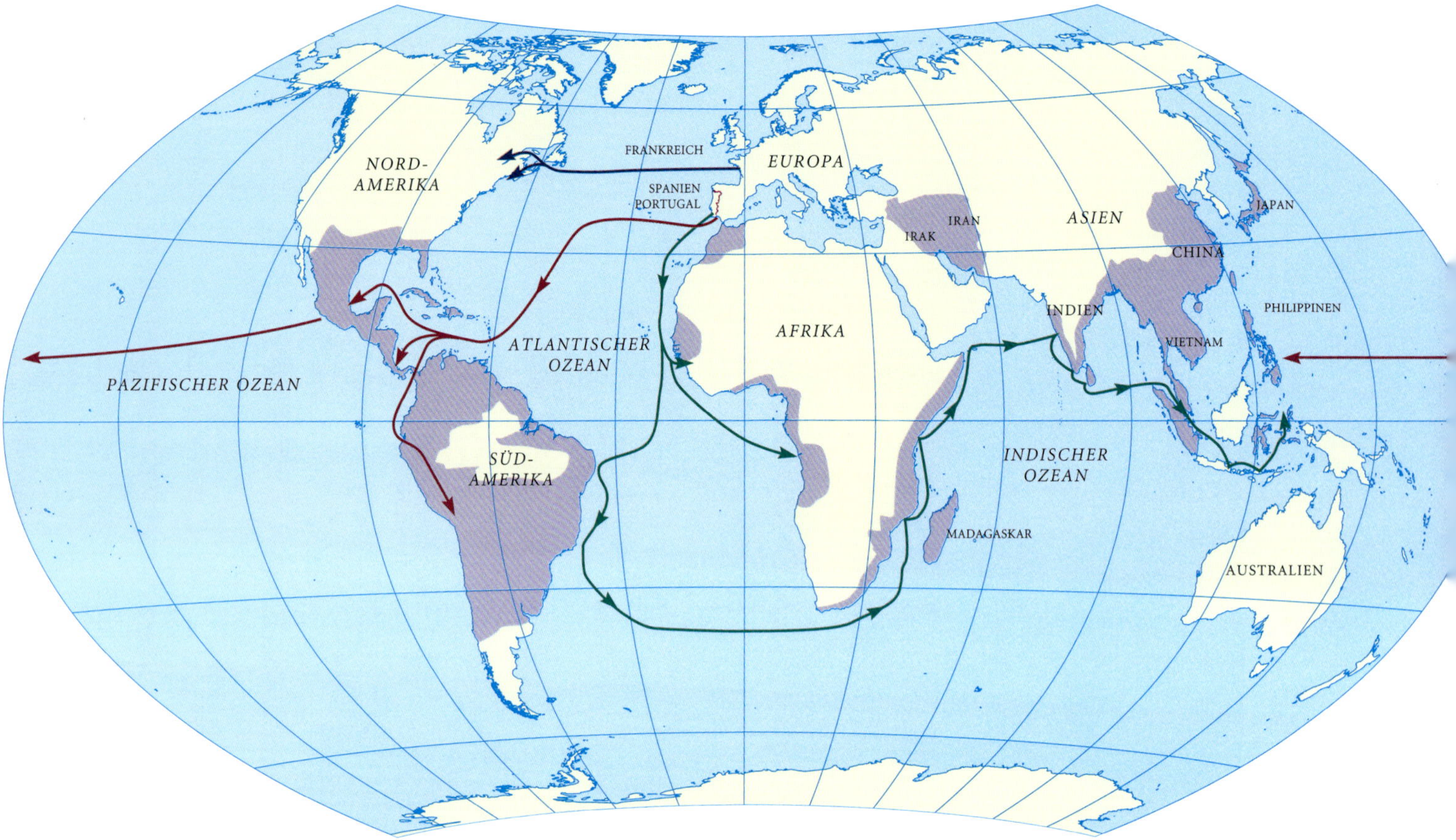

Diese Karte zeigt katholische Missionsgebiete zwischen dem 16. und dem 18. Jh.

Frühe französische Missionen
Frühe portugiesische Missionen
Frühe spanische Missionen
Gebiete mit bestehenden Kirchen um 1750

Die Gegenreformation

Als die Reformation erstarkte, versuchten die Führer der römisch-katholischen Kirche mit aller Macht, die Menschen für ihre Kirche zurückzugewinnen. Sie begannen eine eigene Reformbewegung – die Gegenreformation.

Eines der ersten Reformprojekte waren die Klöster. Man reformierte die bestehenden Orden und gründete einige neue. Die katholischen Führer richteten Priesterseminare ein, bauten prächtige neue Kathedralen und Kirchen und griffen die Protestanten in Predigten und Büchern an. Von 1545 bis 1563 versammelten sich Kirchenführer im Konzil von Trient. Sie nutzten das Konzil, um ihren Glauben darzulegen, protestantische Auffassungen zu verurteilen sowie Reformen zu planen.

Die Jesuiten

Der berühmteste der neuen Orden war die Gesellschaft Jesu, auch als Jesuiten bekannt. Der Spanier Ignatius von Loyola gründete 1534 diesen Orden. Die Jesuiten führten ein sehr diszipliniertes und Christus ergebenes Leben und versprachen auch, jede vom Papst an sie herangetragene Aufgabe zu erfüllen. Sie betrieben Schulen und Kollegs und reisten als Missionare zunächst nach Polen und dann bis in entferntere Länder.

Katholische Missionare

Seit dem frühen 16. Jh. begleiteten katholische Missionare die militärischen Eroberungszüge nach Südamerika, Afrika und Asien (siehe Karte). Jesuitische Missionare waren besonders abenteuerlustig. So führten etwa Franz Xaver in den 1540er und 1550er Jahren Missionen nach Indien, Sri Lanka und Japan, während Matteo Ricci im Jahr 1582 nach China reiste und 20 Jahre lang dort blieb.

Zu Beginn des 17. Jhs. hatten katholische Missionare mehrere 100 000 Menschen zum Christentum bekehrt und in vielen Teilen Asiens und Südamerikas Kirchen, Klöster und Schulen gegründet. Aber nicht alle Missionare waren erfolgreich. In den 1640er Jahren ermordeten amerikanische Ureinwohner in Kanada eine Gruppe französischer Jesuiten.

Religionskriege

In vielen Teilen Europas führte der Kampf zwischen Protestanten und Katholiken zum Krieg. In Deutschland bekämpften sie sich im Dreißigjährigen Krieg (1618–1648), während in Frankreich die als Hugenotten bezeichneten französischen Protestanten gegen den katholischen König und seine Anhänger kämpften. Das schrecklichste Ereignis während der Kämpfe in Frankreich war das Massaker in der Bartholomäusnacht 1572, als tausende Hugenotten an einem einzigen Tag ermordet wurden.

Barocke Kunst

Während der Zeit der Gegenreformation entwickelte sich ein neuer Stil der religiösen Kunst und Architektur. Der als Barock bezeichnete Stil war sehr aufwändig und bei vielen Kirchenfürsten beliebt, weil er die Gefühle der Menschen ansprach und sie zur Demut aufforderte. Barocke Maler und Bildhauer wie Gianlorenzo Bernini schufen spektakuläre Bilder von Heiligen, die wunderbare Erscheinungen hatten, und von Märtyrern, die einen qualvollen Tod starben.

***Die Verzückung der heiligen Theresa* wurde von Gianlorenzo Bernini zwischen 1647 und 1652 geschaffen. Werke wie dieses hatten auf die katholischen Christen eine starke Wirkung.**

Die Quäker

Die Gesellschaft der Freunde – oder die Quäker – wurde um 1650 in England gegründet. Quäker kamen eher in Versammlungshäusern als in Kirchen zusammen und legten Wert auf die stille Meditation. Kurz nach der Gründung der Gesellschaft der Freunde reisten einige Quäker nach Nordamerika, wo sie aber von den größeren christlichen Gruppen verfolgt wurden. In den 1670er Jahren begann der Quäker William Penn für die Quäker Land in einem Gebiet zu kaufen, das später zu Pennsylvania in den USA wurde. Heute hat eine Reihe von Quäkervereinen ihren Hauptsitz in Pennsylvania.

Die Puritaner

Die puritanische Bewegung entwickelte sich im England des 16. Jhs., als einige Protestanten unzufrieden mit der anglikanischen Kirche unter Königin Elisabeth I. (1558 bis 1603) waren. Die Puritaner missbilligten jedwede Verfeinerung und Pracht. Sie kleideten sich sehr schlicht und feierten einfache Gottesdienste.

In den 1650er Jahren gewannen die Puritaner in England politischen Einfluss. Im folgenden Jahrzehnt gab es einen Machtkampf zwischen dem englischen König Karl I.

Eine Karte der nordamerikanischen Kolonien im Jahr 1750 mit den wichtigsten christlichen Gruppen. Sowohl die Lutheraner als auch die Kongregationalisten hatten zahlreiche Anhänger, aber keine Gruppe überwog.

und dem Parlament (der gesetzgebenden Versammlung). Dieser Zwist führte zu einem Bürgerkrieg (1642–1649). Die Streitkräfte des Parlaments triumphierten, und einer ihrer Anführer, Oliver Cromwell, übernahm die Macht. Cromwell war Puritaner und regierte England von 1653 bis 1658 nach puritanischen Grundsätzen. Er schloss viele Bierschänken, verbot Tanz und Theater. Im Jahr 1600 wurde jedoch Karl II., der Sohn von Karl I., König und machte die anglikanische Kirche zur Staatsreligion in England.

Baptisten

Wie die Puritaner waren die Baptisten eine Splittergruppe der anglikanischen Kirche. Ursprünglich Separatisten genannt, wurden sie in England verfolgt und flohen 1608 in die Niederlande. Sie kehrten 1612 nach England zurück und zogen viele Anhänger an. Im folgenden Jahrhundert war die baptistische Kirche in Europa und Amerika gut eingeführt. Baptisten taufen nur erwachsene Gläubige, weil auch Christus als Erwachsener getauft wurde.

Christen in Nordamerika

Im Jahr 1620 schiffte sich eine als Pilgerväter bekannte Gruppe Puritaner und Separatisten von England nach Nordamerika ein. Sie kamen in Plymouth, Massachusetts, an der Ostküste an und gründeten dort eine Kolonie. Im Lauf des nächsten Jahrhunderts wagten Protestanten aus England, Schottland, Deutschland und den Niederlanden die Reise nach Nordamerika. Die meisten von ihnen siedelten sich im Osten und Norden des Kontinents an. Diese Gebiete wurden stark protestantisch.

In anderen Teilen Nordamerikas, abseits vom Osten und Norden, war die katholische Religion vorherrschend. Den Franzosen gehörte in der Mitte des Kontinents viel Land, bis sie dies 1803 an die USA verkauften. Seit dem 16. Jh. siedelten sich die Spanier im westlichen Teil Amerikas an. In der Mitte und in den westlichen Gebieten waren die Siedler vorwiegend römisch-katholisch.

Die Große Erweckung

In den 1730er Jahren begann der junge Kirchenmann Jonathan Edwards an der Ostküste der USA von Ort zu Ort zu ziehen und mit großem Eifer zu predigen. Die Predigten von Edwards konnten tausende zum Christentum bekehren. Seine Anhänger bauten in ganz Neuengland neue Kirchen, und er überzeugte viele andere Prediger, die Botschaft zu verbreiten. Diese Bewegung wurde später als die Große Erweckung bekannt.

Nachdem sich die Pilgerväter in Plymouth niedergelassen hatten, hielten sie einen Dankgottesdienst ab. Dieses Gemälde zeigt den ersten in Plymouth abgehaltenen Gottesdienst.

KAPITEL 30:
AUFBRUCH IN DIE MODERNE WELT

Im 18. Jh. begannen einige christliche Prediger von Ort zu Ort zu ziehen und die Heilsbotschaft zu verbreiten. Auf großen freien Plätzen riefen sie die Menschen zum Beten und Singen frommer Lieder auf. Diese Art Gottesdienst, in der die christliche Botschaft in die weite Welt getragen wird, nennt man auch Evangelismus. Einer der ersten evangelikalen Christen war John Wesley, der den Methodismus begründete.

John Wesley und die Methodisten

John Wesley wurde als anglikanischer Geistlicher ausgebildet, erlebte aber 1738 eine dramatische Bekehrung und begann die Botschaft zu verbreiten, dass Christen von ihren Sünden erlöst werden könnten. Zunächst predigte er seine Botschaft in anglikanischen Kirchen, aber später zog er durch das Land und hielt Gottesdienste im Freien ab, wo immer er war. Methodisten feiern schlichte Gottesdienste mit dem Gesang mitreißender, frommer Lieder und lei-

Die Heilsarmee

Im Jahr 1861 begannen William Booth, ein Methodistengeistlicher, und seine Frau Catherine eine Mission, um den Armen im Londoner Osten zu helfen. Dazu gründeten sie eine Vereinigung, die sie Heilsarmee nannten. Booths Armee von Männern und Frauen kleidete sich in leicht erkennbare Uniformen und hielt lebhafte Gottesdienste auf der Straße ab. Mit ihren Musikgruppen zog sie die Menge an. Sie lehrt die Menschen nicht nur das Evangelium, sondern bietet Bedürftigen auch Unterkunft und Essen. Im Jahr 1912 hatte die Armee Zweigstellen in mehr als 50 Ländern.

Evangeline Booth, die Tochter von William und Catherine Booth, führte viele Jahre die Heilsarmee mit an. Hier sieht man sie Geld für die Arbeit der Heilsarmee sammeln.

denschaftlicher Predigten. Sie bemühen sich auch, ein tugendhaftes Leben zu führen und den Armen zu helfen. John Wesley sorgte dafür, dass die methodistische Kirche gut organisiert war, und setzte Wanderprediger ein, um die Botschaft zu verbreiten. Seine Bewegung breitete sich in Großbritannien und den USA rasch aus.

Die Zweite Große Erweckung

Gegen Ende des 18. Jhs. wehte ein neues religiöses Gefühl durch die USA. Die so genannte Zweite Große Erweckung begann mit Treffen in Zeltlagern in Kentucky und Tennessee. Die Menschen blieben tagelang in den Lagern, lauschten feurigen Predigten und ließen sich zu Tausenden in den örtlichen Flüssen taufen. Später breitete sich diese christliche Wiedererweckung bis an die Ostküste aus, wo kraftvolle Prediger wie Lyman Beecher und Charles Finney riesige Massen anzogen.

Viele der neu bekehrten Christen wollten die amerikanische Gesellschaft verändern. Die Zweite Große Erweckung veranlasste viele, sich gegen die Sklavenhaltung zu wenden.

Eine Karte Afrikas im Jahr 1914 zeigt alle von christlichen Missionaren erreichten Gebiete. Diese Karte zeigt auch die alte christliche Gemeinde Äthiopiens.

Neue religiöse Gruppen

Im 19. Jh. wurden in den USA neue christliche Sekten (oder Zweige) gegründet. Diese neuen religiösen Gruppen wurden meist von Menschen ins Leben gerufen, die eine neue „Auslegung“ der biblischen Botschaft predigten. Die erfolgreichsten Sekten waren die Mormonen, die Christliche Wissenschaft und die Zeugen Jehovas. Diese drei religiösen Gruppen gewannen bald eine große Zahl von Anhängern auf der ganzen Welt.

Christliche Missionare

In den 1850er Jahren hatten Länder wie Großbritannien, Frankreich und Deutschland große Missionsgebiete in Afrika und Asien aufgebaut. Christen fühlten sich berufen, ihren Glauben dort zu verbreiten, und Missionare aus Europa reisten in alle diese Gebiete und darüber hinaus. Um 1900 hatten christliche Missionare es geschafft, Kirchen in so gut wie jedem Land der Welt zu gründen.

Viele christliche Missionare taten mehr als Kirchen zu bauen und das Christentum zu lehren. Sie schufen auch Krankenhäuser und Schulen und führten neue Methoden der Landwirtschaft ein. Ein großer Teil der Missionsarbeit bestand darin, die Menschen mit Bibeln in ihrer eigenen Sprache zu versorgen, damit sie sie selbst lesen konnten. Um 1900 war das Neue Testament in über 500 Sprachen übersetzt worden.

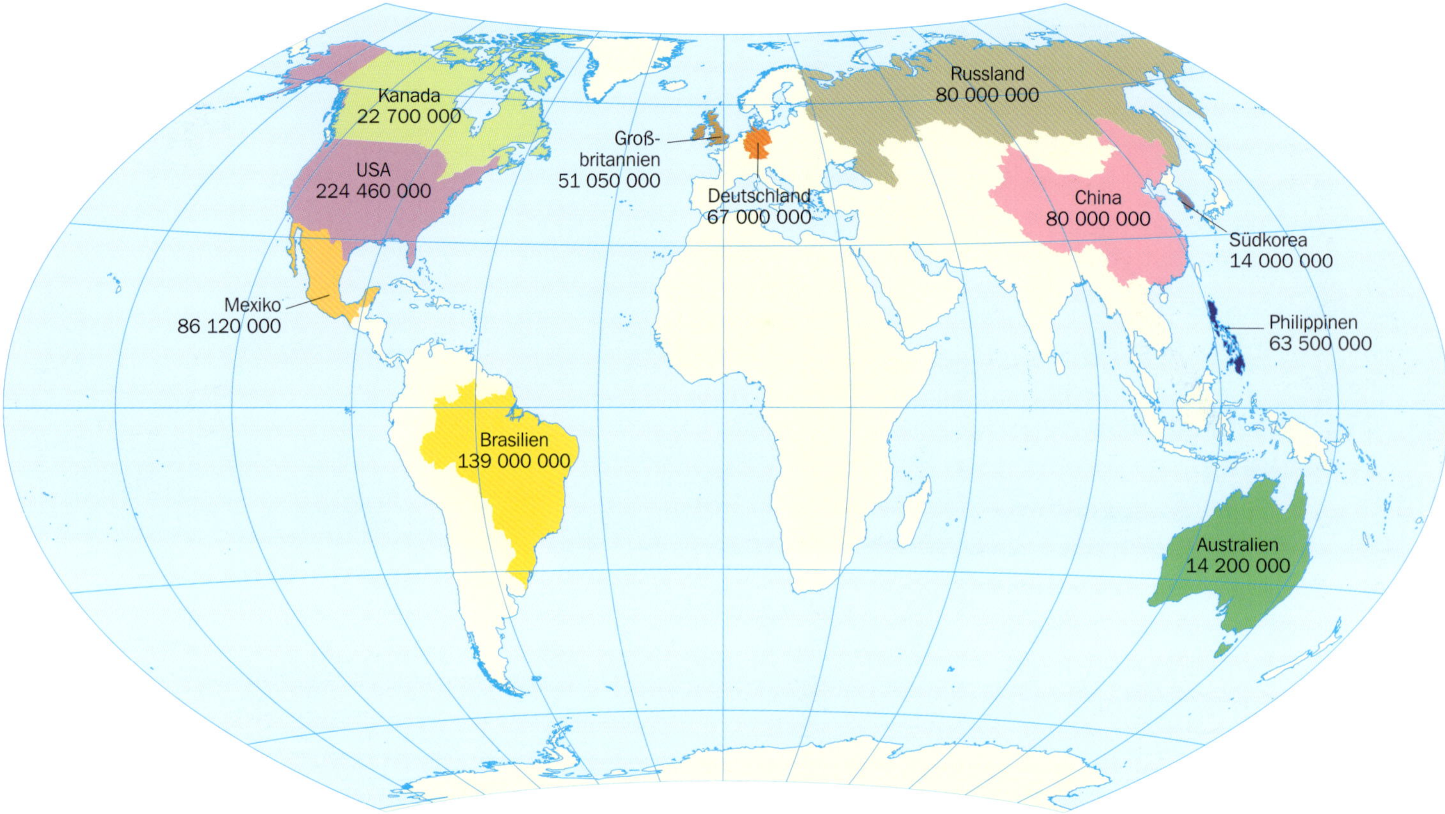

Eine Karte der Welt um das Jahr 2000 zeigt einige der Länder mit einem hohen Anteil an Christen in der Bevölkerung. Die Karte gibt die Zahlen für Christen in den betreffenden Ländern nur ungefähr an.

Die charismatische Bewegung

Um den Beginn des 20. Jhs. entstand in Los Angeles, USA, eine neue christliche Bewegung, die als Pfingstler bekannt wurde. Pfingstler werden heute oft als charismatische Christen oder Charismatiker bezeichnet. Sie halten sehr lebendige Gottesdienste ab, an denen jeder mit ganzem Herzen teilnimmt. Manche ihrer Mitglieder behaupten, heilende und seherische Fähigkeiten zu besitzen.

In den 1950 Jahren hatte sich die Bewegung weltweit ausgebreitet, Man schätzt die Anzahl der Mitglieder im Jahr 2000 auf 500 Millionen, was sie zur am schnellsten wachsenden Bewegung innerhalb der christlichen Kirche überhaupt macht. Besonders beliebt ist sie zurzeit in Südamerika.

Die orthodoxe Kirche

Nachdem sich die orthodoxe Kirche 1054 von der römisch-katholischen Kirche abgespalten hatte, ging sie einen völlig anderen Weg als die westliche Kirche. Konstantinopel wurde 1453 von den muslimischen Türken erobert. Die Kirche kämpfte in der Türkei und im Nahen Osten ums Überleben. In Griechenland und Russland aber gedieh die orthodoxe Kirche, obwohl die Russen und die Griechen unterschiedliche Traditionen entwickelten.

In Russland bildete sich 1922 ein kommunistischer Staat, die Sowjetunion. Die Sowjetführer sahen ihre Regierungsform durch das Christentum ernsthaft bedroht. Innerhalb weniger Jahre wurden mehr als tausend Bischöfe und Priester hingerichtet und hunderte Klöster zerstört. Die Verfolgung von Christen hielt bis zum Zusammenbruch der Sowjetunion im Jahr 1991 an. Seitdem erlebt die Kirche in Russland eine spektakuläre Wiedergeburt.

Der amerikanische Evangelist Billy Graham hat Millionen Menschen zum Christentum bekehrt. Hier sieht man ihn in New York predigen.

Moderne Erweckungsbewegungen

In den 1950er Jahren trat eine neue Welle der Erweckungsbewegungen auf, als Menschen die christliche Botschaft mit aufregenden Predigten und leidenschaftlichen Liedern verbreiteten. Besonders populär war die Bewegung, unterstützt durch das Massenmedium Fernsehen, in den USA.

Ein Anführer dieser Bewegung im 20. Jh. war der amerikanische Prediger Billy Graham. Er reiste mehrmals um die Welt und sprach in 185 Ländern zu geschätzten 210 Millionen Menschen.

Fernsehprediger

In den letzten 20 Jahren wuchs die Zahl der Fernsehprediger, die ihre Botschaft über den Bildschirm verbreiten. Man kann an Fernsehgottesdiensten teilnehmen, und manche Fernsehprediger kommentieren auch aktuelle Ereignisse. In den USA gibt es mehrere Fernsehkanäle nur mit Programmen strikt christlicher Botschaft.

Die Theologie der Befreiung

In den 1970er Jahren entstand in der römisch-katholischen Kirche Südamerikas eine neue Bewegung. Als Theologie der Befreiung bekannt, beruft sie sich auf die Vorstellung, dass Christen die Pflicht haben, den Armen und Unterdrückten zu helfen. Anhänger der Theologie der Befreiung glauben, sie sollten ihre Bevölkerung gegen Regierungssysteme verteidigen, die einige wenige auf Kosten der Armen reich und mächtig werden lassen. Manche südamerikanische Priester haben sich gegen korrupte Regierungen gestellt, und einige wurden ermordet, so etwa Erzbischof Oscar Romero aus El Salvador 1980 für sein Einstehen für die Rechte der Armen.

Christentum heute

Anfang des 21. Jhs. ist das Christentum die größte Religion der Welt. Mehr als ein Drittel der Weltbevölkerung bezeichnen sich selbst als Christen. Mit mehr als zwei Milliarden Christen weltweit hat das Christentum fast doppelt so viele Anhänger wie der Islam, die zweitgrößte Religion der Welt.

Verschiedene Muster

In Afrika, einem Teil Asiens und in Teilen Südamerikas wächst das Christentum sehr rasch. In Europa nimmt die christliche Religion jedoch ab. In der zweiten Hälfte des 20. Jhs. ging die Zahl der Gottesdienstbesucher dramatisch zurück. Nur noch zehn Prozent der Europäer gehen regelmäßig in die Kirche. In den USA ist das Christentum jedoch noch sehr beliebt. Die große Mehrheit der Amerikaner bezeichnet sich als Christen, und mehr als 40 Prozent der Bevölkerung gehen regelmäßig in die Kirche.

Fundamentalisten

Die fundamentalistische christliche Bewegung entstand im frühen 20. Jh. in Amerika als Reaktion auf den zunehmenden Mangel an Glauben in der modernen Gesellschaft. Seit damals ist sie deutlich gewachsen, wobei sie die meisten Anhänger in den USA hat.

Fundamentalistische Christen versuchen, zu den Grundlagen (oder Fundamenten) ihrer Religion zurückzukehren. Sie betonen den absoluten Glauben an die Bibel. Auch kämpfen sie für strenge Moralvorstellungen im Privaten wie in der Öffentlichkeit. Viele Fundamentalisten glauben, Gott habe die Welt in sieben Tagen erschaffen. Die „Kreationisten“ weisen die Theorie der Evolution zurück, wonach der Mensch tierische Vorfahren hat.

Weibliche Priester

Ende des 20. Jhs. haben sich einige christliche Gruppierungen dazu entschlossen, Frauen als Priester oder Geistliche einzusetzen. Die dänischen Lutheraner ebneten den Weg, als sie 1947 die erste Frau zur Pastorin wählten. Amerikanische Methodisten und Persbyterianer begannen 1956 Frauen einzusetzen, und 1988 wählte die American Episcopalian Church (amerikanischer Zweig der anglikanischen Kirche) die erste Bischöfin. Auch in Deutschland gibt es Bischöfinnen in der evangelischen Kirche. In der römisch-katholischen und der orthodoxen Kirche gibt es Widerstände gegen Frauen im Priesteramt.

In vielen Teilen Asiens gedeiht das Christentum. Im Jahr 2004 trafen sich 100 000 Südkoreaner in einem Fußballstadion, um gemeinsamen Ostern zu feiern.

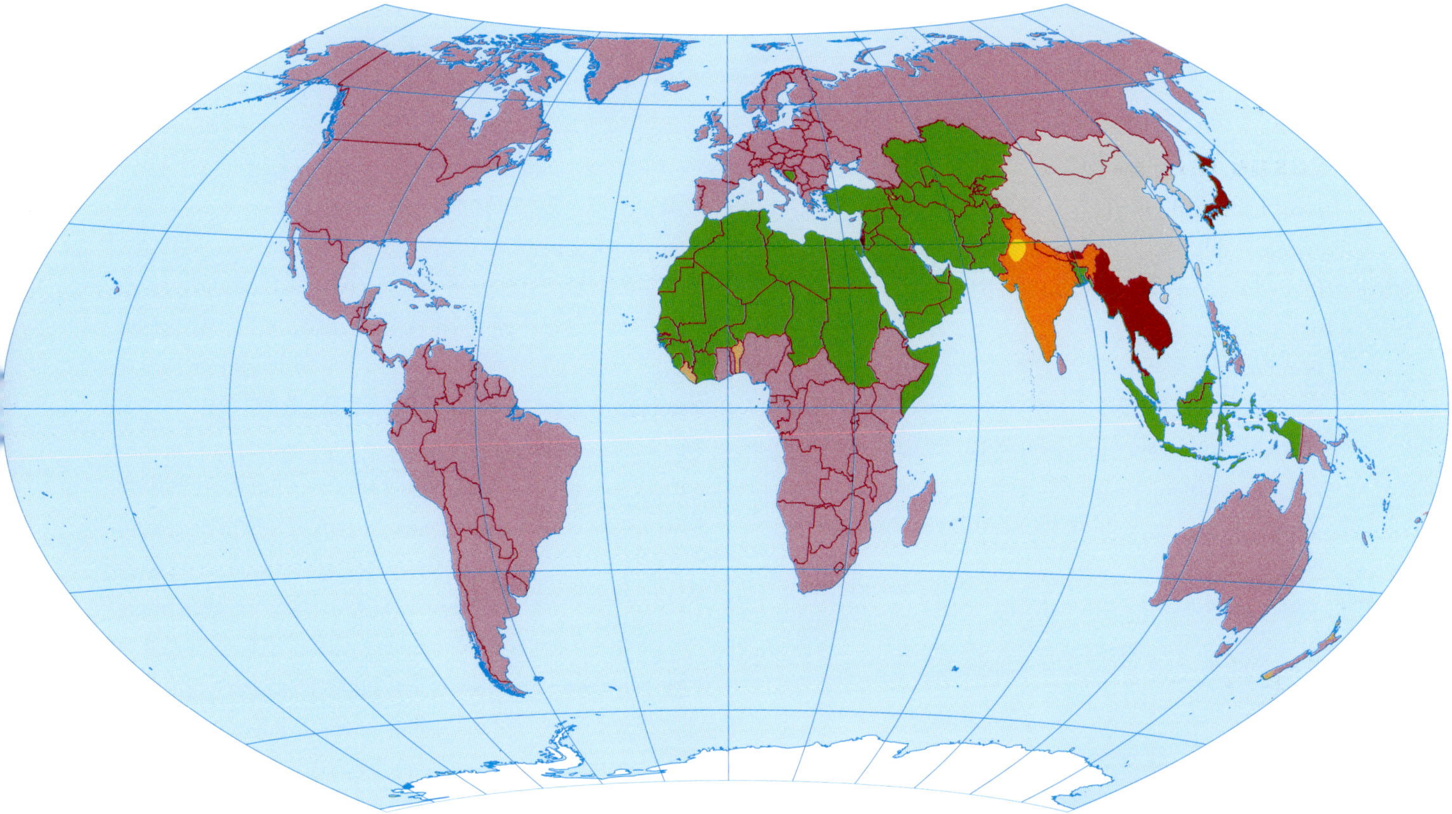

Diese Karte zeigt die Verteilung der meisten Christen im Vergleich zu Menschen anderer Weltreligionen.

Einander näher kommen

In den letzten Jahren haben die verschiedenen Konfessionen der christlichen Kirchen viele Anstrengungen unternommen, einander zu verstehen und zusammenzuarbeiten. Diese Versuche der Zusammenarbeit nennt man auch ökumenische Bewegung. Im Jahr 1948 wurde der Weltkirchenrat zur Förderung des ökumenischen Geistes gegründet. In kleinerem Maßstab gibt es in örtlichen Gemeinden viele gemeinsame Aktivitäten der verschiedenen Konfessionen.

Papst Paul VI. besuchte 1964 den Patriarchen Athenagoras in Istanbul. Dies war der erste große Versuch, die Kluft zwischen der römisch-katholischen und der orthodoxen Kirche seit ihrer Teilung im Jahr 1054 zu überwinden. Seither gab es weitere Treffen zwischen Päpsten und Patriarchen. Ein hervorragendes Beispiel des ökumenischen Geistes ist die Gemeinschaft von Taizé. Diese christliche Gemeinde wurde von einem Schweizer Mönch, Bruder Roger Schutz, im französischen Dorf Taizé bei Lyon gegründet. Die Brüder von Taizé halten schlichte Gottesdienste ab, die Menschen aller Konfessionen besuchen können. Jedes Jahr strömen tausende Menschen nach Taizé.

Hilfsangebote

Manche Christen sehen es als ihre Pflicht an, den vielen Menschen auf der Welt zu helfen, die unter Armut, Hunger und Krankheiten leiden. Christliche Hilfsorganisationen wie z. B. Missio schicken Geld und Unterstützung an Not leidende Menschen, und viele tapfere Menschen widmen ihr Leben der Hilfe anderer. In vielen Teilen der Welt haben Christen Krankenhäuser und Pflegestationen eingerichtet, die von Mönchen und Nonnen geführt werden. Die berühmteste ist Mutter Teresa, die ihr Leben der Hilfe von Armen und Obdachlosen in Indien widmete.

GROSSE PERSÖNLICHKEITEN

Jesus (um 4–etwa 33 n. Chr.)

Jesus kam in Bethlehem in der römischen Provinz Judäa auf die Welt und verbrachte seine Kindheit in Nazareth im nördlichen Palästina. Nach seiner Taufe durch Johannes den Täufer nahm Jesus seine Arbeit als Prediger, Wundertäter und Heiler der Kranken auf. Er berief zwölf Jünger als seine Helfer, und überall, wohin er kam, gewann er mehr Anhänger. Jesus verbrachte fast sein ganzes Erwachsenenleben in der Gegend von Galiläa im nördlichen Palästina. In seinen letzten Lebenswochen reiste er nach Jerusalem, wo er eingesperrt, vor Gericht gestellt und zum Tod durch Kreuzigung verurteilt wurde. Christen glauben, dass Jesus drei Tage nach seinem Tod wiederauferstanden ist.

Paulus (um 3–68 n. Chr.)

Paulus hieß ursprünglich Saulus. Er wurde in Tarsus (in der heutigen Türkei) als Sohn eines Pharisäers (ein hochrangiger jüdischer Priester) geboren. Der Bibel zufolge wurde Saul auf der Straße nach Damaskus zum Christentum bekehrt und änderte danach seinen Namen in Paulus. Er machte zahlreiche wichtige Missionsreisen durch Syrien, die Türkei und Griechenland und gründete viele christliche Gemeinden. Schließlich wurde Paulus in Jerusalem verhaftet und zum Prozess nach Rom geschickt. Dort wurde er unter Hausarrest gehalten und schrieb während dieser Zeit viele Briefe an die von ihm gegründeten Gemeinden. Diese Briefe wurden später in das Neue Testament aufgenommen. Man weiß nicht, wie Paulus starb, aber vielleicht ließ der römische Kaiser Nero ihn töten.

Benedikt von Nursia (um 480–547)

Der heilige Benedikt war der Sohn eines italienischen Adligen. Er wurde in Rom erzogen, lehnte aber schon als Jugendlicher das weltliche Leben ab und wurde Einsiedler. Nach und nach verbreitete sich Benedikts Ruhm, und Menschen kamen, um sich ihm anzuschließen. Er baute zwölf Klostergebäude für seine Anhänger, rief sie dazu auf, ein einfaches Leben zu führen und ihre Zeit in harte körperliche Arbeit, Studium und Beten einzuteilen. Nach fünf Jahren gründete Benedikt im Bergstädtchen Monte Cassino eine zweite Gemeinde. Benedikt verbrachte den Rest seines Lebens in Monte Cassino und verfasste in dieser Zeit seine berühmte Regel, die den Mönchen eine Richtlinie für ihre Lebensweise gab.

Franz von Assisi (1182–1226)

Der heilige Franziskus wurde in Assisi in Norditalien als Sohn eines reichen Kaufmanns geboren. Im Alter von 24 Jahren entschloss er sich, allen Besitz aufzugeben und das Leben eines armen Mannes zu führen, durch die Lande zu wandern und die christliche Botschaft zu verbreiten. Er zog viele Anhänger an und schuf eine Gemeinschaft von „Brüdern“, die wie er ein einfaches Leben führten. Später gründete er den Orden der Franziskaner. Franziskus war für seine Freundlichkeit und Güte gegenüber Menschen und Tieren bekannt. Er unternahm mehrere Reisen und überall, wo er war, predigte er und kümmerte sich um die Armen.

Martin Luther (1483–1546)

Der Priester Martin Luther war ein brillanter Gelehrter, der auch Universitätsprofessor wurde. Dennoch wurde Luther immer unglücklicher über die Bestechlichkeit in der katholischen Kirche. Im Jahr 1517 verfasste er 95 die Probleme der katholischen Kirche aufzählende Thesen, die er an die Tür der Wittenberger Kirche heftete. Der Papst ließ 1520 Luthers Streitpunkte verurteilen. Luther verbrannte diese Schrift öffentlich. Er wurde exkommuniziert und mit der Verbrennung als Ketzer bedroht. Luther tauchte unter und arbeitete an seinen Vorstellungen von einem neuen Gottesdienst. Er übersetzte auch das Neue Testament ins Deutsche. Schließlich kehrte er nach Wittenberg zurück und verbrachte den Rest seines Lebens mit Predigen und der Verbreitung seiner Gedanken.

John Wesley (1703–1791)

John Wesley wurde im englischen Lincolnshire geboren. An der Universität von Oxford wurde er zum anglikanischen Geistlichen ausgebildet. Dort trat er einer Gruppe junger Männer bei, die „Methodisten“ genannt wurden, weil sie nach sehr strengen Regeln lebten. Im Jahr 1738 erlebte John Wesley eine „Bekehrung“, bei der er begriff, dass Christus ihn erlösen könne. Von da an widmete er sein Leben dem Predigen dieser Botschaft. John und sein Bruder Charles predigten in Kirchen, auf Straßen und in öffentlichen Versammlungen. John Wesley organisierte seine neue methodistische Kirche sehr gut und rief deren Anführer dazu auf, eine aktive Rolle bei gesellschaftlichen Veränderungen einzunehmen.

Martin Luther King (1929–1968)

Martin Luther King wurde in Atlanta, Georgia, USA geboren. Als Sohn eines Baptistenpriesters wurde auch er als Geistlicher der Baptistenkirche ausgebildet. Er war ein brillanter und anrührender Redner und wurde bald zu einem der Anführer der Bürgerrechtsbewegung der farbigen Amerikaner. Im Jahr 1963 hielt er eine berühmte Rede, in der er von seinem Traum von einem Land sprach, in dem alle die gleichen Rechte hätten. Er gehörte auch zu den Organisatoren eines Marsches von 200 000 Menschen in die Hauptstadt Washington, die Gleichberechtigung forderten. Teilweise als Folge von Kings Kampagnen erließ die US-Regierung 1964 neue Gesetze zur Gleichberechtigung der Rassen. King wurde 1968 in Memphis, Tennessee, ermordet.

Mutter Teresa von Kalkutta (1910–1997)

Mutter Teresa hieß ursprünglich Agnes Gonxha Bojaxhiu. Sie wurde in Mazedonien geboren, reiste aber im Alter von 18 Jahren nach Irland, um dort in einen Nonnenorden einzutreten, der Lehrerinnen nach Indien schickte. Nach einigen Monaten Ausbildung ging sie nach Indien und begann als Lehrerin an einer katholischen Schule in Kalkutta zu arbeiten. Mutter Teresa war 17 Jahre lang Lehrerin, aber im Jahr 1948 hörte sie auf einer Zugreise die Stimme Gottes, die sie bat, ihr Leben der Hilfe der Armen zu widmen. Sie kümmerte sich um die Armen, Kranken und Sterbenden in Kalkutta und richtete eine Schule für die Kinder in den Elendsvierteln ein. Viele Leute kamen, um ihre Arbeit zu unterstützen, und 1950 gründete sie einen neuen Orden, die „Missionare der Nächstenliebe“.

Erzbischof Desmond Tutu (geboren 1931)

Desmond Tutu wurde im Transvaal-Gebiet in Südafrika geboren. Zuerst wurde er als Lehrer ausgebildet und dann 1960 als Priester der anglikanischen Kirche ordiniert. Im Jahr 1986 wurde Tutu Erzbischof von Kapstadt. Er war einer der Anführer im Kampf zur Beseitigung des Apartheid-Systems, bei dem schwarze Menschen als Bürger zweiter Klasse behandelt wurden. Nach der Abschaffung der Apartheid im Jahr 1994 arbeitete Erzbischof Tutu an der Einrichtung der Truth and Reconciliation Commission, die jenen, die im Namen der Apartheid Verbrechen begangen haben, eine faire Anhörung und Vergebung gewährleisten soll. Die Kommission gilt als herausragendes Beispiel christlicher Vergebung.

DAS CHRISTENTUM IM ÜBERBLICK

Feste und Feiertage

Die wichtigsten Feste und Feiertage des christlichen Jahres sind Advent, Weihnachten, die Fastenzeit und Ostern. Einige Feste wie Weihnachten werden jedes Jahr am gleichen Datum gefeiert. Andere wie Ostern – die so genannten beweglichen Feste – fallen jedes Jahr auf ein etwas anderes Datum.

Monat	Ereignis	Bedeutung
November/Dezember	Advent	Die Adventszeit besteht aus den vier Sonntagen vor Weihnachten. Im Advent erinnern Christen sich an das Erscheinen des Erzengels Gabriel bei Maria und die Ereignisse, die zur Geburt Jesu führten.
Dezember oder Januar	Weihnachten	Das Weihnachtsfest wird von der römisch-katholischen Kirche am 25. Dezember und von der orthodoxen Kirche am 7. Januar gefeiert. Am Weihnachtstag feiern die Christen die Geburt Jesu.
Februar/März	Fastenzeit	Die Fastenzeit ist eine 40-tägige Periode direkt vor Ostern. Während der Fastenzeit erinnern sich die Christen an Versuchung Jesu in der Wüste und den Ereignissen, die zur Kreuzigung Jesu führten.
März oder April	Ostern	Das Osterfest dauert drei Tage, von Freitag bis Sonntag. Am Karfreitag erinnern sich Christen an die Kreuzigung. Am Ostersonntag feiern sie seine Wiederauferstehung.

Zeremonien

Die wichtigsten Zeremonien der christlichen Religion sind die Taufe und die Heilige Kommunion.

Taufe

Taufen bedeutet so viel wie christianisieren. Dies ist die Zeremonie, mit der ein neues Mitglied im christlichen Glauben aufgenommen wird. Manche Konfessionen taufen Säuglinge oder Kinder, andere nur erwachsene Christen. Bei der Taufzeremonie kommen neue Mitglieder in Kontakt mit Wasser – manchmal wird es einfach über den Kopf gegossen, manchmal taucht man völlig darin unter. Das Untertauchen im Wasser symbolisiert das Sterben und die Wiedergeburt im christlichen Glauben.

Heilige Kommunion

Die Heilige Kommunion wird auch als Eucharistie bezeichnet. Diese Zeremonie geht auf das Letzte Abendmahl zurück, das kurz vor der Kreuzigung stattfand. Bei diesem Mahl verkündete Jesus seinen Jüngern, dass das Brot, das sie aßen, sein Leib und der Wein, den sie tranken, sein Blut sei. Bei der Heiligen Kommunion essen Christen Brot (und trinken Wein), um so an den Tod von Christus am Kreuz zu erinnern. Brot und Blut sind Symbole des ewigen Lebens, das durch den Tod von Christus geschenkt wird.

Heiligentage

Jeder Tag des christlichen Jahres ist dem Gedenken an einen Heiligen gewidmet – einen Menschen, der sein Leben dem christlichen Glauben gewidmet hat. Die bekanntesten Heiligen:
Hl. Valentin (14. Februar): Der hl. Valentin wird mit Liebe und Romantik in Verbindung gebracht.
Hl. Bonifatius (5. Juni): Apostel der Deutschen.
Hl. Benedikt (11. Juli): Gründer des Benediktinerordens.
Hl. Ignatius v. Loyola (31. Juli): Gründer des Jesuitenordens.
Hl. Franz v. Assisi (4. Oktober): Gründer des Franziskanerordens.

Geschätzte Zahl der Christen weltweit

1900	558 000 000
1985	1 000 000 000
1995	1 928 000 000
2005	2 100 000 000

Geschätzte Zahl der Christen je Kontinent (1995)

Afrika	348 176 000
Asien	306 762 000
Europa	551 892 000
Südamerika	448 006 000
Nordamerika	249 277 000
Ozeanien	23 840 000

ZEITTAFEL

Um 4	Geburt von Jesus Christus.
Um 27	Jesus sammelt seine Jünger um sich, beginnt zu lehren und Wunder zu vollbringen.
Um 33	Jesus wird gekreuzigt.
Um 35	Bekehrung des heiligen Paulus.
Um 46	Der heilige Paulus bricht zur ersten seiner drei Missionsreisen auf.
64	Nach dem großen Brand von Rom beginnt Kaiser Nero, die Christen zu verfolgen.
Um 65	Der heilige Markus vollendet sein Evangelium, das erste der Evangelien des Neuen Testaments.
303	Kaiser Diokletian beginnt seine große Christenverfolgung.
305	Der Missionar Frumentius beginnt die Menschen in Äthiopien zu bekehren.
312	Kaiser Konstantin hat vor der Schlacht an der Milvischen Brücke eine Erscheinung. Nach der Schlacht setzt er sich für das Christentum im Römischen Reich ein.
313	Konstantin erlässt das Edikt von Mailand, das den Christen die Ausübung ihrer Religion gestattet.
325	Konstantin beruft das Konzil von Nicäa ein – das erste der großen Kirchenkonzile.
Um 350	Basilius stellt die Regeln für die Mönche der Ostkirche auf.
391	Kaiser Theodosius macht das Christentum zur offiziellen Religion des Römischen Reichs.
393	Das Neue Testament ist vollständig.
410	Augustinus von Hippo beginnt mit der Niederschrift des *Gottesstaates*.
Um 440	Patrick beginnt mit der Bekehrung irischer Stämme.
Um 500	Benedikt von Nursia gründet eine Mönchsgemeinschaft. Dies ist der Beginn des Benediktinerordens.
597	Augustinus beginnt mit der Bekehrung der Angeln im südlichen England.
800	Papst Leo III. krönt Karl den Großen zum „Römischen Kaiser".
909	Das erste Cluniazenserkloster wird gegründet.
988	Russland wird zu einem christlichen Land.
1054	Die orthodoxe und die römisch-katholische Kirche trennen sich.
1095	Papst Urban II. ruft die Christen zum ersten Kreuzzug auf.
1098	Bernhard von Clairvaux gründet den Zisterzienserorden.
1209	Franz von Assisi gründet den Franziskanerorden.
1215	Dominikus gründet eine Mönchsgemeinschaft. Dies ist der Beginn des Dominikanerordens.
1309	Papst Clemens V. zieht von Rom nach Avignon.
1517	Martin Luther schlägt seine 95 Thesen an die Kirchentür in Wittenberg.
1520	Martin Luther wird exkommuniziert. Dies ist der Beginn des Luthertums.
1534	König Heinrich VIII. verkündet, dass er das Oberhaupt der Kirche von England sei. Dies markiert den Beginn des Anglikanismus.
	Ignatius von Loyola gründet den Jesuitenorden.
1541	Johann Calvin gründet die calvinistische Kirche.
1545	Das Trienter Konzil tritt zusammen. Die Treffen dauern bis 1563.
1560er Jahre	John Knox gründet in Schottland die presbyterianische Kirche.
1612	Die Separatisten, später als Baptisten bezeichnet, werden in England gegründet.
1618	In Deutschland beginnt der Dreißigjährige Krieg zwischen Katholiken und Protestanten.
1620	Die Pilgerväter gründen in Nordamerika eine Kolonie.
1650er Jahre	Gründung der Gesellschaft der Freunde, die später als Quäker bekannt werden.
1738	John Wesley predigt eine neue Art des Christentums. Dies markiert den Beginn des Methodismus.
1861	William Booth gründet die Heilsarmee.
1900	In Los Angeles (USA) bildet sich die Bewegung der Pfingstler oder Charismatiker.
1948	Der Weltkirchenrat wird gegründet.
1964	Der Papst und der Patriarch gehen aufeinander zu, um die Teilung zwischen der römisch-katholischen und der orthodoxen Kirche zu überwinden.
1970er Jahre	In Südamerika entsteht die Theologie der Befreiung.
2000	Christen auf der ganzen Welt feiern zwei Jahrtausende Christentum.

Anhang

Literaturhinweise

Antes, Peter (Hrsg.): Christentum und europäische Kultur. Eine Geschichte und ihre Gegenwart, Freiburg i. Br. / Basel / Wien 2002

Armstrong, Karen: Die Achsenzeit. Vom Ursprung der Weltreligionen, München 2006

Baumann, Martin: Deutsche Buddhisten. Geschichte und Gemeinschaften, Marburg 1995

Bernecker, Uta (Hrsg.): Quiz-Spiel Weltreligionen. 100 Fragen & Antworten, Leipzig 2005

Brunner-Traut, Emma (Hrsg.): Die fünf großen Weltreligionen: Islam, Judentum, Buddhismus, Hinduismus, Christentum, Freiburg i. Br. 2007

Coward, Harold G. (Hrsg.): Das Leben nach dem Tod – Die Antwort der Weltreligionen, Freiburg i. Br. 2005

Fischer, Detlef (Hrsg.): Zitatenschatz der Weltreligionen. Zentrale Aussagen und Begriffe aus Judentum, Christentum, Islam, Hinduismus, Buddhismus, Münster 2003

Fürst, Alfons (Hrsg.): Friede auf Erden? Die Weltreligionen zwischen Gewaltverzicht und Gewaltbereitschaft, Freiburg i. Br. 2006

Halm, Heinz: Der Islam. Geschichte und Gegenwart, München 2000

Hempelmann, Reinhard (Hrsg.): Religionen und Gewalt. Konflikt- und Friedenspotentiale in den Weltreligionen, Göttingen 2006

Herzig, Arno: Jüdische Geschichte in Deutschland, München 1997

Hübner, Kurt: Das Christentum im Wettstreit der Weltreligionen. Zur Frage der Toleranz, Tübingen 2003

Hutter, Manfred: Die Weltreligionen, München 2005

Hutter, Manfred: Das ewige Rad. Religion und Kultur des Buddhismus, Graz 2001

Hutter, Manfred (Hrsg.): Buddhisten und Hindus im deutschsprachigen Raum, Frankfurt a. M. 2001

Keene, Michael: Was Weltreligionen zu Alltagsthemen sagen. Aktuelle Probleme aus der Sicht von Christen, Juden und Muslimen, Müllheim an der Ruhr 2005

Maier, Bernhard: Koran-Lexikon, Stuttgart 2001

Maier, Johann: Geschichte der jüdischen Religion, Freiburg i. Br. 1992

Menke, Franz: Gottes Haus hat viele Türen. Werkbuch Weltreligionen für Kindergarten und Grundschule, Limburg / Kevelaer 2002

Michaels, Axel: Der Hinduismus. Geschichte und Gegenwart, München 1998

Schäfer, Peter: Geschichte der Juden in der Antike, Stuttgart 1983

Schweizer, Gerhard: Ungläubig sind immer die anderen. Weltreligionen zwischen Toleranz und Fanatismus, Stuttgart ^{2}2002

Schwikart, Georg: Tod und Trauer in den Weltreligionen, Kevelaer 2007

Spuler-Stegemann, Ursula: Muslime in Deutschland, Freiburg i. Br. ^{3}2002

Stietencron, Heinrich von: Der Hinduismus, München 2001

Tworuschka, Monika / Tworuschka, Udo: Religiopolis – Weltreligionen erleben, Stuttgart / Leipzig 2006

Valentin, Joachim: Weltreligionen im Film, Marburg 2002

Wolff, Uwe: Welche Farbe hat die Himmelstür? Symbole der Weltreligionen für unsere Zeit gedeutet, Stuttgart 2003

Zager, Werner (Hrsg.): Jesus in den Weltreligionen, Neukirchen-Vluyn 2004

Glossar

Islam

Allah Der arabische Name für Gott.

Ayatollah Schiitischer Religionsführer (siehe auch Schiiten).

Byzantinisches Reich Oströmisches, christliches Reich mit der Hauptstadt Konstantinopel (in der heutigen Türkei), das von 395 bis 1453 bestand.

Dschihad Kampf zum Wohl Gottes und des Islam. Dschihad meint sowohl das Streben der Gläubigen nach Vervollkommnung im Glauben als auch den „heiligen Krieg" zur Verteidigung des Islam (Sure 9, 5).

Dynastie Folge von Herrschern eines Landes, die zu einer Familie gehören.

Fundamentalismus Die Praxis, den Grundsätzen und Lehren einer Religion streng zu folgen.

Gott Heilige und unendliche Macht, die als Schöpfer Ursache des gesamten Naturgeschehens ist, das Schicksal der Menschen lenkt und die maßgebliche Größe für deren sittliches Handeln ist.

Hadith Die niedergeschriebenen Lehren und Handlungen Mohammeds, die von seinen engen Gefährten und Familienangehörigen gesammelt wurden und den Gläubigen als Richtschnur dienen.

Hadsch Pilgerreise nach Mekka, die jedem volljährigen Muslim einmal im Leben vorgeschrieben ist, sofern er körperlich und finanziell dazu in der Lage ist.

Hidschra Der Auszug des Propheten Mohammed und der ersten muslimischen Gemeinschaft von Mekka nach Medina im Jahr 622.

Imam Oberhaupt der muslimischen Gemeinschaft. Die meisten Schiiten verwenden den Begriff für die zwölf Nachkommen des Propheten von Ali ibn Abi Talib und Fatima, die sie als die wahren Herrscher über die Muslime betrachten. Manche Schiiten glauben, dass es nur sieben Imame gab. Das Wort *Imam* bezeichnet heute den Vorbeter einer Moschee und Führer der örtlichen muslimischen Gemeinde.

Kaaba Die Kaaba (würfelförmiges Bauwerk) ist das Zentralheiligtum des Islam in Mekka und das Ziel der Wallfahrt (Pilgerreise) der Muslime.

Kadi Richter, der das Scharia-Recht anwendet.

Khan Führer eines Mongolenstamms. Der Großkhan (z. B. Dschingis Khan) war der oberste Führer.

Kalif Herrscher der muslimischen Gemeinschaft. Dieser Titel wurde von den ersten vier Nachfolgern Mohammeds verwendet, ebenso von den Ummayyaden, Abbasiden, Mamelucken und Osmanen.

Kalifat Länder und Völker, die von einem Kalif regiert werden.

Kharidschiten Radikale Sekte, die sich von Ali während seines Kalifats abspaltete.

Kolonisieren Herrschaft über ein Gebiet oder ein Land ausüben, das nicht das eigene ist.

Kommunismus Das Regierungssystem der früheren Sowjetunion, in dem der Staat allen Besitz und alle Produktionsmittel wie Fabriken oder Bauernhöfe kontrolliert.

Koran Heilige Schrift und Rechtsquelle des Islam. Er ist in 114 Suren (Kapitel) eingeteilt, nach ihrer Länge geordnet.

Kreuzzüge Feldzüge der Christen, besonders im 11., 12. und 13. Jh., durch die das Heilige Land von der Herrschaft der Muslime befreit und zurückerobert werden sollte.

Kurden Volk in einem Gebiet im Nahen Osten, das heute teilweise zur Türkei, zum Iran, Irak, Syrien, Armenien und Aserbaidschan gehört. Kurden sind meist Muslime, die ihren Lebensunterhalt überwiegend als Hirten verdienen.

Mahdi Der „verborgene Imam", von dem Muslime glauben, dass er eines Tages auf die Erde zurückkommen und für Gerechtigkeit sorgen werde.

Medrese Islamische juristisch-theologische Hochschule.

Offenbarung Im Islam göttliche Botschaft, die durch den Propheten Mohammed übermittelt wurde und den Menschen Anleitungen gibt, wie sie leben sollen.

Pascha Hochrangige Person im Osmanischen Reich. Der Titel wurde meist an Generäle und Verwalter verliehen.

Pir Führer der Sufis.

Ramadan Fastenmonat im neunten Monat des islamischen Jahres (dadurch abwechselnd in verschiedene Jahreszeiten fallend), in dem Muslime täglich von Sonnenauf- bis Sonnenuntergang fasten.

Sassanidisches Reich Persische Dynastie, die ab dem 3. Jh. n. Chr. herrschte und von den arabischen Muslimen zwischen 637 und 651 besiegt wurde.

Schafiiten Anhänger der nach dem islamischen Theologen Schafti (767 bis 820) benannten Schulrichtung der islamischen Rechtswissenschaft.

Schah In Persien (heute Iran) seit dem 3. Jh. Herrschertitel; bis 1980 Bezeichnung für den persischen Kaiser.

Scharia Die Sammlung der islamischen heiligen Gesetze, die überwiegend aus dem Koran und der Hadith stammen.

Schiiten Nach den Sunniten (siehe dort) die zweite islamische Hauptreligion (ca. 10 %); erkennen nur Nachkommen Alis, des Schwiegersohns Mohammeds, als Imame an.

Sufismus Mystische Richtung innerhalb des Islam, die ihren Namen von dem arabischen Wort *suf* erhielt, das den groben Wollstoff bezeichnet, aus dem die Kleidung dieser Mystiker, der *Sufis* gefertigt war.

Sultan Titel islamischer Herrscher, vor allem in der Türkei (1922).

Sultanat Würde oder Reich des Sultans.

Sunna Die von der Familie Mohammeds und seinen Gefährten aufgezeichneten Aussprüche und Lebensgewohnheiten Mohammeds. Die Sunna bildet einen Teil des islamischen Gesetzes und wird als Ideal angesehen, dem Muslime folgen sollen.

Sunniten Anhänger der islamischen Hauptreligion (ca. 90 %), denen die Sunna als Glaubensquelle gilt.

Ulema Islamischer Klerus, religiöse Gelehrte, die über Recht und religiöse Traditionen des Islam wachen.

Umma Bezeichnung für die religiöse Gemeinschaft aller Muslime.

Zakat Steuer, die alle Muslime jedes Jahr zahlen, um den Armen zu helfen.

Judentum

Antisemitismus Judenfeindlichkeit, vielerorts einst und heute in sozialen oder politischen Bewegungen wirksam, oft durch Rassenhass, religiöse Vorurteile oder Konkurrenzneid bestimmt; verschärfte sich und weitete sich im Nationalsozialismus aus zum Massenmord an sechs Millionen Juden und zum Versuch ihrer völligen Vernichtung.

Aschkenasim Bedeutet im Hebräischen „deutsch"; bezeichnet jedoch nicht nur deutsche, sondern auch mittel- und osteuropäische Juden; Gegensatz Sephardim (siehe dort).

Assimilation Vermischung mit der Alltagskultur einer Gesellschaft und Verlust der jüdischen Identität.

Babylonische Gefangenschaft Verschleppung der Juden durch Nebukadnezar nach Babylonien (605–586 v. Chr.).

Beschneidung Jüdischer Brauch, bei dem bei Säuglingen die Penisvorhaut als Zeichen der Zugehörigkeit zur jüdischen Gemeinde abgeschnitten wird.

Chassidische Bewegung Abgeleitet von *chasidut*, was „Frömmigkeit" bedeutet; im 18. Jh. entstandene religiöse Bewegung des osteuropäischen Judentums, die der starren Gesetzeslehre eine lebendige Frömmigkeit entgegensetzt.

Converso Ein spanischer, im späten 14. und im 15. Jh. zum Christentum übergetretener Jude.

Diaspora Das griechische Wort bedeutet „Zerstreuung"; dient heute als Bezeichnung für jüdische Gemeinden.

Einsatzgruppen Während des Zweiten Weltkriegs mobile Nazi-Mördereinheiten, die Juden, Kommunisten und Roma (nicht sesshafte Minderheiten) töteten.

Exodus Massenauswanderung. Das zweite Buch der Thora, das Buch Exodus, enthält eine Beschreibung des Auszugs der Israeliten aus Ägypten.

Ghetto Von der Stadt abgetrenntes Wohnviertel, in dem die jüdische Bevölkerung (im Anfang freiwillig, später zwangsweise) lebte.

Haggada Bedeutet „Erzählung"; das Buch, aus dem am Pessach-Fest vorgelesen wird.

Halacha Das hebräische Wort bedeutet „Weg"; Bezeichnung für die aus der Bibel abgeleitete verbindliche Auslegung der Thora (siehe dort).

Haredim Orthodoxeste Form des Judentums; die Anhänger glauben, dass ihr Glaube und ihre religiösen Praktiken auf die Thora zurückgehen, wie Moses sie empfangen hat.

Haskala Das hebräische Wort für „Aufklärung" bezeichnet die jüdische Aufklärung, eine Bewegung unter europäischen Juden des 18. Jhs. Ihre Anhänger befassten sich nicht nur mit jüdischen, sondern auch mit weltlichen Themen, um sich so besser in die europäische Gesellschaft einzufügen. Grundlegend war das Ideal einer neuen Humanität, wie es z. B. in Deutschland von G. E. Lessing und M. Mendelssohn vertreten wird.

Jeschiwa Höhere Talmudschule zur Ausbildung der gelehrten und Rabbiner.

Jiddisch Umgangs- und zweite Schriftsprache der aus dem deutschen Sprachbereich stammenden Juden; beruht auf mittelhochdeutschen und hebräischen Elementen.

Kabbala Mit Buchstaben- und Zifferndeutung arbeitende jüdische Geheimlehre und Mystik vor allem im Mittelalter; esoterische Bewegung im Judentum.

Konservatives Judentum Ein moderner, nicht-orthodoxer Zweig des Judentums, der Elemente traditionellen Judentums bewahrt, aber die Modernisierung einiger Religionspraktiken erlaubt.

Koscher Nach jüdischem Gesetz zum Verzehr geeignete Speisen.

Kuppa Sammelbüchse für Spenden, um den ärmsten Mitgliedern der jüdischen Gemeinde zu helfen.

Ladino Die von den sephardischen Juden gesprochene und in der Literatur benutzte Sprache. Sie enthält mittelalterliche spanische und hebräische Worte und wird in hebräischen Buchstaben geschrieben.

Maskilim Anhänger der Haskala (siehe dort).

Mischna Mündlich überlieferte Sammlung jüdischer Gesetze, Teil des Talmuds (siehe dort).

Mischna-Thora Ausführlicher Kommentar des Talmuds, verfasst im 12. Jh. vom jüdischen Gelehrten Moses Maimonides.

Mizwa Ein Gebot; wird auch verwendet für eine karitative Tat.

Neo-orthodoxe Bewegung Von Samson Raphael Hirsch im 19. Jh. begründete Bewegung, die sich gegen das Reformjudentum wandte und für das Bewahren traditioneller Kultformen eintrat.

Orthodox Bezeichnung von Juden, die traditionelle Kultformen pflegen. Der Begriff entstand im 19. Jh., um traditionelle von Reformjuden zu unterscheiden.

Pessach Jüdisches Fest zum Gedenken an den Auszug aus Ägypten.

Pogrom Das Wort stammt aus dem Russischen und bezeichnet Hetze und Ausschreitungen gegen religiöse, rassische und nationale Gruppen.

Rabbiner Jüdischer Gesetzes- und Religionslehrer, Prediger und Seelsorger.

Reformjudentum Bewegung, die viele traditionelle Kultformen, Gesetze und Praktiken änderte, um das Judentum der modernen Welt anzupassen.

Rituelle Reinheit Einhaltung der Gesetze ritueller Reinigung; Juden nehmen ein Mikwe genanntes Bad, um sich rituell zu reinigen, z. B. vor einem Fest.

Sanhedrin Versammlung von Gelehrten, die in der Römerzeit in Palästina als höchste religiöse und juristische Instanz der jüdischen Gemeinde galt.

Sabbat Jüdischer Ruhetag; er dauert vom Sonnenuntergang am Freitag bis zum Sonnenuntergang am Samstag.

Seder Das Pessachmahl, bei dem die Geschichte des Auszugs aus Ägypten gelesen wird.

Sephardim Bedeutet im Hebräischen „spanisch" und bezieht sich auf die Juden, die von spanischen und portugiesischen, Ende des 15. Jhs. aus ihren Ländern vertriebenen Juden abstammen; ebenso Bezeichnung für orientalische Juden.

Stetl Jiddisches Wort, mit dem man jüdische Städte in Osteuropa bezeichnet.

Synagoge Das jüdische Haus für Gottesdienste und der Ort, an dem die jüdische Gemeinde sich zum Studium der biblischen Texte und zu anderen Gelegenheiten versammelt.

Talmud Sammlung der Gesetze und religiösen Überlieferung des Judentums nach der Babylonischen Gefangenschaft; vergleiche dazu auch Mischna.

Todeslager Von den Nazis im Zweiten Weltkrieg in den von ihnen beherrschten Ländern gebaute Lager für die Ermordung unerwünschter Menschen, meist Juden.

Thora Die ersten fünf Bücher der Bibel: Genesis, Exodus, Leviticus, Numeri und Deuteronomium.

Zionismus Im späten 19. Jh. gegründete Bewegung zur Förderung der Gründung einer Heimstätte für das jüdische Volk in Palästina.

Buddhismus

Arahat Theravada-Buddhist, der Erleuchtung erlangt hat und deshalb mit Ehrfurcht und besonderem Respekt behandelt wird.

Bodhi-Baum Feigenbaum, unter dem Buddha nach 49 Tagen der Meditation zur vollkommenen Erleuchtung (siehe dort) gelangte.

Bodhisattva Buddhistische Gestalt, die durch vollkommene Tugend zum Buddha geworden ist, aber aus Erbarmen mit den Menschen so lange auf den Eingang ins Nirwana (siehe dort) verzichtet, bis alle erlöst sind.

Edikt Amtlicher Erlass von Kaisern und Königen..

Erleuchtung Nach buddhistischer Auffassung gewann Buddha (der „Erleuchtete") durch Erleuchtung die Erkenntnis des Heils und damit den Weg zur Erlösung. Im Zen-Buddhismus (siehe dort) soll durch Meditation Erleuchtung (japanisch *satori*) und damit die Leere als das wahre Wesen der Dinge erfahren werden.

Inkarnation Erscheinung eines Gottes oder einer Gottheit in Gestalt eines Menschen. Die Tibeter glauben, dass der Dalai Lama eine Inkarnation des Bodhisattva Avalokitesvara ist.

Karma Unter dem Begriff Karma werden alle guten und schlechten Taten zusammengefasst. Buddhisten glauben, dass ihr nächstes Leben in diesem vorherbestimmt wird. Gutes zu tun, ist deshalb erstrebenswert, um so als höheres Wesen wiedergeboren zu werden.

Laien Religionsanhänger, die keine Mönche oder Nonnen sind.

Mahayana Eine der beiden Hauptströmungen des Buddhismus. Mahayana bedeutet „großes Fahrzeug".

Meditation Konzentration des Bewusstseins, um inneren Frieden zu finden. Meditation ist eine zentrale Methode des Buddhismus.

Missionare Geistliche, die versuchen, anderen eine Religion nahezubringen, damit sie sich dieser Religion anschließen.

Nirwana Das Sanskritwort bedeutet „erlöschen, verwesen". Nach buddhistischer Auffassung das Endziel des Lebens als Zustand völliger Ruhe, die „ewige Befreiung vom Schmerz der Existenz", das Aufgehen im All – erreichbar durch höchste Erkenntnis und Tugend.

Pilgertum Reisen zu Stätten, die eine besondere religiöse Bedeutung besitzen.

Reinkarnation Begriff für Wiedergeburt oder Seelenwanderung. Sie ist Bestandteil mehrere asiatischer Religionen.

Reliquie „Zurückgelassenes, Überrest"; körperlicher Überrest eines Heiligen, Überrest seiner Kleidung, seiner Gebrauchsgegenstände.

Sangha Die Gemeinde der Buddhisten. Manche verstehen darunter nur die Mönche und Nonnen, andere schließen auch die Laien mit ein.

Sanskrit Alte indische Sprache, in der viele heilige Schriften des Mahayana abgefasst wurden; außerdem ist Sanskrit die heilige Sprache des Hinduismus.

Schirmherr Förderer eines Vorhabens oder einer Mission.

Shintoismus Japanische Nationalreligion mit Verehrung der Naturkräfte und Ahnenkult.

Stupas Buddhistische Kuppelbauten, in denen ursprünglich Reliquien des Buddha aufbewahrt wurden.

Taoismus Die im 6. Jh. v. Chr. von Lao-tse gegründete, alte chinesische Religion. Sie lehrt den „Tao" bzw. Weg, die geistige Kraft, die dem Universum zugrunde liegt.

Theravada Eine der beiden Hauptströmungen des Buddhismus. Theravada bedeutet „Schule der Ältesten".

Tipitaka Die heiligen Texte der Theravada-Buddhisten.

Vihara Kloster oder Tempel des Buddhismus.

Zen-Buddhismus Buddhistische Lehre in China und Japan. Direkt übersetzt bedeutet Zen „Versenkung". Der Zen-Buddhismus verlangt ein sehr asketisches Leben und erhebt die Meditation zum einzigen Hilfsmittel auf dem Pfad zur Erleuchtung.

Hinduismus

Acharya „Jemand, der mit gutem Beispiel vorangeht"; ein Titel, der einigen großen Hindu-Gelehrten verliehen wird.

Ahimsa Gewaltfreiheit gegenüber allem Leben, ein Wert, der von Mahatma Gandhi gelehrt wurde.

Arier Etwa Mitte des 3. Jahrtausends v. Chr. stieß ein zentralasiatisches Volk in den indischen Subkontinent vor. Die ansässige Kultur der Harappaner wurde mit der eigenen vermischt, und aus dieser Mischkultur entstand letztlich der Hinduismus. Die Eroberer nannten sich selbst Arya („die Edlen"), um ihre Überlegenheit zu demonstrieren. Mit ihrer streng patriarchalisch organisierten Gesellschaft gelten sie auch als Begründer des indischen Kastensystems. Der Begriff Arier wurde später von den Nationalsozialisten in fataler und vollkommen falscher Weise umgedeutet.

Artha Eines der Lebensziele eines Hindus: das Streben nach Besitz weltlicher Güter.

Ashrama Bezeichnung der vier Lebensstadien im Hinduismus (siehe auch Dharma).

Atman Das wahre Selbst, die Seele, ewig und in jeder Form des Lebens präsent.

Avatar Inkarnation einer Hindugottheit. Am bekanntesten sind Vishnus zehn Avatars.

Bhagavad Gita „Das Lied Gottes"; vielleicht die populärste heilige Schrift des Hinduismus.

Bhajan „Anbetung"; insbesondere in Form eines heiligen Liedes.

Bhakti Hingabe; Bhakti-Yoga ist der Weg der liebenden Hingabe an Gott.

Bharata Alter Name für Indien, nach einem gleichnamigen König.

Brahman Die ewige Realität oder Spiritualität, die alles durchdringt und auf der alles basiert.

Brahmin Ein Priester oder Gelehrter und Angehöriger der höchsten Kaste.

Chakren Sie bezeichnen im Hinduismus die sieben Energiezentren des Menschen. Ihr Energiestrom kann durch Yoga aktiviert und so bewusst erfahren werden.

Darshan „Sehen" oder „Perspektive"; eine der sechs orthodoxen Schulen.

Dharma Religiöse Pflichten; „Pflichten, die uns zu dem machen, was wir sind."

Diwali „Lichterspektakel"; bezieht sich auf die beliebteste Hindu-Feier.

Draviden Die Ureinwohner Indiens, sie leben heute vor allem im Süden.

Havan Die alte Feuerzeremonie; sie wird heute noch bei Hochzeiten und zu ähnlichen Gelegenheiten praktiziert.

Karma „Handeln" oder „Ergebnis des Handelns", angewendet im „Gesetz des Karma".

Kastensystem Hindu-Gesellschaftssystem, das Menschen in vier Klassen einteilt: Priester (Brahmanen), „Herrschende“ (Krieger, Soldaten), „Siedler“ (Bauern und Handwerker) und eine verachtete Kaste (Schudra).

Kirtan „Glorifizierung Gottes“, ein gesungenes Gebet.

Mantra Wiederholung von Sprüchen oder nur einzelner Silben in Form eines Gebets, die die vier verschiedenen Meditationsziele ausdrücken: Gerechtigkeit, Wohlstand, Erfüllung persönlicher Wünsche und Erlösung.

Moksha Befreiung von *Samsara*; eines der vier Ziele im Leben des Menschen.

Murti Ein heiliges Bildnis, zumeist aus Holz, Stein, Messing oder Marmor.

Om Das berühmteste Mantra; angeblich hörte der Gott Brahma es kurz vor der Schöpfung.

Orthodox Den traditionellen Regeln des Glaubens folgend.

Puja Anbetung, vor allem eines heiligen Bildnisses. Ein Tempelpriester wird auch *Pujari* genannt.

Puranas Heilige Schriften des Hinduismus; in ihnen finden sich viele Erzählungen und Legenden.

Ramayana Die Geschichte von Rama und Sita; eines der beiden Hindu-Epen.

Sampradaya Ununterbrochene Abfolge von Lehrern und Schülern, die eine bestimmte Philosophie vertreten.

Samsara Der andauernde Zyklus von Leben und Tod durch die Wiedergeburt.

Sanatana Dharma „Die ewige Religion“, ein anderer Name für Hinduismus.

Sannyasi Ein Wandermönch; ein Mensch im vierten *Ashrama* (Lebenszeitalter).

Sanskrit Eine alte, mit dem Hinduismus verbundene Sprache, die noch heute für Studien und Gottesdienste benutzt wird.

Trimurti „Drei Götter“; bezieht sich auf Brahma, Vishnu und Shiva.

Unorthodox Nicht den traditionellen Regeln eines Glaubenssystems folgend.

Vaikuntha „Ort ohne Angst“; die spirituelle Welt.

Varna Gesellschaftsschicht oder Kaste (siehe auch Kastensystem).

Veda Bedeutende hinduistische Schrift; es gibt vier Veden.

Vedanta „Aussage der Veden“; eine der sechs *Darshans* (siehe dort) oder orthodoxen Schulen.

Vedisch Die Veden betreffend.

Yoga Prozess zur Verbindung mit Gott; es gibt vier Hauptdisziplinen. Die bei uns am weitesten verbreitete Yoga-Disziplin ist Hatha-Yoga.

Christentum

Ablass Nach katholischer Lehre der außerhalb des Bußsakraments (Beichte) aus den Verdiensten Christi und der Heiligen durch die Kirche erteilter Nachlass von Sündenstrafen.

Abt Oberer eines Mönchsordens, z. B. der Benediktiner. In Frauenklöstern Äbtissin.

Anglikanische Kirche Englische Staatskirche, auch in Irland, im Commonwealth und in den USA vertreten; entstand aus der Trennung Heinrichs VIII. vom Papsttum.

Apostel Die von Jesus Christus in seinen engsten Kreis berufenen zwölf Jünger; oft auch Bezeichnung für den Hauptmissionar eines Landes oder Volks (Bonifatius, „Apostel der Deutschen“).

Baptisten Angehörige der baptistischen Kirche angehören, eines Zweigs der christlich-protestantischen Kirche. Baptisten vollziehen die Erwachsenentaufe.

Basilika Eine große Kirche (Baustil zur Zeit Konstantins des Großen); auch Ehrentitel für bedeutende katholische Kirchen.

Bischof Hat in der katholischen Kirche als Nachfolger der Apostel die höchste Weihegewalt (insbesondere der Firmung und Priesterweihe) und die Leitung einer Diözese (siehe dort).

Bruder Ein Mitglied einer christlichen Religion oder eines Ordens, der herumreist, predigt und sich um Arme und Kranke kümmert.

Calvinisten Angehörige der calvinistischen Kirche, eines Zweigs der christlich-protestantischen Kirche, begründet von Johannes Calvin (1509–64), dem neben Luther wichtigsten Reformator..

Diakon In frühchristlicher Zeit Bischofsgehilfe, dann in der katholischen Kirche Vorstufe zur Priesterweihe, heute auch als selbstständiges Amt möglich.

Einsiedler Jemand, der freiwillig ganz allein lebt und sich auf Gott konzentriert; auch im Buddhismus bekannt.

Erlösung Befreiung des Menschen aus seiner Sündhaftigkeit, besonders durch das Verdienst von Christi Kreuzestod.

Evangelisation Verkündigung des Evangeliums, der christlichen „frohen“ Botschaft.

Exkommunikation Ausschluss aus der römisch-katholischen Kirche.

Glaubensbekenntnis Zusammenfassung der christlichen Glaubenslehren, wird auch als Gebet im Gottesdienst gesprochen..

Heiden Menschen, die ihren eigenen Gott, eigene Götter verehren und keiner der großen Weltreligionen angehören.

Heilige Schriften Religiöse Texte.

Jungfrau Maria Der Name, den Christen Maria, der Mutter Jesu Christi, gegeben haben.

Katakomben Ein Tunnelsystem unter der Stadt Rom, wo sich die frühen Christen zum Gottesdienst trafen.

Ketzer Jemand, der einen den Lehren der Kirche widersprechenden Glauben hat.

Kloster Von der Außenwelt abgeschlossene Wohn- und Arbeitsgebäude, in denen Mitglieder eines Ordens leben und arbeiten.

Konfession Glaubensgemeinschaft. Gesamtheit der Menschen, die zu der gleichen Glaubensgemeinschaft gehören.

Kongregation Kirchliche Vereinigung für bestimmte kirchliche Aufgaben.

Kontemplation Innere Sammlung und religiöse Betrachtung.

Konvent Gesamtheit der Mitglieder einer Klostergemeinschaft.

Kreuzigung Der Tod Christi am Kreuz.

Luthertum Konfessionskundliche Bezeichnung für die Ausprägungen des Protestantismus (siehe dort), die auf das Wort Martin Luthers zurückgehen.

Lutheraner Menschen, die der lutherischen Kirche angehören, einem Zweig der christlich-protestantischen Bewegung. Die Gottesdienste der Lutheraner sind sehr schlicht und beruhen auf Lesungen aus der Bibel.

Märtyrer Jemand, der wegen seines Glaubens Verfolgung, körperliche Leiden, den Tod auf sich nimmt.

Meditation Nachsinnende Betrachtung, intensives Nachdenken über religiöse Inhalte.

Methodisten Angehörige der methodistischen Kirche, eines Zweigs der christlich-protestantischen Kirche. Methodisten halten schlichte Gottesdienste mit mitreißenden Gesängen und leidenschaftliche Predigten ab.

Missionar Jemand, der in ein fremdes Land reist, um dort seinen Glauben zu verbreiten.

Neues Testament Der zweite Teil der Bibel, der Geschichten aus dem Leben Jesu und davon erzählt, wie seine Nachfolger den christlichen Glauben verbreiteten.

Ökumenisch Das Streben nach Einheit und Zusammenarbeit in den christlichen Kirchen.

Orden Gemeinschaft von Männern (Mönchen, Patres, Brüdern) und Frauen (Nonnen, Schwestern), die nach einer bestimmten Regel leben und sich zeitlich oder lebenslang durch Gelübde an diese Gemeinschaft binden.

Ordination Feierliche Einsetzung in ein evangelisches Pfarramt; katholische Priesterweihe.

Papst Oberhaupt der römisch-katholischen Kirche.

Pfingstlerbewegung Ein Zweig der christlich-protestantischen Kirche. Pfingstler halten sehr lebendige Gottesdienste ab und manche ihrer Mitglieder behaupten, die Gabe des Hellsehens und Heilens zu besitzen. Sie werden manchmal auch als charismatische Christen bezeichnet.

Pilgerreise Eine Reise, um an einem heiligen Ort zu beten.

Presbyterianer Angehörige der presbyterianischen Kirche, eines Zweigs der christlich-protestantischen Bewegung. Jede Kongregation (siehe dort) der presbyterianischen Kirche wird von einem Ältestenrat geleitet.

Prophet Jemand, der sich berufen fühlt, als Mahner und Weissager die göttliche Wahrheit zu verkünden (besonders im Alten Testament).

Prophezeiung Weissagung, Voraussage durch einen Propheten.

Protestantismus Glaubensbewegung (nach dem feierlichen Protest der evangelischen Reichsstände auf dem Reichstag zu Speyer 1529), die die verschiedenen evangelischen Kirchengemeinschaften umfasst.

Puritaner Mitglieder einer christlich-protestantischen Bewegung, die sich im 16. Jh. in England gebildet hat; Bezeichnung auch für einen sittenstrengen Menschen.

Quäker Mitglieder der im 17. Jh. gegründeten englisch-amerikanischen „Gesellschaft der Freunde", einer sittenstrengen Sekte mit bedeutender Sozialarbeit.

Säkular Weltlich, nicht mit der Religion verbunden.

Schrein Ein heiliges Gebäude, das oft einen geheiligten Gegenstand wie etwa Überreste von Heiligen enthält.

Theologie der Befreiung Lehre, die auf dem Glauben beruht, dass Christen die Pflicht haben, Arme und Leidende von ihrer Not zu befreien.

Verkündigung Weitergabe des Inhalts christlicher Heilsgeschichte, die Gott durch Christi Kreuzestod und Auferstehung zur Erlösung der Menschheit bewirkte.

Register